国会法の理念と運用

国会法の理念と運用

鈴木隆夫論文集

学術選書プラス
12
議事法

信山社

〈目　次〉

〈解題〉鈴木隆夫と議事法――刊行によせて……………………………………赤坂　幸一……vii

◆Ⅰ◆　国会法の制定と改正経緯――1

一　国会法解説（3）
二　国会法の三大特色（38）
三　自粛国会はどう運営されるか――国会法改正の主要点――（51）
四　その後（第二十一回国会昭和三十年以後）における国会法の改正の要点について（84）

◆Ⅱ◆　国会運営における主要問題――107

五　内閣総理大臣の指名手続について（109）
六　わが国の委員会制度と特別委員会の性格（126）
七　〈講演〉国会の予算修正に関する論争点について――昭和二十八年度予算案をめぐる――（170）
八　会期中の議員逮捕の許諾に関する諸問題（196）
九　国会における条約の承認権をめぐる諸問題について（217）

◆Ⅲ◆ 会議録について ―― 237

十 国会の会議録について（239）

十一 秘密会議の会議録の公開問題について（253）

◆Ⅳ◆ 国立国会図書館長として ―― 263

十二 欧米の図書館をめぐって（265）

〈解 説〉……今野 彧男… 277

著者略歴（305）

初出一覧（巻末）

事項索引（巻末）

〈解題〉鈴木隆夫と議事法――刊行によせて

九州大学准教授　赤坂　幸一

一　議院法研究会のこと

新卒内務官僚の鈴木隆夫が守衛副長として衆議院に奉職したのは、五・一五事件勃発の半年前、昭和六年一二月のことであった。昭和一二年に書記官に昇格し、若き「議会官僚」[1]として二・二六事件後の崩壊した政党制度や、戦時議会の変則的な議会運営に日々対峙していた鈴木隆夫は、その間にあっても、「議会制度の改革について」（鈴木文書一一五、昭和一一年）や「新体制と議会制度」（鈴木文書一二四、昭和一七年）などの提言書を執筆し、あるべき議会制度、議事運営の探求に余念がなかった。

この鈴木の生涯については、本書の校訂の労をとられた今野彧男氏の「昭和の議会を支えた蔭の功労者――鈴木隆夫・元事務総長のこと」[2]、および同『国会運営の裏方たち――衆議院事務局の戦後史』[3]に詳しいが、その求道者すら思わせる議事法研究の成果は、戦後、『国会運営の理論』（聯合出版社、一九五三年）として結実し、今なお異彩を放ち続けている。このたび、鈴木が著した国会関係法規の理念と運用に関する諸論稿が一書にまとめられ、公刊されたことは、大変喜ばしく、今後、議会運営に携わる実務家にとっても、また学界に籍を置く研究者にとっても、座右の書となることは間違いない。『国会運営の理論』や、本書に収められた諸論稿を通読するとき、議事運営を規律する議会法制（議会関係法規や議院規則、議会先例を含めた、広義の議会法秩序）を形成・運用するのは、党派的利害を免れない議員・会派ではなく、少数派の権利保護にも配慮した公正・公平な議事手続を構想しうる、中立的な「議会官僚」の役割であるべきだという、鈴木の強い自負が伝わってくる。

このような鈴木の議事法研究の意義ないし影響をより深く理解するためには、戦時議会における衆議院事務局、および鈴木隆夫秘書課長の動向に注目することが有意義である。別稿で指摘したように[4]、「議事法・議会先例の意義を考察するに際しては、その背後に控える具体的事実・環境に適正な配慮を払うと共に、(1)『先例集』改訂の際に作成される『先例改訂理由』、および(2)(『先例集』の編纂と併行して作成された)『国会法逐条検討資料』・『逐条国会法』[5]を検討することが、不可避の課題となる」が、この『国会法逐条検討資料』は衆議院事務局内部の「国会法研究会」(昭和三八～三九年)が機縁となって作成されたものであるところ、その国会法研究会自体、戦前に鈴木隆夫秘書課長が開催した「議院法研究会」に端を発しているのである[6]。

議院法研究会の検討成果の一部は、憲政記念館所蔵の鈴木隆夫文書に遺されており、議院法時代最末期の「議会官僚」たちによる本格的な議事法・議会先例の検討の跡を今に伝えるものであるが、このことはしかし、単に歴史的意義をもつにとどまるものではない。かつて指摘したように、「昭和四〇年代～五〇年代に至っても、議事関係で何らかの問題が生じ、かつ国会で先例がないような場合には、事務局職員は『議事解説』(昭和一七年)ないし『旧先例集』を見て対処方針を検討していたと言われる。昭和一七年一二月には帝国議会期最後の『衆議院先例彙纂』及び『衆議院委員会先例彙纂』が公刊されているが、戦時議会が変則的な議事運営を容認してゆく中で、この先例集を編纂した事務局職員が、議事法規のあるべき姿を『議事解説』で描いた[7]」のである。そして、この『旧先例集』および『議事解説』を著した戦前期の議会官僚達が、昭和一七年～一八年頃、(結果的には)帝国議会時代末期の体系的な議事法研究となる「議院法研究会」を開催し、その成果を密かに後世に遺していたのであった[8]。

そして、(1)昭和一七年版の『旧先例集』・『議事解説』および昭和一七年～一八年頃の議院法研究会記録は、帝国議会時代の議事法のいわば最終形態を示す文献であること、(2)新憲法と国会法の精神に反しない限り、重要な議会先例は戦後も踏襲されたこと[9]、(3)『先例集』の編纂と『国会法逐条検討資料』・『逐条国会法』の編纂は併行して行われ、後者の編纂のための内部研究会が戦前の議院法研究会を引き継ぐ形で開催されていること、および、(4)『国会運営の理論』が今なお、議会実務関係者の重要な手引きとなっていること――これらはいずれも、鈴木隆夫を中心とする議会官僚たちの議事法研究が、現在にまで多大な影響を与えていることを物語っていよう。

二　イギリス・モデルの事務局構想

さきに鈴木隆夫が「書記官」に昇格したことに触れたが、議会官僚たちの営為をより深く理解するためには、「書記官長」「書記官」の地位について確認しておく必要があるだろう。戦前の議院事務局人事のダイナミズムについては、内務省人事との関係も含め、今後の検証を要する部分が多いが[10]、貴衆両院の書記官長・書記官の地位をめぐっては、すでに帝国議会創設の当初から論議を呼んでいたところである。

たとえば、「議事規則提要」[11]（明治二三年八月以降、横浜毎日新聞に掲載）は、政府の議院規則案が公表（明治二三年九月三〇日）される前の段階で、憲法典・議院法を肉付けする議院規則・議院慣行のあるべき姿について論じたものであるが、書記官の選任方法のついては次のように解説していた[12]。

問　書記官の任命如何

答　書記官の任命法、各国同一ならず。内閣よりこれを命ずるものあり（スイス）。英国には往時議員中最年少者数人を推選して書記官の事務を掌らしめたることあり。今は然らず。英国下院の書記官は勅選にして勅書を以てこれを命じ、終身官とす。この制や議院組織の善美なる国にありては便利多かるべし。オーストリー、ポルトガルにては今日なお議員中より一二名の書記官を選挙し、これに議事録等を掌らしむるの制なり。自余に欧州大陸諸国にては議員をもって書記官とするの国ありと記憶すれども、いずれの国にてありしやを記憶せず。日本の議院法第一六条に、書記官長は勅任とし、書記官は奏任とすとあり。何人が書記官長書記官を指名推選するやは明記せざれども、普通の道理より推さば、国会開設後、議長（衆議院）よりこれらの人を指名推薦、勅任なり奏任なりにするを至当なるかと思わる。

議院法の制定過程においては、イギリス・モデル（終身官吏型）に倣ったうえで、議院書記官全員を勅任とする案も存したが、最終的には書記官長のみを勅任とし、他の書記官は奏任にとどめている。こうして、貴衆両院の書記官は、政府官吏でありながら議長の指揮権（議院法一一条、一七条）に服するという、一種独特の地位を与えられたが、議長の指名・推薦に基づいて任命される書記官（長）という「議事規則提要」の構想は、イギリス・モデルに依拠しつつ、議院の独立性に一定の配慮を見せたものと言えよう。

これに対しては、はやくも第五議会・第七議会から、議院の独立性により配慮した事務局制度への変更が模索された。例えば高田早苗は、政府官吏たる議院書記官は「食客的ノ地位」で好ましくないこと、および非勅任の議長と勅任官たる書記官長との権衡を根拠として、「議長の選任による書記長・書記」へと制度改正すべきことを主張している(13)。もっとも、党派的選任の弊害、および改正の実益のなさ（専門的官吏による従前の取り扱いの肯定的評価）等を根拠に、反対論が優勢を占め（例、末松法制局長官、末広重恭）、工藤重義も次のように述べて、議院法の採用した制度が確立するに至った。

「書記官を以て官吏となすは、会議体の自主主義を一貫する能はざるの憾あり。然れども、之を議院の選出に委するの制度に比すれば、実際上比較的欠点少きものと云はざる可らず。何となれば、議院に党派を生ずるものは、免れざる勢いなるを以て、公平を期すべき書記官の選定及執務に当ても、亦此弊を脱却する能はざるべきがなり。殊に我国の実情に稽ふれば、現行制度が、適当なることは、論を俟たざるなり(14)」。

こうして、帝国議会開設以来、イギリス・モデルを基本とした貴衆両院の事務局であったが、議院法・議院規則の立案に参画していた頃からイギリス法に造詣の深かった林田亀太郎は、明治三〇年一一月に書記官長に就任すると、衆議院事務局はイギリス・モデルに基づく中立的な存在であるべきだとの抱負を述べ(15)、このような議院事務局構想に依拠しつつ、『衆議院先例彙纂』の大改訂に踏み切った（四）。実に一七年以上に及ぶ林田書記官長時代の幕開けである。

このように、中立的な議院事務局による議事法・議会先例の形成・運用という理念は、その後も、例えば「政友びいきの中村〔藤兵衛〕翰長」[16]がながらく貴族院議員に勅選されなかったことや、[17]林田衆議院書記官長・太田貴族院書記官長の欧米議院制度調査を契機とする事務局主導の議院法改正の試みなどに見られたが、[18]それでは、この議院書記官（長）というポストは、官界においてどれほどの重みを与えられていたのだろうか。

三　書記官ポストの重み ―― その相対的な地位の低下

戦前、貴衆両院の書記官長は、内閣書記官長と合せて「三官長」ないし「三翰長」と称され、国政の中核を占めるものと考えられてきた。例えば、長く衆議院事務局に奉職した平野貞夫氏は、「…だから戦前の両院の書記官長は偉かった……書記官長というのは、内務省で言うと次官クラスではないですか。それでいまでも伝統的に、事務総長は議員よりも月給が高い。部長が書記官ですね」と述懐している。[19]また、岡谷公二『貴族院書記官長 柳田国男』（筑摩書房、一九八五年）によれば、「貴族院書記官長は、官等でいえば、勅任官の一等乃至二等に相当し、一等の場合、法制局長官や、公使、陸海軍の中将と、二等の場合は、各省の次官、局長、陸海軍の少将と同等で、なかなかの顕職」であったとされている（三～四頁）。

しかし、注意を要するのは、この書記官長・書記官のポストも、時代の変遷に応じて、その重みに変化が見られるという点である。憲政史編纂会収集文書二九五「貴族院・衆議院書記官長ノ地位〔上、下〕」[20]によれば、帝国議会開設当初における書記官長の地位は、そもそも一般の県知事・局長クラスであって、俸給面も併せ見た場合、各省次官・法制局長官クラス、および内閣書記官長・枢密院書記官長クラスに次ぐ、第三位であった（年俸三千円）。それでもなお、当時は勅任官の数自体が少なかったことから、両院書記官長は官界の優位を占め、社会的地位も高かったのである（加えて、当時は各省の書記官の数も少なかったにも拘わらず、両院書記官の地位は議院法で保障されていた)。

しかし、日清戦争期における勅任官クラスの技官の増加、および日露戦争に伴う国運の進展により、両院の書記官長はなお勅任一等官ないし二等官であったものの、俸給面から見た場合、各省次官・技師に遥か及ばず、専売局長官・特許局長官等の下位となって、ようやく製鉄所理事・法務官等と同格になった。昭和期においても勅任官の数は増加の一途をたどり、昭和一八年末には「両院書記官長と他とを比較するに気象技監情報局次長東京都次長等の下位となり営繕技監、教学錬成所長等にも劣り最高額に於て鉄道監、各庁技師に及ばず情報官、民族研究所長、錬成院錬成官〔、〕東京都局長等と最低額を同くするに過ぎない」状態となった。というのも、「往年の奏任官の地位は悉く勅任官となったりといふも過言にあらざる」ほどの官僚ポストの大規模な昇格が行われ、さらにまた、勅任官の上にも多くの親任官が設けられたからである[21]。

このように、両院の書記官長・書記官は、官等から見れば確かに「格式高い儀式の殿堂に奉職する栄達のポストであり、将来は三翰長の一翼を占める含みを多分に有していた」とも言えるが、他方で、実質面からは「活力に溢れる行政の現場からは離れた、斎場の様な場所、『小天地』に過ぎないポスト」でもあって[22]、他の官僚ポストと比した場合の相対的地位の低下も相まって、必ずしも、高級官僚が歩む第一級のコースとは見なされていなかったのである。

四　議事法の形成と議会官僚

そうであればこそ、逆説的に、議会官僚の存在理由は、あるべき議事法の形成・探求と、そのような理念に立脚した適正な議事運営へと向けられることになる。とりわけ、制度の創設期や変動期など、大きな可能性・選択肢が残されている中での主体的な衡量作業は、生きがいと充実感とを彼らに齎したであろう。議会制度創設期の議院法・議院規則の制定、数か月をかけた欧米議院制度取調べ、初期議会における議事運営問題への対処、佐々木惣一が憲法的習律の第一に掲げた議会先例の形成[23]（『先例集』の作成）、戦時議会下における議院法研究会、そして国会制度への移行に伴う国会法の立案とＧＨＱとの折衝……制度というものは、いったん確立された後はある程度自律的に動いてゆくものであり、その時点から見れば、当該制度の運用は、ともすれば機械的で無味乾燥な印象を与えるかもしれない。しかし、現在の議会制度・議事法の背後に蓄積された議会官僚たちの衡量過程に思いを致すと き、ある議会官僚の、長時間に及んだオーラルヒストリーの最後に漏らされた述懐が、重みをもって甦ってくる。

「議事法規の無味乾燥な手続きみたいなことを書いている部分もあるけれど、その中に一言一言が歴史を含んでいるわけだ。そういう発想で議事手続きや議事法規や先例を見るべきだ……もう本当に議会を作ったときに戻るべきだ。特に議事法規の議院法や規則を作ったエネルギーと知識と新しい国を作ろうとする感性というのはすごいものです。それを知るべきだな[24]」。

帝国議会開設後における議事法形成の出発点は、曾禰荒助・衆議院書記官長による『衆議院先例彙纂』の作成・刊行である。すでに詳しく検討したように[25]、わが国の先例集は、井上毅の懐刀であった齋藤浩躬により、ピエール『仏国議院典型』に倣う形で作成されたものであるが、例えば明治二四年九月一五日の読売新聞は次のように論じて、曾禰荒助に攻撃の矢を向けている[26]。

「近頃衆議院事務局の名を以て衆議院先例彙纂及び衆議院議事摘要なる二冊子を編著したるものあり……此の二冊子の責任者は曾禰書記官長たること固より明なり我が衆議院の先例及び議事摘要を後世に知しめんとするは敢て不可なしと雖も巻中議事の結果に断案を下し議長の処置に向て是非する所あるが如き書記官長の職分を以て為し得べきことにあらざるべし」。

このように、当初の『先例彙纂』の特質は、単なる事例集としての性格を超えて、事務局固有の見解が随所に提示されている点にある。すなわち、その例言にあるように、「間々評論ヲ加フルカ如キハ憲法法律若クハ本院規則上ノ疑義ニ就キ覧者ノ注意ヲ求メント欲スルニ因ル」のであって、かかる「評論」が、議員・ジャーナリスト等の間に大きな反発を引き起したのである。

しかしこのことは、曾禰荒助書記官長以下の衆議院事務局が、政府の官吏――議院の「食客的ノ地位」――として、民権派が多数を握る議会の運用に掣肘を加えようとしたことを意味するのだろうか。この点で、衆議院事務局議事部長、同調査局長をつとめた近藤誠治氏の述懐が興味を惹く。いわく、

「曾禰荒助書記官長も翼賛議会〔弱体な政府統制権しかもたない議会の意〕であることは重々承知で来ているはずですよね。私は議会に奉職させてもらった者の立場から見れば、『先例集』を見る限り、翼賛議会という感じはどこにも受けませんし、それから議院法の枢密院会議の伊藤博文議長の説明も、翼賛議会というものはどこにも、私にしてみれば見当たらないんです。

ということになれば、彼らは翼賛議会であるということ、前の憲法でそういうことできちっと確定させて議会に来てということになれば、それでなおかつ彼は、翼賛議会ではない議会を書記官長として構成しようとしたのか。それとも、やはり妥協の中で、翼賛議会と、イギリスを参考にしたと言われている本来的なイギリス的議会との妥協線を彼は探っていったのかということです(27)」と。

このように、政府官吏として政府優位の議事運営を行うわけでもなく、また、民権派議員の意向に阿るわけでもなく、「議事の結果に断案を下し議長の処置に向て是非」を述べた書記官長以下事務局の姿勢は、むしろ、中立的な立場から、公正かつ理論的な議事法の形成に寄与せんと試みたものであるといえる。しかし、先例の取捨選択における事務局の判断は、議会運営の実際において、他律的な拘束を嫌う議員・会派との間で大きな摩擦を生む温床ともなる。林田書記官長〔明治三〇年一一月二二日就任〕が、イギリス・モデルの中立的な議院事務局という理念か

ら『衆議院先例彙纂』の大改訂に踏み切ったことは前述したが、次の記事は、その間の事情を伝えて余りある。

「衆議院にては初期議会以来の先例彙纂の更訂を為すことに決し先般来林田書記官長を初めとして寺田書記官之が主任となり目下早出晩退の有様にて諸材料蒐集中の由なるが右更訂の目的は従来先例彙纂に登載されしものは直に取て後日の亀鑑たらしむるの方針なりしが故に悪先例は之を除き後日準拠すべきもののみを拾収されしを今般其方針を改め善悪を問はず一たび起りたる事実は悉く之を網羅すると同時に各国の例証を附記し併せて之に対する利害の評論を下し、以て後考に供せんとするに在るが如し(28)」。

すなわち、あるべき先例を取捨選択し、議員に直接提示するのではなく、事例を網羅的に採集した上で、後の判断のための材料を提供しようとするものであって、いわば一歩引いた姿勢を見せている。ただし、ここでも事務局固有の見解の提示は引き続き行われ、大正元年編でも「本篇中『按スルニ』トアルハ事務局ノ意見ヲ付シタルモノニ係ル」とあるように、上記の編集方針はなお一定程度維持されたのであって、事務局見解が姿を消すのは大正九年版以降のことであった。

議事法の形成過程における議院事務局の主体的な衡量過程の介在と、同時にその難しさとを、ここに看取することができよう。

五　結びに代えて

以上、⑴議事法の形成や議会運営において「議会官僚」が独特の役割を果たしていること、⑵その背後には帝国議会時代以来の蓄積が存すること、⑶とくに戦時議会下の秘書課長、国会法案立案時の委員課長（現在の委員部長）、安保国会における事務総長として、議会制度の変動期に立ち向かった鈴木隆夫の存在が大きかったこと、および⑷鈴木の影響は『国会運営の理論』のみならず、議院法研究会・国会法研究会や、それと表裏の関係にある

『議事解説』・『逐条国会法』・『先例彙纂（先例集）』の作成という形で、現在にも広く及んでいること、等を指摘した。

これについて想起されるのは、戦前から戦後にかけて、一〇年にわたって書記官長・事務総長を務めた大池眞とのエピソードである。今野氏が述懐するように、大池と鈴木はあまり仲の良い間柄ではなかった。(29) しかし、そこには、単なる性格の一致・不一致という問題を超えて、基底的な議会観の相違が存在していたとの証言がある。いわく、

「鈴木隆夫さんは、事務局の中で出世してくるについては東大の連中との戦いがあったと思う。戦後政治の中で、新憲法に基づく国会のあり方、国会の運営はいかにあるべきかということを、彼は苦しんで考えたようだね。そういう意味では、鈴木隆夫という人が戦後の事務局の国会運営を確立したんでしょうね。その前の、管理する、というのは大池［眞］という人なんだ。要するに、人民の代表は警戒しなければいかん、甘やかしてはいかん、管理しなければいかん、ということだ。議会運営は、どうやって活発に国民の意思を出して、それを機能させるかではなく、国会議員をどうやって管理していくかということだった。また、国会議員もそれが楽だから、甘んずる」(30) と。

大池眞が、政治部門との折衝や、広い意味での議会運営において手腕を発揮したのは事実であるが、議事法の形成やその解釈・運用において鈴木隆夫が果たした役割は、今一度注目される必要があるように思われる。本書がそのための一助となることを願ってやまない。

（1）この用語の含意については、『指宿清秀オーラルヒストリー』（二〇一二年）一二六頁以下を参照されたい。
（2）議会政治研究八六号（二〇〇八年）、のち今野彧男『国会運営の法理 —— 衆議院事務局の視点から』（信山社、二〇一〇年）三二九頁以下に所収。
（3）今野彧男氏のオーラルヒストリー報告書を一般に刊行したもの（信山社、二〇一一年）。

（4）赤坂幸一「統治システムの運用の記憶——議会先例の形成」レヴァイアサン四八号（二〇一一年）六五頁以下。

（5）衆議院事務局（編）『逐条国会法〔全八巻〕』（信山社、二〇一〇年）は、二〇〇九年一二月までの国会法改正を内容とする『補巻』を含えて、復刻されたものである。

（6）今野ほか『国会運営の裏方たち——衆議院事務局の戦後史』（信山社、二〇一一年）二八八頁以下を参照。

（7）赤坂幸一「〔解題〕事務局の衡量過程の Épiphanie」（『逐条国会法〔第一巻〕』（信山社、二〇一〇年）所収）。

（8）くしくも、昭和一六年一月から一九年夏まで開催された、かの「憲法史研究会」とほぼ同時期であり、戦時体制下における言論制約状況において、国政運営の「正しき目標と秩序ある基準の確立」のための学術的・体系的研究を密かに行い、その成果を後世に遺したという点で、「議院法研究会」と「憲法史研究会」は偶然の一致を見せている。「憲法史研究会」については、鈴木安蔵「憲法史研究会のこと」『明治維新史研究講座　月報』第五号（昭和三三年）一〜四頁、三浦裕史編『伊東巳代治遺稿・大日本帝国憲法衍義』（信山社、一九九四年）の解題（一一三頁以下）、および憲政資料室政治史料課「大久保利謙先生に聞く——近代政治史料収集のあゆみ（二）」参考書誌研究七四号（二〇一一年）三二頁を参照。

（9）たとえば『衆議院先例集〔昭和三〇年版〕』の「例言」を参照。これは、第一回国会前の各派交渉会において、その旨決定されたことによるものである（木村利雄「衆議院先例彙纂の誕生と議会先例の歴史」『憲政記念館の二十年』（衆議院憲政記念館、一九九二年）八〇頁）。

（10）例えば、議院書記官の多くは内務省系統であったが（『貴族院職員懐旧談集』（霞会館、一九八七年）五五頁以下、三五五頁以下）、農商務省との関係が伺われるケースもあり（赤坂・前掲論文「統治システムの運用の記憶」八三〜八五頁）、また一八九五（明治二八）年から二年間衆議院書記官長をつめた奥田義人は、衆議院事務局の試補・属を、議会制度に愛着のある語学堪能な大卒生より採用し、ここから書記官をリクルートするという構想を持っていたという（読売新聞明治二八年七月七日「奥田書記官長の改革意見」）。

（11）横浜毎日新聞が民間の立場から、新設される帝国議会衆議院の議事規則について解釈論を展開したもので、梧陰文庫B二四一や憲政史編纂会収集文書二七二に所収されているほか、前田英昭「私議　議院規則論〔その一〕」駒澤大学法学論集四六号（一九九三年）七三頁以下に復刻されている。

（12）読みやすさを考慮して、前田・前掲論文を底本とし、一部修正を加えた。

（13）大正五年の第三七議会でも、林田亀太郎の大浦事件連座を契機に、同様の議論が再燃した。長らく衆議院書記官長を務めた林田であったが、因襲打破のため、その後任には、林田を篤実に支えてきた寺田栄ではなく、大浦系の農商務書記官岡崎國臣が選任されている（読売新聞大正四年八月七日）。なお、寺田の書記官長就任は、一年後の大正六年五月十九日である。
(14) 工藤重義『議院法提要』（東京博文館蔵版、明治三七年）一〇八頁。
(15) 読売新聞明治三〇年一一月二五日。
(16) 読売新聞昭和五年四月六日。
(17) 昭和五年四月に辞職したが、貴族院議員に勅選されたのは戦後の昭和二一年三月になってからである。この点に関しては、今野ほか前掲書『国会運営の裏方たち』六三～六四頁も参照。ちなみに、前任者の寺田栄（鳩山一郎の岳父）は、貴族院議員に勅選されたことに伴い辞表を提出し（大正一二年八月二九日）、翌日聴許されている。
(18) 読売新聞明治四二年一月七日。
(19) 『平野貞夫オーラルヒストリー〔上巻〕』（二〇一二年）一七一頁。
(20) 同内容の文書（タイプ打ち）が、尚友倶楽部所蔵・小林次郎文書三五にも収録されている。
(21) なお、書記官長はこの間、大正二年には警保局長、警視総監とともに政務官となり、事務官として文官任用令、文官分限令、俸給令の適用を受けないこととなったが（読売新聞大正二年八月五日および十日も参照）、昭和九年には事務官に復している。
(22) 赤坂・前掲論文「統治システムの運用の記憶」八五頁。実際、岡谷・前掲書五頁によれば、柳田は貴族院書記官長の地位を「閑職」と見ており、これは「官界一般の見方でもあったろう」とされている。
(23) 佐々木惣一『日本憲法要論〔訂正第三版〕』（金刺芳流堂、昭和七年）一八五頁。
(24) 『平野貞夫オーラルヒストリー〔下巻〕』（二〇一二年）一六五頁。
(25) 赤坂・前掲論文「統治システムの運用の記憶」八五～八九頁。
(26) 同九月一六・一七日付社説「衆議院先例彙纂を読む　不可思議、奇怪なる出版物」、および同二五日記事「衆議院事務局出版の『先例彙纂』曾爾書記官長に攻撃の矢」も参照。そのため、同月三〇日には曾爾が金子堅太郎に代わって貴族院書記官長に転出するという噂まで報じられ、ほどなく、明治二五年二月には水野遵・議長付書記官が書記官長に栄転し、これに伴い、齋藤浩躬書記官が議長付きとなっている（同明治二五年二月六日）。
(27) 近藤誠治ほか『立法過程と議事運営――衆議院事務局の三十五年』（信山社、二〇一一年）三一七～三一八頁。
(28) 読売新聞明治三四年七月五日「先例彙纂の更訂」。
(29) 今野ほか・前掲書、五二～五五頁を参照。
(30) 『平野貞夫オーラルヒストリー〔上巻〕』（二〇一二年）一七頁。

国会法の理念と運用

◆Ⅰ◆ 国会法の制定と改正経緯

一　国会法解説

第一節　総　説

旧憲法の帝国議会（Imperial Diet）は、新憲法たる「日本国憲法」の制定によつて、国会（National Diet）と改められた。従つて今次の衆議院議員総選挙後に初めて召集せられる国会は、帝国議会の回数をそのまゝ継ぐことなく、恐らく第一回国会と呼称せられるのを妥当とする。かくの如くそれは単なる呼称だけの変更ではなく、その性質、内容において非常な差異がある。

今、その主要なる差異をあげれば次の如くである。

㈠　先ず従来の議会は、単なる立法の協賛機関であつて、完全なる立法機関ではなかつた。すなわち、法律案が両議院を通過しても、直ちに法律として成立するのではなく、更に天皇の裁可を必要としたが、新憲法では特別の定めある場合を除いては、法律案はすべて、両議院で可決したときに法律となるのであつて、天皇にも、内閣にもこれを拒否する権能がなく、従つて完全且つ唯一の立法機関となつた（憲法四一条、五九条）。

㈡　旧憲法の帝国議会は、天皇の翼賛機関であつたが、新憲法の下にあつては、国会は国権の最高機関となり（憲法四一条）、国会が国家の意思を作成する上において、他の国家機関よりも最高位を占むるに至り、いわば国会中心主義を採ることになつた。

㈢　新憲法では国会が国民の代表機関であることが明示された（憲法前文、四三条）。旧憲法にあつては、かゝる明文がなかつたので、議会が国民の代表機関であるというのは、議会制度の本質から、議会の意思が法律上、国民の意思として認識せられることを意味したにすぎなかつたが、新憲法にあつては、その前文劈頭に「日本国民は、正当に選挙された国会における代表者を通じて行動し」とあるのみならず、「両議院は、全国民を代表する選挙された議員でこれを組織する」（憲法四三条）とあつて、従来、貴族院が必ずしも公選によらなかつたのに反して、こんどは両議院とも、国民の選挙によることを明示したので、ここに国会は名実ともに国民の代表機関となつた。

㈣　新憲法では内閣の存続条件として衆議院の信任を必要とした。旧憲法では、我が国の内閣制度は大権内閣制ともいうべきものであり、組閣の形態から見ても、必ずしも議院内閣制ではなかつたが、新憲法では、衆議院の信任を得ざるものは、内閣を組織することが出来なくなつて（憲法六九条）、ここに始めて議院内閣制を確立した。

㈤　新憲法は両議院不平等主義しかも衆議院優越主義を採用した（憲法五九―六一条、六七条、六九条）。すなわち旧憲法では衆議院の予算先議権、貴族院の貴族院令の審議権の場合を除いては、両院平等主義を原則としていたが、新憲法は、憲法改正案の発議の場合を除いては、重要なものについては衆議院優越主義をとつた。換言すれば、いままでの貴族院尊重主義が廃されて、衆議院が第一院たる地位を占め参議院は第二院（Secondery House）たる地位を占むるに至つた。

㈥　新憲法は、旧憲法の如く一事不再議の原則について、何等規定するところがないので、両議院の一において否決された法律案を同会期中に再び提出するも妨げないものと解さねばならない。しかし、この点については、解明されねばならない点が二、三残されているが、今はその機会でないので、論議をさけて、たゞ一事不再議の原則は、一院の審議の過程においては、同一段階（stage）にのみ適用さるべきものと思われることを一言つけ加えておく。

㈦　その他、いままでの部属制度とか、法律案審議にあたつての三読会制度とか、全院委員会の制度は廃止された。

第二節　国会の地位並に権限

国会の地位は新憲法の国会中心主義に基づいて、(1)国民の代表機関であり、(2)国権の最高機関であり、(3)国の唯一の立法機関であることに定まつた。

国会の権限はこれを今までの観念に従つて分ければ、(1)立法上の権限、(2)財政上の権限、(3)行政監督権及び(4)その他の権限と大別することが出来る。

(1)　立法上の権限

これは更に、1　憲法改正の発議権（憲法九六条）2　法律制定権（憲法五九条）3　条約の承認権（憲法六一条、七三条）とに分けることが出来る。

憲法改正の発議権は両院不平等主義、すなわち衆議院優越主義をとつた新憲法において、重要なるものについて両院平等主義をとつた唯一の場合である。而して参議院存立の重大使命の一がここにあることを注意せねばならない。

法律の制定については、何等特別の定めが国会法にないので、昔の如く、三読会（three readings）の順序を経て議決せられなくともよい。元来この三読会の制度は、法律案を慎重に審議する目的のもとに生れたものであつて、議会の運営と密接の関係がある。英、米、独の三国はこれを採り、仏国はこの制度によらずに、二読会制度をとつた。国会法は後述するが如く、国会の運営を、主として常任委員会制によらんとしたので、自然、本会議の読会制度を不要のものとした。従つて、読会と読会との間に少くとも幾日間を隔てて会議を開くことを要するとかいうかわりに、今後は、恐らく法案に対する会議は委員会の報告書を議員に配付した後、幾日を隔てなければこれを開いてはならないと規定されるものと思われる。

次に新憲法は、内閣の組織、官吏に関する事務の掌理についても、法律に依らねばならぬことを定めているが（憲法六六条、七三条）、これは、公務員が国民全体の奉仕者であつて、一部の奉仕者でないのみならず、公務員を選定したり、これを罷免することは国民固有の権利たる建前からいつても（憲法一五条）、国民を代表する国会の議決で定められた法律によつてその基準が定められ、それによつて組織又は掌理せられることを妥当と考えるものである。

条約の承認については、憲法には条約の締結（for the conclusion of treaties）に必要な国会の承認とあつて、条約の承認とはない。然るに国会は唯条約とあるを以て、国会が条約について修正権ありやは論議のあるところではあるが、国会法は衆議院先議の条約について、衆議院において参議院の回付案に同意しなかつたとき、又は参議院において衆議院の送付案を否決したときは、衆議院は両院協議会を求めなければならない（国会法八五条）と規定しているから、暗に事前の条約案については修正権あるものと解さねばならない。又内閣が承認を求めるその範囲如何の問題もあるが、外国との私法的契約に属するものは、国が債務を負担する財政上の行為として国会の議決を要するのであるから（憲法八五条、財政法一五条）、ここでは外国との公法的法律関係を設定する場合に限るべきであると思われる。もし事後の条約について、国会の承認を得られないときは、既にその条約は批准せられているのであるから、条約の効力については、何等影響するところなく、唯、国としてその条約を破毀せねばならなくなるにすぎない。

(2)　財政上の権限

これは更に(1)予算の議決権（憲法八六条）、(2)予備費支出の事後承諾権（憲法八七条）、(3)租税を課し又はこれを変更する法律の議決権（憲法八四条）、⑷国の支出、又は国庫の債務負担行為を議決する権（憲法八五条）、⑸決算の審査権（憲法九〇条）、⑹財政上の報告を受ける権（憲法九一条）、等に分けることが出来る。

すべて国の財政を処理するには、国会の議決に基づかねばならないといふ財政上の基本原理（憲法八三条）が明示されたことは、国会の地位と権限に鑑みて当然である。唯ここに一言することを要するのは、国会の予算修正権についてである。従来の如く予算の発議権は内閣に専属してゐるから（憲法七三条、八六条）、国会の側から内閣に対して必要なる国費の支出を要求し得ざるものと解して、国会はただ、内閣の提出した原案から不必要と認める費目及び金額を廃除削減し得るに止まり、国会において新しい費目を追加し又は金額を増加することを得ないものとも考えられるが、しかし財政法第十九条には、内閣は国会、裁判所及び会計検査院の歳出見積を減額した場合においては、国会、裁判所、又は会計検査院の送付に係る歳出見積について、その詳細を歳入歳出予算に附記すると共に、国会が、国会、裁判所、又は会計検査院に係る歳出額を修正する場合における必要な財源について、明記しなければならないと、規定してあるを以て見れば、国会には増額の修正権があるものといわねばならない。

この外に、皇室財産に対する特殊の権限を有しているが（憲法八条、八八条）、これについては説明を略する。

⑶　行政監督権

過去の議会における行政監督権は、何といつても議会が天皇政治翼賛の機関たる性質から、国政に関する上奏権がその主要なるものであつたにも拘わらず、これは政府の嫌うところとなつて、議院自らもまた第四回議会以後においては、儀礼的なもの以外には、この権限を使わなくなつた。これが我が国の議会政治が邪道に陥つて、憲政の美果を収め得なかつた一大原因であると思う。

しかし今や、時運は一変して、天皇は国政に関する権能を有しておられなくなつたので、今後における国会の行政監督権は、衆議院がその第一院たる性格から、主として内閣を監督することになり、⑴衆議院の内閣不信任の決議権（right of non-cofidence resolution）、(2)内閣信任の決議案を否決する権（憲法六九条）がその最たるものとなり、この外には(3)内閣総理大臣を指名する権（Designation）（憲法六七条）等がある。

(4) その他の権限

国会は以上の権限の外に、裁判官の弾劾裁判を為す権（憲法六四条）がある。

第三節　国会法上の基本的主義とその原則

国会法は新憲法の国会中心主義と衆議院優越主義の精神から当然に生まれてくる、議員尊重主義を加えて、この三大主義を支柱として諸種の主義と原則を組み立てた。以下順次国会法の条章に従つてそれを説明してみよう。

(1) 天皇召集主義

新憲法は国会の召集については、国会が、自らの決議によつて自主的に集会することを許さず、今までの如く天皇の命令によつて詔書に定められた期日に集会することを原則とした（憲法七条、国会法一条）。但し臨時会召集の決定を要求することだけはこれを国会に認めて、その場合にはいずれかの議院の総議員の四分の一以上の議員が連名でその院の議長を経由して内閣に要求書を提出しなければならないことにした（国会法三条）。衆議院が解散されて、未だ総選挙が行なわれない間に、国に緊急の必要があつて開かれる参議院の緊急集会は（憲法五四条）、いわゆる国会の召集ではないので、単に内閣総理大臣から集会の期日を定めて、参議院議長に請求すればよい（国会法四条）。

衆議院の解散についてもまた召集と同様に、これを天皇の国事に関する行為とした（憲法七条）。従つて、議院の決議や、国民の要求によつて衆議院が解散されるが如きことはない。

(2)　国会自律主義

国会の開会、閉会については、新憲法には何等規定がないので、これを国会法に委ねたものと解さねばならない。而して国会法は、開会は別に何等の行為を要せず召集即開会と見做し、閉会についても会期の終了即閉会と見て別に何等の行為をも要求していないから、国会の開閉は自発主義によつたものと言つてよい。但し会期については、国会法は、常会についてのみ、百五十日間と規定して（国会法一〇条）、毎年十二月上旬にこれを召集することにしたが（国会法二条）、臨時会及び特別会の会期については、国会が自律的にその仕事の量をはかつて両議院一致の議決でこれを定めることとした（国会法一一条）。なお、会期の延長については、常会、臨時会、特別会の区別なく、凡て国会の自律的決定にまつこととしたから、会期については、自律主義を採用したものと謂わねばならない（国会法一二条）。

又休会については、国会の休会たると、各院の休会たるとを問うことなく自律主義を採つた（国会法一五条）。従つて今までの如く天皇又は内閣より停会を命ぜられるが如きことはなくなつた。

なお国会自律主義に対して各院自律主義とでも称すべきものに包括せられる若干のものがある。これらのものは憲法又は国会法によつてその基本的なものは定められるのであるが、しかしそれらに反しない限りにおいては各院が自律的に定めることを許されたものである。その主なるものは、(1)各議院がその会議その他の手続及び内部規律に関する規則を定めうること（憲法五八条）、(2)各議院が各々院内の秩序をみだした議員を懲罰しうること（憲法五八条、国会法一二一—一二四条）、(3)各議院が各々その議員の資格に関する争訟を裁判しうること（憲法五五条、国会法一一一—一一三条）、(4)各議院が各別に請願を受けて互に干預しないこと（国会法八二条）等である。これらはすべて旧憲法や議院法に定められたものと大差がないから説明を省略するが、ただ一点国会法に新しく規定されたものがある。それは資格争訟を提起された議員が二人まで弁護人を依頼することができることであり、しかも、その弁護人の一人の費用は、国費を以て支弁される点である（国会法一一二条）。

(3)　**役員選挙主義**

旧憲法にあつては、各議院の正副議長は、候補者選挙の有無の別はあつても、共に天皇より勅任せられたのであつたが、新憲法は、両議院は各々その議長その他の役員を選任する（憲法五八条）と規定したので、国会法は役員の範囲を、議長、副議長、仮議長、常任委員長、事務総長と定めた（国会法一六条）。而して、これらの中、事務総長だけが国会議員以外の者から選挙され、常任委員長は常任委員の中から、他は議員の中から選挙される（国会法六条、二二条、二三条、二五条、二七条）。

事務総長以外の役員の任期は議員の任期（国会法一八条、四一条）によるが、事務総長の任期について何等の規定をも設けなかつたのは、事務総長といふ特殊の地位は、政党的色彩の全然ないものを以てこれにあてて、事務局の組織も仕事も従来通り一党一派に偏せずに、独立公平ならしむると共に、他面に、恒久性を持たせようとしたためである。役員が辞任するときは、議院の許可を得なければならない。但し閉会中は議長がこれを許可することが出来る（国会法三〇条）。

(4)　**議員専任主義（議員兼職禁止主義）**

新憲法は何人も同時に両議院の議員たることが出来ない（憲法四八条）と定めているが、これは両院制度のもとにあつては当然のことであるが、国会法は、新憲法のもとにおける国会の重要なる地位に鑑みて、議員はその任期中別に法律で定めた例えば内閣総理大臣、国務大臣、内閣官房長官、法制局長官等以外の官吏又は地方公共団体の吏員となることを禁止して、議員はすべて議員としての職責のみに専念すべきことを定めた（国会法三九条一項）。

なお議員はその任期中、法律で定めた場合又は国会の議決に基づく場合の外は、内閣行政各部における各種の委員、顧問、嘱託その他これに準ずる職務に就くことが出来なくなつた（国会法三九条二項）。これも立法府と行政府との紛淆をさけ、その職務と責任を明らかにするためには、当然のことである。従つて各議院の議員が、他の議院の議員となり、又は法律によつて議員たることの出来ない職務に任ぜられたときは退職者となる（国会法一〇八条）。

(5) 議員優遇主義

議員が国民の代表者として、国権の最高機関たるの地位を担当する限りにおいて、その威信を高めるために、その保護及び処遇の方法に万全を期さなければ、民主的国会の運行に支障を来たすおそれがないとはいえない。新憲法が個人の尊重を基本の主義とするが如く、国会法は議員の尊重を重要なる基本の主義とするものである。各議員が尊重されてこそ始めて国会の威信が発揚されるのである。此の際は思い切つて官尊民卑の習慣を打破しなければならない。議員の主なる権利は次の如くである。

1. 会期中不逮捕の特権（憲法五〇条、国会法三三条、三四条）
2. 議院内に於ける発言表決不問責の特権（憲法五一条）
3. 一般の官吏の最高の給料額より少なくない歳費を受ける権利（憲法四九条、国会法三五条）

ここに一般官吏とは、内閣総理大臣、国務大臣、最高裁判所の裁判官及び会計検査官を除いた官吏を意味し、各省の次官などよりは、少なくないことを保障したのである。各議院の議長は歳費として、月額七千円、副議長は五千円、議員は三千五百円を受ける（国会議員の歳費旅費及手当等に関する法律一条）。従つて、一般官吏は議員より高い給料を受けることが出来なくなつた。

4. 旅費及び手当を受ける権利（国会法三八条、国会議員歳費八、九条）

議員は召集に応じた場合又は議院の公務により派遣された場合は往復の旅費を受ける。又議員は議会で発行された公の書類を郵送したり、選挙区からの陳情に対する返信の如き公の性質を有する通信を為すために通信費として月額百二十五円を受ける。

5．会期中及び公務のため自由に国有鉄道に乗車する権利（国会法三七条）

6．事務室及び事務補助員の提供を受ける権利（国会法一三二条）

議員の職務遂行の便に供するために、国費を以て図書館を始め、食堂、宿舎、その他、あらゆる設備を整えなければならないことはいうまでもないが、まず議員会館を設けて事務室を提供し、国費をもつて各議員に一人の事務員を付けることになつた。

7．退職金を受ける権利（国会法三六条）

これは議員が、後顧の憂なく安んじてその職責に専念出来るように、新しく国会法に規定されたもので、別の法律で、勤続年数とか退職の原因によつて適当の金額が定められるであろうが、その法律はいまだ制定せられていない。

8．以上の外に議員が死亡したときは歳費の一年分に相当する弔慰金をその遺族が受ける（国会議員歳費一一条）。

(6)　委員会の原則

1　常任委員会中心主義

国会が国の唯一の立法機関であるからには、法律案の審議がその主たるものであることはいうまでもない。旧憲法の下の議院法では、法律案の審議は必ず三読会を経なければならなかつたので、第一読会で特別委員に付託されるのが常則であつた。

しかるに新憲法の下における国会法では、三読会制を廃止して、すべての議案は本会議を経ることなく、発議又は提出されると直ちに議長はこれを適当の委員会に付託することになつた（国会法五六条二項）。

委員会には特別委員会（Special Committees）と常任委員会（Standing Committees）の二種がある（国会法四〇条）。特別委員会は常任委員会の所管に属しない特定の事件、例えば皇室関係の事件とか、憲法改正案とかいうものを審査するためのものである（国会法四五条）。

而して常任委員会は部門別にして次の如く二十一種類ある（国会法四二条一項）。

1. 外務委員会
2. 治安及び地方制度委員会
3. 国土計画委員会
4. 司法委員会
5. 文教委員会
6. 文化委員会
7. 厚生委員会
8. 労働委員会
9. 農林委員会
10. 水産委員会
11. 商業委員会
12. 鉱工業委員会
13. 電気委員会
14. 運輸及び交通委員会
15. 通信委員会

16. 財政及び金融委員会
17. 予算委員会
18. 決算委員会
19. 議院運営委員会
20. 図書館運営委員会
21. 懲罰委員会

しかし両院法規委員会の勧告に基づいてこれらの常任委員会を増減、併合することが出来る（国会法四二条二項）。

常任委員会はそれぞれその部門に属する法律案、予算、決算、決議案その他の議案、請願、陳情書等を審査するのであるが、各常任委員会には、二人の専門調査員と書記とが常置されて、常任委員会の調査研究の仕事を助けることになつている（国会法四三条）。なお、各議員は必ず少くとも一箇の常任委員会に所属して多くとも同時に三箇を超えることが出来ない（国会法四一条）。常任委員会は会期の初めに議院において選任され議員の任期中その任にあたるもので（国会法四一条）あるから、今後における議員は専門的知識が豊富に養われて、立法的面からいつても、あるいは財政監督の面から見ても、行政監督の見地からいつても、国家及び国民に稗益するところが少くないものと思われる。

常任委員会は他の議院の常任委員会と協議して合同審査会（Joint-hearings）を開くことが出来る（国会法四四条）。常任委員会及特別委員会は会期中に限り付託された事件を審査するのであるが（国会法四七条一項）、その院の特別の議決があれば閉会中でも付託された事件について審査することが出来る（国会法四七条二項）。

2　公聴会制度

我が国に明治二十三年に初めて議会が開設されたのも、要するに万機公論に決するためであり与論にきいて大事を独り断じないためであつた。国会法は更にこの点に留意するところがあつて、委員会に公聴会（open hearings）の制度を設けた。

これは委員会が総予算とか、あるいは重要法案の如く一般大衆に非常に影響するところの大なるもの、あるいは関心をひくものについては、特に利害関係を有する者や学識経験者の意見を聴取した後に、法案の賛否を決すべきことを規定したものである（国会法五一条）。勿論、これが運用の詳細を規定する規則が未だ出来ないので、公聴会について、詳述するを得ないが、少くとも公聴会制度は次の三点について価値あるものと云い得るであらう。

イ　委員は公聴会を開くことによつて、その法案に関するすべての事実や意見について聴問しうるから、従つて正確なる結論に達し得ること。

ロ　委員が正確なる結論に到達しうる結果として、討論に無駄なく正しい表決権を行使出来ること。

ハ　議員以外の者も、法案の成立についてはつきりとその賛否の意見を述べうること。

3　委員各派按分主義

委員はすべて常任委員たると特別委員たるとを問うことなく、従来の先例による割当方法が明文化されて、各派の所属議員数の比率によつてこれを各派に割当てることになつた（国会法四六条）。これは一面において議会制度の運行に政党の正しい勢力を反映せしめるものである。

4　委員会公開主義

従来委員会は非公開を原則としたが（旧議院法二三条）、国会法はこれを改めて、一般公衆の傍聴を許すことになつた（国会法五二条）。しかし場所の自然的制限から委員長の許可を受けた者に限つた。但し委員会の決議によつては秘密会とすることが出来るのである。

(7) 本会議の原則

1　記録公開主義

議事の公開については、憲法に規定がある（憲法五七条）。従来もこの原則によつたので、これに関しては論議もつくされてゐるから説明を省略する。しかし今までは議院の会議の記録の保存とか、その公表方について、憲法に何等の規定もなかつたが、新憲法は之を規定して秘密主義を廃したので（憲法五七条）、この点については新しい工夫が試みられて、本会議の記録は勿論、委員会の討論記録、公聴会の聴問録等一連の記録がすべて整理印刷されて、会議録として公開せられなければならなくなつた。従つてここでは、議事公開よりも記録公開主義の方が意味が新たなものである。本会議は議長又は議員十人以上の発議によつて、出席議員三分の二以上の賛成があつたときは、秘密会とすることが出来るが（憲法五七条、国会法六二条）、秘密会の記録と雖も、特に秘密を要するものとその院において議決した部分以外はこれを公表し一般に頒布しなければならない（憲法五七条二項、国会法六三条）。

2　自由発議主義

これまでは、議案類の提出、その他に関して必ず賛成者（supporter）を必要とした。これは見方によつては種々の点で議事の進行に役立つたともいえるが、しかし見方によつては議員の発案権を制限したものともいえる。国会法が議員尊重と議員平等の原則をとるからには、すべて、議員は議案を発議することが出来ると規定するのは当然である（国会法五六条一項）。議案の発議だけでなく、すべての点に賛成者を排除して、ひとり歩きが出来るようにしたのは一大進歩である。従つて、法律案、質問、決議、異議の申立、其の他の動議にも賛成者を要しないことになつた。唯一の例外として賛成者を要する場合がある。それは議案に対する修正を議題とするときに二十人以上の賛成を要することである（国会法五七条）。

この点については、論議の余地が残されてゐる。すなわち法律案が一人の賛成者も要せず自由に発議出来るのに、それを修正する動議に二十人以上の賛成を要する点と、凡ての議案が常任委員会で審議修正せられるのを原則とするに反して、この修正案は本会議で審議せられる点である。ここでは、修正の動議に二十人以上の賛成者を必要としたのは、本会議に於ける修正を已むなき修正に止めようとした趣旨で、普通の動議の発議には賛成者を要しないものと解するを妥当とする。

3　自由討議主義

議員の意思を尊重するならば、国策に対する抱負経綸を自由に発表せしめる機会を与えなければならない。議題がなければ発言できなかつたのが、これまでの掟であつた。そのために予算委員会は何時とはなく変形して、小本会議の風を呈して議題外の問題について、換言すれば国政一般についていかなることでも発言することが許された。国会法はこの点に鑑みて、各議員に対して少くとも二週間に一回国家の政策及び重要国策について、壇上に立つて自由に演説する自由討議の機会を与えた（国会法七八条）。ここで注意しなければならないことは、討議の意義である。

普通に討論（debate discussion）といえば、議員が会議において、発言許可を得て議題に対して自己の賛否の意思を表明することである。もしここの討議が討論と同義であるとすれば、議長が開議の当初に宣言する議題がなければならないことになり、ひとりでに議員の発言を制限することになつて、自由討議の機会を設けたことの趣旨を狭めることになる。故にここの討議は、いわゆる討論とは異なるものであつて、議題の有無にかかわらず自由に演説することを意味するものと解さなければならない。

普通は討論が終局すれば、必ず表決に付さなければならないが、ここの討議は討論ではないから、討議が終局しても表決に付さなくともよい。但し自由討議の問題について、議員より表決すべしとの動議があつたときは、院議に諮つて表決に付することができることになつている（国会法七八条）。

なお、この自由討議においては議員相互の意思の発表を主としたものであるから、内閣に対して質問できないと解するを妥当とする。

4　自由質問主義

政府尊重、政府優先の議院法では、議員が政府に対して質問するには、三十人以上の賛成者を要した（旧議院法四八条）。しかも三十人は議院法における最高の制限であった。しかるに国会法は先述した議員の意思尊重の建前から、一人の賛成者をも要することなく、議長の承認を得れば内閣に対して質問することができることになった（国会法七四条一項）。而してもしその質問を議長が承認しなかった場合に、質問せんとする議員から異議の申立があったときは、議長はこれを承認するかどうかを議院に諮らなければならない（国会法七四条二項）。

5　言論尊重主義

議員の自由発議、自由討議、自由質問に関連して、議員の言論尊重に対する一連の措置として、国会法は二つのことを新たに規定した。すなわち、一は少数意見者の発言擁護に関するものであり、他は未発表意見の会議録掲載に関するものである。

イ、少数意見者の発言擁護に関するもの

国会法は他の院から送付された議案を除いて委員会における審査の結果、議院の会議に付するを要しないと決定した議案は、本会議で審査することなく廃案とする建前である。但し委員会の決定の日から、休会中の期間を除いて七日以内に、議員二十人以上から会議に付すべしとの要求があれば会議に付するのである（国会法五六条三、四、五項）。

委員会において廃棄された少数意見については、本会議において委員長の報告に次いで、少数意見者がこれを報告することができる（国会法五四条一項）。かくの如く少数者の意見を多数者は必ずきくべき義務ありとしたことが、少数意見者擁護の第一点である。第二点としては、少数意見者が簡明な少数意見の報告書を議長に提出したときは、委員会の報告書と共に必ずこれを会議録に掲載しなければならないことである（国会法五四条三項）。

ロ、未発表意見の会議録掲載に関するもの

旧憲法の下における議院法にあつては、質問主意書、その答弁書、委員会報告書等は、本会議で朗読しなくとも、これを速記録に掲載するを例とした。又議長が掲載を許可した参考書、理由書も同様であつたが、これらは議員の意見尊重という建前からではなく、別の理由からであつた。しかるに国会法は、議員の言論尊重という原則から出発して、その未発表意見を会議録に必ず掲載することにした。その場合が三つある。

一は、議員の質疑、討論、その他の発言について、発言時間制限のために、その発言を終らなかつた部分については、特に議院の議決があつた場合を除いて、議長の認める範囲内で、会議録に掲載することである（国会法六一条二項）。二は、議長又は議院の承認しなかつた質問で、その議員からの要求があつたものは、必ずその質問主意書を会議録に掲載しなければならないことである（国会法七四条四項）。三は、前述した少数意見書の会議録の掲載である（国会法五四条三項）。

(8)　**国会予算独立主義**

国会法は、両議院の経費は、独立して国の予算にこれを計上しなければならないと規定した（国会法三二条一項）。ここに独立してというのは、各省の予算とは独立して、すなわち他の部款項とは離れて、国会費として、国の予算に計上されることを意味するのである。

これは国会が立法府であると同時に国権の最高機関たるに鑑み、行政府たる国家機関からの財政的制肘を受けることなく、行政上又は財政上の監督を十分ならしめんとしたものである。またこの経費の中には相当の予備金を設けなければならないことになつている（国会法三二条二項）。

更に財政法は内閣が予算を作成するにあたつて閣議決定前に、国会の経費について、予め衆議院議長、参議院議長に対してその決定に関し意見を求めなければならない（財政法一八条）と規定している。昭和二十二年度の一般会計予算には、国会費として二億五千万円が計上されている。その内、衆議院の経費が四千百十一万一千円、参議院は二千五百十四万七千円、国会共通費が七千四百四十四万七千円、予備費が七百二十万円となつている。

(9) 内閣案同時審査主義

国会が国の唯一の立法機関であるとすれば、両院が内閣の提出案について、相当慎重の検討を加えなければならないことも蓋し当然である。内閣の提案にかゝるものについては、従来の如く、一院の意思が決定してからでなければ、他院はその案について検討することが出来ないとすれば、常会の如く五ヶ月の長い期間がある場合でも、他院からの送付を待つて審査に着手するのでは、先述した如く、必ず公聴会を開かなければならない総予算とか、その他の重要法案について十分なる審議をつくすことは不可能といわねばならない。殊に衆議院はその第一院たる地位に鑑み重要法案については、内閣案が十分に民意を盛るものであるか否かを検討せねばならないし、また参議院にしても予算については、憲法に、参議院が予算を受け取つた後、国会休会中の期間を除いて三十日以内に議決しないときは、衆議院の議決を国会の議決とすると規定してある関係から、会期の延長の問題とは無関係にどうしても、三十日以内にその検討を終らなければならない。かゝる憲法上の拘束や、内閣案が果たして民意を反映するものかを十分に検討するには、国民の代表機関たる両院が、内閣案を同時に審査するを適当とするものである。

故に国会法は、内閣の提出にかゝる議案について両院同時審査主義をとつて、内閣が一の議院に議案を提出したときは、予備審査のため、その翌日以後五日以内に、他の議院に同一の案を送付しなければならないと規定した(国会法五八条)。

しかしここに予備的又は翌日以後といったのは、他面において、国会の議決を要する議案を甲議院において可決し、又は修正したときは、これを乙議院に送付し、否決したときは、その旨を乙議院に通知する(国会法八三条一項)という議案審査についての両院関係を規定した先議後議に関する原則があるからである。

⑽　会期不継続主義

国会法は会期中にいまだ議決に至らなかった案件は、国会の会期が終了することによって当然に消滅して、次の会期に継続しない（国会法六八条）と規定した。これを会期不継続主義というのである。議院が改選せられず、同一議員が、次の会期に臨む場合に、前会において未了の議案をそのまゝ継続審議しても理論上差支えないのではあるが、会期の終了によって総て審議未了の案件を消滅させることがそのねらいである。

⑾　衆議院優越主義

第一院たる衆議院が、真に国民の意向を反映し、その議決が常に正確であるならば、第二院たる参議院が無用たることは論ずるまでもない。しかし世界各国みな二院制度をとっているのは第一院の議決に誤りないことを期するためである。勿論、二院制度をとるについても、両院の権限を平等にするか、両院の間に差異を認めるかによって、1　二院平等主義、2　下院優越主義、3　上院優越主義の三つの型がある。わが国は旧憲法の下では両院平等主義であったが、新憲法では特種のものについては衆議院に参議院より優越の権限を認めたので、衆議院優越主義を採用したものと謂わねばならない。

しかし新憲法ならびに国会法では衆議院に優越権を認めた場合でも、衆議院の意思が直ちに参議院の意思に優越するのではなく、二院制度の本質に鑑み、なるべく両院の意思を合致せしめて、国会の意思の円満なる成立を期待して、両院の意思の補正機関である両院協議会（Joint Committee of Both Houses）を開くことを先ず要請しているものといわなければならない。而して両院協議会を開くことを法規上当然の要件としている場合と（憲法六〇条二項、六一条、六七条二項、国会法八五、八六条）、その任意に任せている場合と（憲法五九条、国会法八四条）、法規上開くことを要しない場合と（憲法五九条四項、六〇条二項後段、六一条、六七条）、全然その問題に触れていない（国会法一一、一二、一三条、一五条、六九条）場合とがある。

元来憲法が法律案について衆議院の意思に絶対性を認めたのは、二院制度の建前から両院の意思が一致しないことがあることを予想して、その場合に参議院よりも衆議院の意思を以て国会の意思と認むることを妥当としたからである。

真の議会政治は国民全体の政治でなければならないから、議会政治は多数決政治であるとしても、これから生ずる欠陥、すなわち一時の感情や一党一派に偏して、国民全体の意思に反することがないように絶えず反省し、その過誤による救済手段を講ずることが必要なのである。国会が国の唯一の立法機関で、その上に補正したり拒否したりする手段が残されていない場合においては、両院協議会は補正のための唯一の機関であるといわなければならない。従つて憲法が、特別の場合に両院協議会を開くことを憲法上の要件としたのもかゝる理由に基づくものと解すべきである。

ここで両院協議会の性質を明らかにするために二、三の点について説明を加えれば、両院協議会は両院の意思が一致しない場合に、一院からの要求によつて開かれるもので、他院はこれを拒むことができないのが通則（国会法八八条）であるが、しかし法律案の場合に限つて、後述するが如く衆議院はこれを拒むことができるのである（国会法八八条二項）。協議会の協議委員は両院から同数ずつ出て（国会法八九条）協議案について協議するのであるが、出席協議委員の三分の二以上の賛成が得られなければ、協議会の成案とはならないのである（国会法九二条）。また成案を得たとしても、それがそのまま直ちに各院の意思となるのではなく、協議会を求めた院から先ずこれを議して、しかる後にこれを他院に送付することになつている（国会法九三条一項）。而して成案については更に修正を許さないから、それを可決するか、否決するかを決するだけである（国会法九三条二項）。

これを以て見るも、両院協議会に関する問題の骨子は協議会請求権そのものにあるのではなく、協議会請求権と成案先議と議案先議との、三つの関係をどう規定するかにあるといわねばならない。

議案の先議と協議会請求権と成案先議との関係を三者不可分的のものと考えるか、あるいは可分的にこれを考えるかによつて、協議会請求権に関する原則も変つてくるのである。

旧議院法では、議案を政府より受け取り又は提出したる院即ち先議の院が当然に協議会請求権と成案先議権を持つことを原則とした（旧議院法五五、五六条）。これを議案先議不可分主義ということができる。

両院平等主義を採れば当然に議案先議不可分主義を採ることになるのであるが、しかし新憲法では、国会の議決を要する案件の運命をその先議、後議に関係なく、案件自体によつて区別し、両院の意思が一致しないときは、その重要なるものについては衆議院の意思を以て国会の意思とすることを規定した。これは明らかに両院不平等主義に立つて、衆議院の意思の優越性を規定したものであるから、か丶る案件について両院協議会が開かれ成案を得たときは、衆議院が先ずそれを議することが望ましいのである。法律案については殊に然りである。何となれば、法律案に関する協議会成案を衆議院が先議するとすれば、衆議院の再議の場合における議決の対象は、明らかに協議会成案となるが、もし参議院がこれを先議して否決するとすれば、衆議院の再議の場合における議決の対象は、協議会成案ではなく、衆議院最初の議決案となるからである。か丶ることは、せつかく両院協議会を開いてさきに議決した案の欠陥を、時の経過につれての反響と観点を異にする他院の批判とを容れてこれを補い、できるだけ善い成案を得て、それを衆議院が法律として成立せしめたい意向を有するのに、成案を参議院に先議せしめた結果として、それを成立させることができないとすれば、衆議院の意思の優越権を認めた憲法の精神に反するものといわなければならない。

こ丶において、両院協議会を求める権利と議案先議とは全く関係なく、それは衆議院優越主義によつて決せらるべきであり、憲法又は国会法その他の法律で衆議院に優越権を認めた案件については、衆議院に協議会を求める権利を認めると共に協議会成案をも先議せしめるべきであるとの理論が成り立ちうるのである。

国会法はこの前段の理論を容れて、案件によつて議案の先議と協議会請求権とを可分的に見て、議案を先議した院が、必ずしも協議会を求めるものとはしなかつたが、しかし後段の理論たる協議会請求権と成案先議とを分離することには積極的でなく、議院法の旧い建前を堅持して協議会を求めた院が成案を先議することにした。これは先の議案先議不可分主義に対して議案先議可分主義ということができよう。

国会法は案件によつて、あるいは議案先議可分主義をとり、あるいは議案先議不可分主義をとつた。この二つの主義を中心として、両院協議会請求権に関する国会法の原則を示せば、先ず第一原則として、法律案については、憲法が衆議院に再議の権を与えている関係から、その先議、後議とは無関係に、換言すれば議案先議可分主義によつて両院協議会を開くや否やを衆議院が決すべきものとした（国会法八四条）。

しかしこれに対する例外として、参議院先議の法律案について参議院に協議会請求権を認めた（国会法八四条二項）。これは両院における国会法案の審議の過程においてもつとも論議の交された点であつて、その結果修正されたものである。

しかしこれについては第一項の衆議院の権利を侵さないように「衆議院はこの請求権を拒むことができる」と但書をつけて、辛うじてその平仄をあわせたが、この第二項を適用する場合においては先述した再議の場合における議決の対象についての問題が何等解決されていないので、その成案が両院でそのまゝ可決されて再議されることがない見透しがつかない限りは、これが活用されることは無いように思われる。むしろ、かくの如き部分的修正をするよりも根本的修正を加えて、この際は新憲法の精神により多く添うように、議案先議可分主義から更に一歩を進めて、先の理論の後段である協議会請求権と成案先議とを分離して協議会請求権を参議院に認めたとしても、成案先議を認めないように、第九十三条を「両院協議会の成案は法律案、予算及び条約については、衆議院が先ずこれを議して他院に送付する」というが如くに改めた方が、より合理的であつた。

第二の原則は、予算と条約に関するもので、これは議案先議不可分主義によつて、先議の院が協議会を求めねばならないこととした（国会法八五条）。憲法はこれらの案件について両院協議会を開いても意見の一致を見ないときは、衆議院の議決を以て国会の議決とする（憲法六〇条二項、六一条）と規定するが、これらの場合は法律案の場合と異なつて、先の衆議院の議決が当然に国会の議決となるのであつて別に再議するを要しないのである。たゞこの場合は両院協議会を開くことが憲法上の要件となつているので、法律案の場合の如く、協議会を求めることが権利ではなく、むしろ義務といわねばならない。

憲法は予算について衆議院に先議権を認めているので（憲法六〇条一項）国会法もまた両院協議会を求めることを衆議院に認めた（国会法八五条一項）。従つてこの場合に衆議院が可決した協議会成案を参議院が否決したときは、国会の議決となる衆議院の議決は、先の予算に対する議決ではなく成案に対する議決であることは前に法律案について述べたと同じである。

条約はその提出について何等の規定もないから、衆議院、参議院いずれを先にこれを提出するも妨げない。

条約の修正について議論のあることは既に述べたが、国会の条約承認権は国会の立法権としての作用であるから、この場合も法律案に関しての原則たる議案先議可分主義に拠るべきであるのに、旧来の如く議案先議不可分主義によつた理由は、一寸理解に苦しむところであるが、思うに、条約の承認については予算に関する第一項の規定の準用はないが、これに準じて取扱われ、衆議院が第一院たる性質に鑑みるも、実際としては衆議院に先ず提出されるものと予想せられたからであろう。

第三の原則は、予算や条約と同じく憲法に両院協議会を開いても意見の一致を見ないときは、衆議院の議決を以て国会の議決（憲法六七条二項）とする内閣総理大臣の指名に関する場合である。この場合も憲法上の要件として必ず両院の意見が一致しないときは、協議会を開かなければならないのであつて、協議会を求めることは義務であつて権利ではない。

内閣総理大臣の指名に関する議決は各院別々に行うのであつて、先議、後議の問題は起らない。従つて協議会請求権とも無関係であり、成案先議とも何等関係はなく協議会で意見が一致したときは、その意見通り各議院が別々に指名の議決をすることになるのである。故にこの場合は、いわば衆議院の意向を参議院がきくといふ意味で参議院に協議会を求めることを義務づけたものに過ぎない。

第四は、法律案、予算、条約、内閣総理大臣の指名等憲法上当然に衆議院の優越権を認めた場合を除いて、国会の議決を要する事件についての原則である。この場合は旧来の如く、両院平等主義によつて審議を進める関係から、議案先議不可分主義によつて、先議の院に協議会請求権を認めた（国会法八七条）。かゝる事件の例は憲法改正案や憲法第八条の皇室財産に関するものがそれである。

以上は主として両院協議会に関する原則を通して、国会法上の衆議院優越主義を説明したのであるが、この外に両院関係をこの主義に従つて、規定したものが四つある。

その一は、国会の開会式は毎会期の始めに行われることになつているが（国会法八条）、その式を衆議院議長が主宰することである（国会法九条一項）。従つて参議院議長は衆議院議長が事故あるときにのみその職務を行うことになつた（国会法九条二項）。

その二は、従来両議院の議決を要する議案は、すべて後議の院の議長が奏上したのであつたが、国会法は両議院の議決を要する議案について最後の議決があつた場合と、衆議院の議決が国会の議決となつた場合には、衆議院議長から法律や条約の如くその公布を要するものは内閣を経てこれを奏上し、その他のものはこれを内閣に送付することになつた（国会法六五条一項）。のみならず、内閣総理大臣の指名についてもまた衆議院議長からこれを奏上することになつたことである（国会法六五条二項）。

序に一言付け加えておくが法律は衆議院議長が奏上した日から三十日以内に公布しなければならないが（国会法六六条）、条約はその後の手続やその他のことが考慮されてこの制限から除外されたのである。

その三は、後述する両院法規委員会の組織について、衆議院から選挙される委員を十人として参議院のそれよりも二人多くしたことである（国会法一〇〇条）。

その四は、罷免の訴追をうけた裁判官を裁判する弾劾裁判所が、両議院の議員の中から選挙された同数の裁判員を以て組織構成されるのに（国会法一二五条）反して、その訴追機関ともいうべき訴追委員会は衆議院議員より選挙された訴追委員によってのみ組織されることである（国会法一二六条）。

勿論、この訴追委員会は、名は委員会であるが、実は議員の常任、特別いずれの委員会の範疇にも属しない別個のもので、しかも弾劾裁判所に附置されたものでもなく、両者は全く対等の地位にあるものと解せらるべきものである。

⑿　両院協調主義

国会法は、参議院を第二院として衆議院を優位に規定しているにも拘わらず、両院協調主義の上に組み立てられたものがある。それは両院法規委員会（Legislative Committee of Both Houses）なるものである（国会法九九―一〇二条）。これは前述の如くその委員の員数の点では衆議院優越主義を採っているけれども、その仕事の点では両院協調主義を採って、立法事項や、国会の運営について始終公正なる立場から批判的に監督してその改善をはからんとするものである。すなわち、内閣に対しては新しい立法の提案、現行法律又は政令の改廃等を勧告し、かつ又国会法や議院規則の改正について、両議院に勧告することを任務とするものである。

まだ、これが運用に関する細則ができていないのではつきりとは云えないが、おそらくこの委員会は、重要なるものの一となるのではなかろうか。何となれば、将来は議員提出案が多くなるのみならず、一事不再議について憲法も国会法も何等規定するところがないので、内閣案や、両院提出案の間に相互に矛盾抵触するが如きことなからしめ、以て同一会期中における諸種の法律案の調和や脱漏を監視することが必要であり、その仕事を多分にこの法規委員会が行うことになるだろうからである。

国会が、国の唯一の立法機関たるにおいては、各院において議員の法制に関する立案を助けるために法制部（Legislative Department）を設けて、その参考資料を提供すると共に（国会法一三一条）他面において法律の実施情況を見てその具体的な改正立案について、両院協調してその任務を完遂するためにかくの如き法規委員会なるものを設けたことは、国会における新しいしかも正確な試みといわねばならない。この法規委員会は名は委員会であつても、前述の訴追委員会と同じくその実体は全くこれと異なるものであることに注意せねばならない。

⒀　内閣従属主義

従来の議院法は、凡て政府優先主義に基づいていたが、国会法は国会中心主義の憲法の建前から、内閣従属主義をとつて、あらゆる面に政府の専制を抑えた。すなわち内閣に、内閣総理大臣が欠けたとき、又は辞表を提出したときは直ちにその旨を両議院に通知せしむることとした（国会法六四条）。これは国会に総理大臣の指名権があり、その指名が他のすべての案件に先だつて行われなければならないことから云つても当然のことである（憲法六七条一項）。それから、政府案を先にすべしというが如き議事日程の作成に関する制限を取り除いた（国会法五五条）。また今までは内閣がその提出した議案に対し何時でも修正、撤回が出来たが、国会法は各議院において議題となつた議案に対して内閣が修正又は撤回するには、その院の承諾を要することにした（国会法五九条）。

旧憲法では、国務大臣及び政府委員は何時たりとも各議院に出席発言することが出来たが（旧憲法五四条）、新憲法では答弁又は説明のため出席を求められたときは、出席しなければならないと義務づけをした（憲法六三条）のみならず、国務大臣及び政府委員が発言しようとするときは通告しなければならないことにした（国会法七〇条）。なお、会計検査院法を改正する法律には「会計検査院は検査報告に関し、国会に出席して説明することを必要と認めたときは、検査官を出席せしめ又は書面でこれを説明することができる」（会計検査院法三〇条）とあるが、国会法では、委員会の権限として、委員会のみに会計検査院の長及び検査官の出席説明を求めることを許した（国会法七二条）。そこでこれは国会法が国会に関する限り会計検査法に優先するものとして、会計検査官は委員会の要求なくしてみだりに議員の会議に出席することができないものと解すべきである。次に各議院から審査又は調査のため内閣又は官公署その他に対して必要な報告又は記録の提出を求めたときは、必ずその求めに応じなければならなくなつた（国会法一〇四条）。また内閣及び各省はその刊行物を国会図書館に送付しなければならない（国会法一〇五条一項）のみならず、図書館運営委員会が必要と認めたものについては、内閣及び各省はこれを各議員に配付しなければならないことになつた（国会法一〇五条二項）。

⒁　証人喚問主義

新憲法では、国会中心主義を基調とした結果、両議院が国政に関する調査を行うため、証人の出頭及び証言並びに記録の提出を要求することができることになつた（憲法六二条、国会法一〇四条）。旧憲法の下における議院法は人民に向つて告示を発したり、審査のために人民を召喚したり又は議員を派遣することは行政に関する意見を二分し人民をして適従するところを失わしむるものとして許されなかつた（旧議院法七二、七三条）。しかし国政に関する調査を徹底して行わんとするには、議員を派遣したり、証人を喚問したり、あるいは記録を提出せしむることの必要なることはいうまでもない。

議院が議案その他の審査又は国政に関する調査のため証人を喚問したときは、別の法律によつて旅費及び日当を支給することになつている（国会法一〇六条）。

如何なる事項について調査するかは、いまだ確たる規定はないが、恐らくは常任委員会別によつて行われるのではなからうか。

⒂　当日起算主義

従来公法上の期間の計算方については、政府に有利に解釈され、適用されてきた。

会期の計算方については、第一回帝国議会の終りに閣議で決定して裁可を仰いで「刑法に月と称するは三十日を以てすとあれば宜しく三十日を以て一ケ月とすべし」と定められてから、爾来これが先例となつて開院式当日から起算されたが、然しその他の期間の計算方については時によつてこれを異にしたこともある。例えば旧憲法では、特別議会は解散の日から五箇月以内に召集せられなければならないが（旧憲法四五条）、この五箇月は当日起算主義によるか、翌日起算主義によるかによつて両者の間に一日の食い違いを生ずるのである。第十三回帝国議会の特別会の召集日は、翌日起算主義によつて召集されたので、解散の日を算入すると百五十一日目であつた。第九十回議会は解散の日を算入して百五十日目に召集されたので翌日起算主義によつたか、当日起算主義によつたかは、なお不明ではあるが、これは当日起算主義によつたものと解すべきであらう。

国会法は先ずこの点を明らかにして、国会の会期は召集の当日からこれを起算するものと定めた（国会法一四条）。従つて国会に関する期間については、今後は憲法に規定された期間も、国会法に定められた期間もすべて当日から起算されることになつた。

第四節　議長の権限

議長の権限は憲法及び国会法に規定せられたものを列記して、紙幅の関係からその説明はこれを省略して、これを便宜上⑴本会議に関するもの、⑵委員会及び両院協議会に関するもの、⑶秩序及び警察に関するもの、⑷議院の代表及び議院事務の監督に関するものに分類して見よう。

(一)　**本会議に関するもの**

1　国会の休会又はその院の休会中会議を開く権（国会法一五条）

2　議事を整理する権（国会法一九条）

3　議事を決裁する権（憲法五六条）
4　議事日程を作成する権（国会法五五条）
5　議案を付託する権（国会法五六条）
6　発言時間を制限する権（国会法五四条、六一条、七八条）
ここで注意すべきことは国会法第六十一条によつて、議長は国務大臣及び政府委員についても議員同様にその発言時間を制限できることである。
7　議員の未発言部分を会議録に掲載する権（国会法六一条）
8　会議の公開停止を発議するの権（国会法六二条）
9　質問を承認する権（国会法七四条）

㈡　委員会及び両院協議会に関するもの

1　委員会に出席し発言するの権（国会法二〇条）
2　両院協議会に出席し発言するの権（国会法九五条）

㈢　秩序及び警察に関するもの

1　議院の秩序を保持するの権（国会法一一九条）
2　議院警察権（国会法一一四条）
3　警察官吏の派出要求権（国会法一一五条）
4　議員を警戒、制止する権及び発言の取消を命ずる権（国会法一一六条）
5　議員の発言を禁止する権及び退場を命ずる権（国会法一一六条）

6　会議を休憩し、又は散会する権（国会法一一七条）

これは議長が会議を主宰整理する権限の中に当然に包含しているものとも解されるが、旧憲法のもとにおける議院法第八十八条には議場騒擾して整理しがたいときの議長の臨機の措置について、後日問題が起らないように特に「議長は当日の会議を中止し又は之を閉づることを得」とあつたのをそのまゝ受けた規定であつて「当日の会議を中止する」といふ意味が従来は種々に解釈されて休憩は議事の一時休止であつて、中止ではないからこれに包含しないものと解されたこともあつたので、「休憩を宣告」しうることを明瞭にしたのである。また「これを閉づることを得」についても同様の疑義があつたので、「散会」できると、はつきりさせたのである。

7　傍聴人を退場させ又は警察官庁に引渡す権（国会法一一八条）

8　議員を懲罰委員会に付する権（国会法一二一条、一二四条）

9　未応召及び欠席議員に招状を発する権（国会法一二四条）

㈣　議院の代表及び議院事務の監督に関するもの

1　議院を代表する権（国会法一九条）

2　議院事務を監督する権（国会法一九条）

3　開会式を主宰する権（国会法九条）

4　参事以下の議院職員の任免に同意を与うる権（国会法二七条）

5　閉会中役員又は議員の辞任を許可する権（国会法三〇条、一〇七条）

6　公布を要すべき法律及び内閣総理大臣の指名を奏上する権（国会法六五条）

7　政府委員の任命に承認を与うる権（国会法六九条）

㈤ 議長の職務代行機関

1　副議長

各議院において議長が事故あるとき又は欠けたときは、第一次代行機関として副議長が議長の職務を行うのである（国会法二一条）。国会法の建前から云えば副議長は議長の代理機関であつて、補佐機関ではないのであるが、副議長は議長の事故ある場合に代理するのみならず欠けたときにもその職務を執るが故に、代理すると云わずに職務を行うと規定したのである。

2　仮議長

各議院において議長が事故あるときは、第一次には副議長がその職務を行うことは前述したが、副議長も共に事故あるときは、第二次代行機関として仮議長を選挙して議長の職務を行わせるのである（国会法二二条一項）。但し仮議長は国会の会期中に限られ、会期が終了すれば当然にその職務を行うことはできないものと解すべきである。議長、副議長共に事故あることが予見せられるときは、議院は予め仮議長の選任を議長に委任することができる（国会法二二条二項）。

3　事務総長

議長、副議長が共に欠けた場合に、その選挙が行われるまでは第三次代行機関として、事務総長がその職務を行うのである（国会法七条）。

而して事務総長が議長の職務を行う場合が他にも二つある。その一は国会閉会と同時又はそれ以後において議長、副議長が共に欠けたときと、その二は国会開会中に仮議長を選挙する場合と、議長若しくは副議長が欠けたとき又は議長、副議長が共に欠けてその選挙を行うときに議長の職務を行う者がない場合である（国会法二四条）。

4　指定参事

事務総長が事故あるとき、又は事務総長が欠けたときは、予め指定された参事が事務総長の職務を行う結果として、第四次の代行機関として議長の職務を行う場合がある（国会法二九条）。

第五節　委員長の権限

各委員会の委員長が国会法上有してゐる権限は、これを⑴会議に関するもの、⑵秩序に関するもの、⑶委員会の代表に関するものに大別することができる。

㈠　会議に関するもの

1　委員会の議事整理に関する権（国会法四八条）

この主たる内容は、発言を許可したり、その順位を定めたり、趣旨弁明、質疑、討論の手続が終つたときは表決に付したりすることであることは云うまでもない。

2　議事を決裁する権（国会法五〇条）

委員会の議事は出席員の過半数で決するが、可否同数のときは委員長がこれを決するのである。

以上の外に、本会議における議長の発言時間を制限する権とか、あるいは議員の未発言部分を会議録に掲載する権等は、当然に委員長に準用せられるものと思われる。

㈡　秩序に関するもの

1　委員会の秩序を保持する権（国会法五〇条）

委員会の騒擾の場合における委員長の臨機の措置については、何等の規定もないが、本会議のかゝる場合における議長の措置に関する規定が準用されるものと思われる。

2　委員会において懲罰事犯あるときは議長にその処分を求むる権（国会法一二一条）
3　傍聴を許可する権（国会法五二条）
4　傍聴人に退場を命ずる権（国会法五二条）

㈢　**委員会の代表に関するもの**

1　議院に報告する権（国会法五三条）

委員長は、委員会がその付託された事件の審査を終つたときは、委員会の経過及び結果を議院に報告しなければならない。云うまでもなくこれは委員会を代表して議院に報告するのであるが、口頭報告であつて、その付託された案件が議事日程に掲載されて、議題となつたときになされるものであつて、これ以前に委員会の報告書を議長に提出しなければならないのである。従来、委員会報告書なるものは、単に「本案は本院において可決すべきもの、あるいは修正議決すべきもの、あるいは否決すべきものと議決した」と報告するに止まつて、何等その理由を明示するところがなかつた。

しかし、国会法は委員会中心主義を採つて、議案が発議又は提出されると直ちに委員会に付託されることになつたので、議員全体にその案の内容や、立案の理由が説明される機会がなくなつてしまつた。しかも、議員は少くとも一箇の常任委員会多ければ三箇の常任委員会に所属して常時審議にあたつているのであるから、他の委員会の議案の審議状態を傍聴する余裕は全くなくなるのである。ここにおいて委員会の報告書は最も重要な役割をもつことになつて、それはアメリカの委員会報告書の如く⑴議案の内容を平易に摘記した要綱、⑵賛成なら賛成理由書、反対なら反対理由書、修正なら修正理由書、⑶もし賛成ならば同案成立後に於ける国家的利益についての所見等を主たる内容とし、更に、⑷その法律実施に費用を要するときはその見積書も付け加えられて、議員がこれを一読すれば直ちにその賛否を決する資料として好箇のものでなければならない。従つてかゝることになれば委員会の報告書は委員長に委せられることなく、それは委員会に諮られて議決されたものでなければ議長に提出できないことになるであろう。

かくして委員会から提出された報告書は、少数意見者から提出された報告書と共に、各議員に配付されて（国会法七三条）、各議員が同案に対する修正又は賛否の正確な意見を述べる上に非常に役立つことになるのである。

2．国務大臣及び政府委員の出席を求むる権（国会法七一条）

これは議長を経由することになつているが、おそらく委員長が必要と認むるときは委員会を代表して直接にこれを要求することになるであらう。

3．会計検査院の長及検査官の出席説明を求むる権（国会法七二条）

4．他院において提案の理由を説明する権（国会法六〇条）

各議院が提出した議案については、その審査した委員会の委員長が他の議院において提案の理由を説明することができることになつた。

第六節　結　語

わが国民の総意によつて制定された新憲法は、愈々実施せられることになつた。この新憲法はすべての人が人間に還つて、その自覚から行動すべきことを人類生活の一大原則とした。万人が真理の追求者であり、その具現者であるときにおいて、初めてそこに個人尊重と各人平等の原理が生まれるのである。それがために各人がおのおの良心に従つて知り、考え、信じ、言う、この四つの基本的自由が、人間固有の権利として、保障せられたのである。

われらは今や新憲法実施の日を迎えて、かゝる崇高なる人間固有の自由に基づいて新しき天皇制のもとに国権の最高機関であり、且つ又国の唯一の立法機関であると定められた国会が、その権限を正当に行使することによつて、わが国の平和的民主政治が一日も速かに完成し、かつ幸福と希望に満ちた文化日本が再建せられて国際社会において尊敬せられ名誉ある地位を占むる日の一日も早く来たらんことを切願して已まないものである。

かくの如く、われらの期待をかけた国会の権限とその運用について、以上の如くその大要を解説したが、これを要するに国会法を貫く基本的精神又はその根本原則とも称すべきものは、国会中心主義であり、衆議院優越主義であり、議員尊重主義であると云つても決して過言ではない。故にこれらをあるいは国会法の三大特色と云うこともできよう。

こゝで筆を措くにあたつて、さきに説明したことをふりかえつて見ると甚だ意に満たない点が多い。しかしこれは他日を期して研究を重ねて補正する考えである。

（新憲法実施の日を迎えて十七年前に亡くなつた父を偲びながら）

二　国会法の三大特色

第一節　はしがき

新憲法は人間の自覚に発して、人類普遍の原理に基づいて、国政は国民の厳粛なる信託によつて国民の代表者がこれを行い、その福利は国民が享けることを宣言した。

しかしこれを実現するには、二つの基本的保障が必要である。その一は、人間の自覚を維持せんとする国民の自由と権利とを保護尊重することであり、その二は、国民の意思に基づいて政治を行わんとする国民の代表機関である国会の議員を威信づけ、これを尊重することである。

第一の点については、新憲法は、国民はすべての基本的人権の享有を妨げられない（憲法一一条）、すべて国民は個人として尊重される、生命、自由及び幸福追求に対する国民の権利については、立法その他の国政の上で最大の尊重を必要とされる（憲法一三条）と、自由と人権に対する保障の原則を明らかにした。

第二の点については、新憲法は、国会の議員については国庫から相当の歳費を受ける（憲法四九条）、国会の会期中は逮捕されない、会期前に逮捕された議員は、その院から要求があれば会期中釈放される（憲法五〇条）、また議院で行つた演説、討論又は表決について、院外で責任を問われない（憲法五一条）と、その保護について規定した。

しかしこれはその基本骨格を示したに止まり、その現実の国会の特質を知るには、国会法とその附属法規によらねばならない。

国会法は十七章百三十二条から成り立っているので、限られた紙幅では到底各条に亘ってこれを説明することはできない。況んやその審議の過程における論議の大要について紹介することは不可能なので、新憲法の精神を受けて国会法の基調とした議員尊重、衆議院優越、国会中心の三大主義について簡単に説明を試みよう。また国会法の附属法規としては一、国会議員の歳費、旅費及び手当等に関する法律、二、議院に出頭する証人等の旅費及び日当に関する法律、三、国会予備金に関する法律、四、議院事務局法、五、国立国会図書館法（未制定）、六、国会職員法等の六つの法律がある。

第二節　議員尊重主義

新憲法が人間の自覚と、その尊重を基調とした如く、国会法もその精神を受けて、国会議員の尊重をその根本基調とした。

国会が、いかに国権の最高機関であっても、それを担当運営するものは議員であるから、議員の地位を高めて国民尊敬の的たらしめなければ国民から良い人が選ばれなくなる。

国会法はこの見地から議員の権利保護及び処遇の方法に万全を期した。また一方においては国会中心主義の建前から立法部と行政部との紛淆をさけることを目的として国会議員の官吏兼職を禁止した（国会法三九条、一〇八条）。

議員の権利の保護については、言論に関するものと処遇に関するものとに分けて、新規に国会法に規定されたものについてのみ説明を加えて見よう。

一　言論に関するもの

1　議院内における発言表決不問責の特権（憲法五一条）

2　自由発議権（国会法五六条）

従来は議案類の提出、その他に関して必ず賛成者（supports）を必要としたが、議員尊重、議員平等の建前から、議案の発議だけでなく、質問、異議の申立その他の動議についても賛成者を要しなくなつた。唯一の例外として、議案に対する修正を議題とするときには、二十人以上の賛成者を要する（国会法五七条）。この点については論議の余地が残されている。すなわち、法律案が一人の賛成者も要せず、自由に発議出来るのに、それを修正する動議についてのみ賛成者を要する点と、凡ての議案が常任委員会で審議修正せられるのに、この場合だけは、委員会の意向をもきくことなしに、本会議で審議決定せられる点である。しかしこの規定は、已むを得ない修正が起りうる場合を予想して議事の進行を阻害せしめない保障の意味で賛成者を二十名としたものと解すべきである。

3　自由討議権（国会法七八条）

議員の意思を尊重するならば、国策に対する抱負経綸を自由に発表せしめる機会を与えなければならない。殊に従来の議会では、多数決制の結果、小会派の議員は発言について完全なる自由が与えられなかつた。小会派の者が、大会派のものにその意見をきいてもらう権利が保障せられてこそ、初めて議会の民主化が行われ、多数決から生ずる欠陥が補われるのである。国会法はこの点に鑑みて、各議員に対して平等に少くとも、二週間に一回、国家の政策及び重要国策について、壇上に立つて自由に演説する討議の機会を与えた。

4　自由質問権（国会法七四条）

従来は政府尊重、政府優越の建前から、政府に対して質問するには、三十人以上の賛成者を必要とした。しかし国会法は修正の動議以外には、賛成者を要しない建前なので、内閣に対する質問も議長の承認さえ得ればよい。議長が承認した質問の主意書は直ちに内閣に転送され、内閣は質問主意書を受け取つた日から七日以内に答弁しなければならない（国会法七五条）。これは、国会が国権の最高機関であり、内閣を監督する権限があることから生ずる議員の当然の権利でなければならない。

5　少数意見者の発言権（国会法五四条）

国会法は従来の如き三議会制度を廃して、すべて議案は法律案に限らず本会議を経ずに、発議又は提出されると直ちに議長がこれを適当の委員会に付託することになつた（国会法五六条二項）。委員会には、特別委員会と常任委員会の二種があつて、特別委員会は常任委員会の所管に属しない特定の案件を審査し（国会法四〇条、四五条）、常任委員会は部門に別れて、外務委員会を始めとして二十一種類ある。勿論これらの常任委員会は両院法規委員会の勧告によつて増減、併合することができることになつている（国会法五四条）。

常任委員会はその部門に属する法律案、予算、決算、決議案その他の議案、請願、陳情書等を審査するのである。而して議員は必ず一個の常任委員会の委員となつて（多くとも三個を超えることが出来ない）、その任期中、案件の審議にあたる（国会法四一条）。今度の制度は、議員の専門的知識を豊かにするばかりでなく、国策の決定、行政監督の面から見ても、統一的効果を挙げるものと期待される。常任委員会及び特別委員会は会期中に限つて、付託の事件を審査するのであるが、その院の特別の決議があれば、閉会中でも付託された事件を審査することが出来る（国会法四七条）ので、場合によつては常置委員会的の作用も果すことが出来る。

かくの如くに、議案はすべて本会議の審査を経る以前に、委員会において審査され、その結果本会議に付することを要しないと決定した議案は、他の院から送付されたものを除いて、そのまゝ廃案となるのである。但し委員会の決定の日から休会中の期間を除いて七日以内に、議員二十人以上の要求があればこれを本会議に付するのである（国会法五六条）。この場合に極端な例をあげれば委員会で一人の賛成者もなく、廃案された意見であつても、その委員が、本会議でその意見を発表したいと思えば、委員長の報告に次いで報告することが出来ることになつた（国会法五四条一項）。従来は、委員会における出席委員の三分の一の賛成者がなければ、少数意見は成立しなかつたのである。それをかくの如くに改めたことは、議員の意見尊重と少数者の発言擁護の上からみて画期的な規定と云わなければならない。

更に少数意見者の擁護に関するものには、少数意見者が簡明な報告書を提出したときは、必ずこれを会議録に掲載しなければならないとの規定がある（国会法五四条二項）。

6　会議録掲載要求権（国会法七四条）

国会法は議員尊重主義の建前からその意見をことさらに尊重して、その未発表意見あるときは必ず会議録にこれを掲載する三つの場合を規定した。一は議員の要求に基づいて議長又は議院の承認しなかつた質問の主意書を会議録に掲載する場合であり（国会法七四条）、他は議長が職権を以て議員が発言時間制限のために発言を終らなかつた部分を会議録に掲載する場合と、前述した少数意見書を会議録に掲載する二つの場合である（国会法六一条、五四条）。

二　処遇に関するもの

1　一般の官吏の最高の給料額より少くない歳費を受ける権利（憲法四九条、国会法三五条、国会議員歳費一条）

議長は月額七千円、副議長は五千円、議員は三千五百円の歳費を受ける。従つて一般官吏はこれより高い給料は受けることが出来なくなつた。

2　旅費及び手当を受ける権利（国会法三八条、国会議員歳費八、九条）

議員は公務のために派遣された場合に往復の旅費を受ける外に、議会で発行された公の書類を発送したり、選挙区からの陳情書等に対して返信するために、通信費として月額百二十五円を受けることになつた。

3　会期中及び公務のため自由に国有鉄道に乗車する権利（国会法三七条）

4　事務室及び事務補助員の提供を受ける権利（国会法一三二条）

5　退職金を受ける権利（国会法三六条）

これは、議員が後顧の憂なく安んじてその職務に専念出来るように初めて設けられた制度であるが、その具体的法律はいまだつくられていない。

6　以上の外に議員が死亡したときは歳費の一年分に相当する弔慰金を遺族が受ける（国会議員歳費一二条）ことになつた。

第三節　衆議院優越主義

新憲法は二院制度を採つたが、旧憲法が両院平等主義を採つたのに反して、衆議院優越主義を採用した。この衆議院優越主義は両院の意見が一致しないときには、衆議院の意思を以て国会の意思たる効力を有するものとするものである。

しかし新憲法及び国会法は衆議院に優越権を認めた場合でも、衆議院の意思が直ちに参議院の意思に優越するものではなく、二院制度を設けた趣旨に鑑みて、成るべく両院の意思を合致せしめて、国会の意思の円満なる成立を期待して両院の意思の補正機関である両院協議会を開くことを法規上要件としている場合と、法規上その任意に任せている場合と、法規上全然その問題に触れてない場合との四つの場合がある。

一　両院協議会を開くことを法規上要件としている場合

1　予　算

予算は衆議院に先議権があるので、参議院が衆議院と異なつた議決をしたときは、衆議院が必ず両院協議会を求めることにした（国会法八五条）。これは権利ではなくむしろ義務である。もし両院協議会を開いても意見が一致しないときは、法律案の場合と異なり再度議決することなく、先になした衆議院の議決が国会の議決となるのである（憲法六〇条）。

2　条　約

条約の締結に必要な国会の承認については憲法上予算の議決に関する規定が準用されることになつているが、条約の承認について、両院の中いずれの院を先にすべきかについては何等の規定もないので、両院の議決が異なつたときは、国会法は、先議の院が両院協議会を求めなければならないことにした（国会法八五条）。これも予算の場合と同じく義務規定である（憲法六一条）。

3　内閣総理大臣の指名

これは各院別々に議決するのであつて、議案の如く先議、後議の観念はないので、国会法は、衆議院優越主義によつて、内閣総理大臣の指名について両院の議決が一致しないときは、参議院が衆議院の意向を伺うといふ意味で、参議院に両院協議会を求めることを義務づけた（憲法六七条、国会法八六条）。

二　両院協議会を開くことを法規上任意とした場合

1　法　律　案

憲法には衆議院で可決し参議院でこれと異なつた議決をした法律案とあるので、衆議院先議の法律案に限らず、参議院先議の法律案についても衆議院再議に関する優越権が認められるものと解して、国会法は、衆議院で参議院の回付案に同意しないとき、又参議院が衆議院の送付案を否決したとき、それから衆議院の回付案に同意しないときには、衆議院は直ちに憲法の規定を適用して、出席議員の三分の二以上の多数で前に議決した法律案について再度議決してもよければ、その前に両院協議会を求めることが出来るとした（憲法五九条、国会法八四条一項）。これは衆議院が両院協議会を求めてもよければ求めなくともよい意味であつて、全く権利としてその自由意思に任せられたのである。

しかし新憲法は国会を国の唯一の立法機関として国会の議決を以て直ちに法律となることを建前として、更に国会以外にそれを補正したり又はそれを拒否する手段を認めていないので、より善き法律を作る意味から云つても、国民の意思を少しでも多く反映せしむる見地から云つても、衆議院が直ちに再議の権を行使するよりも、両院協議会を求めることが妥当であるように思われる。その結果として両院協議会を開いて成案を得れば、もし参議院がその成案を否決したときでも、衆議院がその成案を再び議決することによつて、前に議決した法律案よりも、より善き法律を作ることになるわけである。国会法第八十四条第二項は、参議院が衆議院の回付案に同意しなかつたときに限つて参議院に両院協議会を求めることを認めたが、しかしこれは、第一項においてかゝる場合に両院協議会を求めることを衆議院の権利として規定したので、それと矛盾しないように但書を以て衆議院は両院協議会の請求権を拒むことが出来るとした。

2　国会の議決を要する事件にして予算、条約、内閣総理大臣の指名を除いたものこの場合にはすべて後議の議院が先議の議院の議決に同意しないときは、先議の議院が両院協議会を求めることができるとした（国会法八七条）。これは任意規定であつて、義務規定ではないから、これは全く先議の議院の任意にまかされたものである。

最高法規たる憲法の改正案は、新憲法及び国会法上法律案として取扱われずに、本条によつて取扱われることになる。

三　**法規上両院協議会を開くことを要しない場合**

次の場合は両院協議会を開かなくとも、法律案については否決した場合と、その他については両院協議会を開いても意見の一致を見なかつた場合と憲法上当然に同じ取扱を受けるのである。

1　参議院が衆議院の可決した法律案を受け取つてから、国会休会中の期間を除いて六十日以内に議決しないとき（憲法五九条）。

2　参議院が衆議院の可決した予算又は条約を受け取つてから、国会休会中の期間を除いて三十日以内に議決しないとき（憲法六〇条、六一条）。

3　衆議院が内閣総理大臣の指名の議決をした後、国会休会中の期間を除いて十日以内に、参議院が指名の議決をしないとき（憲法六七条）。

四　両院協議会を開くことについて法規上全然触れていない場合

1　臨時会及び特別会の会期及びその延長

この場合は国会の自律主義によつて、両院一致の議決で決めることになつているが（国会法一一、一二条）、これは先議、後議の観念の伴わない事件であるので、国会法第八十七条の適用もなく、従つて、両院協議会を開くことについては法規上何らの定めもない。

内閣総理大臣の指名の如く先議、後議の観念が伴わないものであつても、法規が両院協議会を開くことを要求する場合もあるが、かくの如く何等それに触れてない場合もある。しかし両議院一致の議決に至らないときは、衆議院の議決したところによるとある（国会法一三条）からこれは両院協議会を開かなくもよいものと解される。

2　国会の休会

各院の休会は従来どおり、各院の議決によるが、国会法は、国会の休会は両議院一致の議決を必要とすると定めた（国会法一五条）。

両院の議決が一致しない場合については何等の規定もないが、憲法や国会法は、衆議院優越主義をとつているから、この点についても衆議院が主導的立場をとる先例が生まれるか、あるいは規則が作られることと思われる。

第四節　国会中心主義

旧憲法は統治組織の上において大権中心主義を採つたが、新憲法は議会中心主義を採り、国会は国権の最高機関であると規定した（憲法四一条）。これは国家の意思を作成する上において、他の国家機関より最高の地位を占めることを意味することは云うまでもない。従つて国会中心主義はその反面において、行政権の属する内閣が国会に従属することを意味するものである。

以下簡単に国会中心主義が国会法上如何なる主義形態をとつて現われているかを見よう。

一　国会自律主義

新憲法は、国会の活動についての天皇の国事に関する行為としては、召集と衆議院解散の二つの場合を規定したのみで（憲法七条）、他は何等規定せずに国会の自律にこれを任せた。国会法は国会の会期について、常会は百五十日間と規定したが（国会法一〇条）、臨時会及び特別会については、その都度国会が自主的に両議院の一致の議決でこれを定めることとして（国会法一一条）、内閣はこれらの決定について従来と異なつて何等関与することが出来なくなつた。

会期の延長、国会の休会等についても国会の自主的決定に任せているので（国会法一二条、一五条）、天皇及び内閣は国会に対して会期の延長、停会等を命ずることが出来ない。

二　内閣従属主義

これについては、憲法及び国会法からその主たる事項のみを列記するに止める。

1　内閣は行政権の行使について国会に対して連帯して責任を負う（憲法六六条）
2　内閣総理大臣は国会議員の中から国会の議決で指名される（憲法六七条）
3　国務大臣の過半数は国会議員の中から選ばなければならない（憲法六八条）
4　内閣は衆議院の信任を条件としてのみ存続することが出来る（憲法六九条）ことになつて、こゝにいわゆる議院内閣制が確立した。従つて内閣は衆議院で不信任の決議案が可決されたり、信任の決議案が否決されたときは、十日以内に衆議院が解散されない限り総辞職をしなければならなくなつた。
5　内閣総理大臣が欠けたとき、又は衆議院議員総選挙後、初めて国会の召集があつたときは、内閣は総辞職して、国会による内閣総理大臣の指名を待たねばならない（憲法七〇条）
6　内閣提出案が、議員発議案に優先することが出来なくなつた（国会法五五条、五九条）
7　国務大臣及び政府委員は、答弁又は説明のために出席を求められたときは、必ず出席しなければならなくなつた（憲法六三条）
8　内閣が政府委員を任命するには両院議長の承認を必要とする（国会法六九条）
9　従来会計検査官は天皇に直属していたため、その出席説明を求めることが出来なかつたが、国会法は委員会がその出席を要求することを認めた（国会法一〇四条）
10　内閣及び各省は、その刊行物を国会図書館に送付するだけでなく、図書館の運営委員会が必要と認めたものについては、各議員に配付しなければならない（国会法一〇五条）

三　**国会予算独立主義**

国会法は両議院の経費は、独立して、国の予算にこれを計上しなければならないと規定した（国会法三二条）。これは国会が国権の最高機関たる地位に鑑み、行政機関から財政的制肘を受けることなく、行政上又は財政上の監督を十分に行うことが出来るようにしたのである。

財政法は内閣が予算を作成するにあたつては、閣議決定前に国会の経費について、予め衆議院議長と参議院議長にその意見を求めなければならないとした（財政法一八条）。昭和二十二年度の一般会計予算の国会費の総額は二億五千万円である。

四　証人召喚主義と公聴会制度

従来は議院が人民に向つて告示を発したり、審査のために人民を召喚し、又は議員を派出することは国政に関する意見を二分し、人民をして適従するところを失わしむるものとして許されなかつた（旧議院法七二条）。

しかし新憲法は国会中心主義をとつてゐるので、両議院が国政に関する調査を行うために、証人の出頭、証言ならびに記録の提出等を官公署、民間団体を始め一般国民に対して要求することが出来ることになつた（憲法六二条）。国政に関する調査の方法については、議案以外の具体的事実の調査の場合は、証人を喚問したり議員を派遣したり、記録を提出せしめたり、その方法について選択出来るが、国会法には議案の審査についてどうしても行わなければならない調査上の制度を指定したものがある。

委員会における公聴会（open hearings）の制度がそれである。

これは、見ようでは法案に対する与論調査の一種とも見られ、総予算とか、あるいは重要法案の如く、一般大衆に非常に影響するところが大きいもの、あるいは関心をひくものについては、特別利害関係者と、学識経験者の意見を聴取した後でなければ、委員会はその法案について賛否を決することができなくなつた（国会法五一条）。

五　国会図書館

新憲法はその成立の過程において、衆議院の特別委員会で附帯された決議には、基本的人権を尊重して民主的国家機構を確立し、文化国家として国民の道義的水準を昂揚し、進んで地球表面より一切の戦争を駆逐せんとする高遠な理想を達成するには、この新しき世界の進運に適応する如く民衆の思想、感情を涵養することに、国を挙げて絶大努力をなさねばならぬと、文化国家としての理想標幟を高く掲げた。

国会法はかゝる高遠な理想を受けて、国会図書館を独り議員の学術的調査研究機関たるに止めず、一般国民にもこれを利用させる（国会法一三〇条、国会図書館法一条）と共に、国会図書館をして諸外国との文化の交流機関として芸術、技術等の方面にも、我が国文化の母体たらしめてその発展に寄与せんとした。

かくの如く国会は、来る五月三日を期して、我が国の政治上の中心であるばかりでなく、文化の面にもその中心たらんとするものであるから、国民はよく国会の性質とその三大特色を理解して、個人を尊重するほかに、国会議員を尊重することが、わが国に、真の民主政治をもたらす近道であることを知らねばならない。（岡本兄記念の日）

三 自粛国会はどう運営されるか
——国会法改正の主要点——

第一節　まえがき

アブラハム・リンカーンは、「必要な政府は、国民の自由を踏みにじつてまでも強力であるべきか、それとも、自らの存立を危くしてまでも弱体であるべきか」と、自由諸国における政治上の中心を、議会と内閣とのいずれにおくべきかについての悩みを語つたが、今日われわれは、国会法の改正にあたつて、新憲法が、国会を国権の最高機関であつて国の唯一の立法機関と定め（憲法四一条）、かつ、その前文で、主権が国民に存することを宣言し、「そもそも国政は、国民の厳粛な信託によるものであつて、その権威は国民に由来し、その権力は国民の代表者がこれを行使し、その福利は国民がこれを享受する。これは人類の普遍の原理であり、この憲法は、かかる原理に基くものである。われらは、これに反する一切の憲法、法令及び詔勅を排除する」といつているからには、国会法の改正もまた、この線にそわなければならないことは、当然である。

しかし、一方で、憲法は、議院内閣制というものを採用しているのであるから、国会制度と内閣制度とをいかに矛盾なく調和させるかが、もつとも重要な基本問題の一つであることも、確かなことである。

今日、国会制度に対する改正論議の大半は、国会の性格の変化に対する認識の不足に起因するものが多い。したがつて、まずその誤解をとかなければならない。しかし、それと同時に、国会の側でも、自粛せねばならない点もまた大いにあることは、否定できない。

前述したように、わが国は、新憲法の実施とともに民主国となつて、国会を国権の最高機関として、行政権を内閣に属せしめるが、内閣は、行政権の行使について、国会に対し連帯して責任を負う（憲法六六条）ことになつた。このことは、名は国民主権であつても、その実は国会主権であるから、国家機関の構造において、国会を内閣の上位に置いたわけである。

しかしながら、また一方では、前述したように、新憲法は議院内閣制を採用しているので、国会主権は結局内閣主権に通ずるわけであるから、そこに国会と内閣との権力関係の調整がなければ、国家の繁栄も、国民の幸福も期待できるものではない。

議会制度の母国といわれる英国でさえ、昔は、議会が国民にとつては権力者に対する唯一のフォート（とりで）であつたので、その歴史的観念がわが国にも伝わつて、いまだに国会を内閣との争いの場と考えている者が多い。しかし、民主憲法の下では、いまや、全くその趣きを異にすることを注意しなければならない。

何となれば、国家機構において、国会も内閣も、国家目的を達成する機関と考えられているからである。民主国家にあつては、国会は、立法機関と行政機関との争いの場であつてはならないはずである。争いの場と考える時代はすでに去つて、もはや両者間の調整の場と考えるべき時代に入つたと思われる。そして、国会こそは、内閣との争いの場ではなく、むしろ、国家の繁栄と国民の自由と幸福を守るところであり、また、守るために、各政党間における政策を争う場となつたものと考えられる。

英国のギルバート・キャンピオン卿が、「議会制度は、政党の差別が主義や政策の相異によつて明らかであり、しかも、判断に対するある程度の独立性が残されているときに最もよくその機能が発揮できる。すなわち、政府は、強力ではあるが、下院によつてコントロール（統制）されないほどに強力すぎもせず、また、下院は、世論を指導する義務を負うていて、そのためには世論の一時的な不評判などを少しも気にしないとき、また、多数が横暴でなく、少数党も憤激する原因を持たないときである」といつているが、これは、傾聴すべき議論である。以下、少しく今次の国会法の改正をめぐる基本的問題について述べてみよう。

第二節　改正に関する基本的な問題 ── 常任委員会、読会制、議員立法 ──

(一) 国会の五大原則

国会法は、憲法附属の法典であるから、いまの憲法の原理の上に組み建てられているものであり、また、その上にのみ建てられるべきものである。したがつて、国会法を改正しても、国会を支えている憲法上の五大原則を変更することはできない。

それでは、新憲法が国会を支えている五大原則とは、どんなことかといえば、それは、次の五つの原則である。

(1) 国会は、国権の最高機関たること（憲法四一条）、ここで国家意思が統一性を保持される。

(2) 国会が国の唯一の立法機関たること（憲法四一条）。

(3) 国会が内閣に優位すること、すなわち内閣が行政権の行使について国会に連帯して責任を負うこと（憲法六六条）、内閣総理大臣を国会が指名すること（憲法六七条）、国会が内閣を弾劾できること（憲法六九条）。

(4) 国会は、国の財政処理についての最高議決機関たること（憲法八三条）。

(5) わが国会は両院制度を採つているが、衆議院の優越性が認められていること、しかも予算とか、条約とか、あるいは内閣総理大臣の指名等について、両院の議決が異なつた場合に、両院協議会を開いても意見が一致しないとき、または参議院が法定期間内に議決しないときは衆議院の議決を国会の議決とする（憲法六〇条、六一条、六七条）とか、あるいは、法律案については、衆議院で可決し参議院でこれと異なつた議決をしたときには、衆議院で出席議員の三分の二以上の多数で再び可決すれば法律になる（憲法五九条）とかいうようなことである。

そして、憲法がこれらの原則を改正しない限りは、国会法は、これらの基本原則に基づいて改正されねばならない。それであるから、今度の改正も、これらの基本原則に反したものであつてはならないわけである。これが改正の大前提である。

(二)　常任委員会制度

次に国会法の改正にあたつて論議の中心となつた問題は、常任委員会制度である。

現行の国会法は、常任委員会制度を中心として組み建てられているが、これは、アメリカの制度を模倣したにすぎないものと論議されているが、それは当らないように思われる。もちろん、アメリカやフランスは常任委員会制度を採用しているが、これは、その必要性があつてのことなのである。

英国のブローガン教授は、「こういう委員会制度は、アメリカの議会では立法府が行政府と永久に分離している事実から起つたものであり、フランスの議会では一定の多数（過半数）を占める内閣が、議員の一任期中を通じてさえ存続することができない事実から必然に生まれたものである。すなわち、英国では安定した内閣があつて、周到な法案を準備し議会の議事をコントロールしながらバジョットのいわゆる立法府のバックル（蝶番《ちょうつがい》）の役目を果しているが、アメリカでは行政府が立法府から閉め出されているし、フランスでは内閣が弱体で絶えず交替しているので、英国のような内閣の代用物として委員会制度が発達せざるを得なかつたのである」といつているが、このほかに、「英国では政務官制度があるのに、アメリカとフランスにはその制度がないので、委員会制度をその目的のため、すなわち青年議員の行政的訓練の場として、一種の役目を果していることもまた事実である」と述べている。

しかし、わが国では、国会当初には政務官制度が欠けていたときもあつたが、いまは英国と同じように政務官制度もあるので、むしろ、常任委員会制度を設けた主な理由は、国の唯一の立法機関であるという性格に由来するものであるということができよう。

これをさらにくわしくいうならば、国会が唯一の立法機関となつたということは、その一は、国会以外に実質的な立法権を行う機関を認めないということであり、その二は、国会の立法手続に憲法が認めているもの以外の機関の参加を認めないということであるから、かつての命令のような、国会の議決を経ずして発せられる法規的な国家の意思表示は、許されないということになるわけである。

そこで、新憲法になつてからは、勅命とか、閣令とか、省令とかいうものはすべて廃されて、それらは、法律の形式をとつて再発足しなければならなくなつた結果、国会になつてからの法律の成立件数が、旧議会にくらべて著しく増加するに至つたのも、かような理由によるのである。旧帝国議会時代約六十年間に公布された法律件数は三、一三六件であるのに、国会になつてからわずか七年有余の間に、すなわち、第二十一回国会までに成立した件数は二、二二六件というのであるから、けだし、思い半ばにすぎるものであろう。

このように、国会が余りにも法律を作ることに没頭して、知識が専門的となり、国政の全体を見失うおそれがあるので、昔のように内閣に立法権の一部を委任してはとの説もあつたが、これは、憲法の基本原則に関連する問題であるから、慎重に考慮された結果、取り上げられないでしまつた。しかしながら、議会制度の母国といわれる英国で、今日の議会制度改革の一大目標は、第一次第二次と引き続いた大戦のために、内閣に余りにも広く委任立法の範囲を拡大したので、これをいかに縮少して行くかにあるとされている。ソールター卿の「内閣と議会との関係について」という論文の中に、「もちろんいかなる時、いかなる組織の下においても、代理委任の制度は一部分は行われざるを得ないが、今日行われている不当に多くの代理委任制には多分に危険性が包蔵されている」と述べてあることを忘れてはならない。

もちろん、わが憲法も第七三条によつて、内閣に政令の制定権を与えてはいるが、しかし、これは「憲法及び法律の規定を実施するために」という要件がつけられてあるので、政令で新しい法規的なことを、いいかえれば、国民の生活を規制したり、自由を制限したりする権利義務に関する事項を定め得ないことは、もとよりのことである。

そして、国会がこのように法律をつくる独占機関ともいうべきものである限りでは、その仕事の能率化からいつても、おのずから分化し、専門化して行くことは当然のことで、その結果として数部門に分けられ、それが常設化されて行くことを見越して常任委員会制度が採用されてきたわけであるから、廃止の議論もあつたが結局は存続することとなつて、その整理統合への方向をたどつたのである。そして、その分類の部門別については、各省別によるべきか、または事項別にすべきかについては論議がわかれたが、すでに事項別は経験ずみであつたので、両者の比較効率が諸種の観点から総合的に判断された結果は、現行のように各省別とするということであつた。

しかし、これに対しては一、二の有力な反対意見があつた。その一つは、各省別の常任委員会制度は、余りに各省の出先機関化するおそれがあるとの非難である。これは、憲法が議院内閣制をとつている限りでは、致命的な非難にはならない。議院内閣制をとるからには、程度の差こそあれ、委員会や本会議が内閣に都合のよいように運ばれて行くことは、致し方がないのではなかろうか。ただ、そう運ばれて行くにしても、その過程で、反対党の持つ使命、すなわち、討論の自由が保証されなければならないことは、いうまでもない。また、この省別委員会制度に対する非難の二つは、業者との関連が密接になつて、そこにスキャンダルの温床となる危険があるというのであるが、これは、常任委員会制度のためではなく、国会が国権の最高機関となつて国家権力の中心に坐つたからであつて、その本末を転倒した議論である。

さらにもう一つの、しかも議員の間からの非難は、現行のような常任委員会制度であると、一般議員が、提出された法律案について、その立法の趣旨および内容を熟知する機会がないということである。しかし、これは当らない非難であつて、運用さえよければ、わが国では現行制度の方が、はるかに帝国議会時代の三読会制度よりもまさるものといわなければならない。

何となれば、議員が議案の内容なり、その提案の理由を詳細に知るのは、旧議会では第一読会であり、第一読会は、議案を各議員に配付してから後少くとも二日を経てからでなければこれを開くことができなかつたのである（旧衆議院規則九二条、旧貴族院規則七二条）。そして、第一読会で提案理由の説明を聴き、質疑応答を重ねてから委員会に付託したのであるが、現行制度は、まず委員会に議案を付託して委員会でこれを審査させ、その審査終了と同時に、委員会の報告書(1)議案の内容を平易に摘記した要綱、(2)議決の理由、(3)もし委員会が同議案の成立に賛成であるならば、その成立後における国家的利益について所見を述べ、(4)その法律案の実施に費用が要るときは、その見積書等をも附加したもの）を議員に配付することになつているのであるから、この配付をまつて一読すれば、直ちにその賛否を決する好箇の資料となることは、くだくだしくいうまでもないことである（現行衆議院規則八六条、八九条、参議院規則七二条）。

要するに、このような委員会の審査の経過報告書が配付されてから少くとも二日くらい過ぎてから、本会議で委員長の報告を受け、それに対して質疑があれば質疑し、それから討論に入れば、議案の審議として充分のはずである。また、それ以前に、議員全体が重要議案について説明を聞いて質疑したければ、現行法規の下では、議院運営委員会（以下「議運」と略称）が特にその必要を認めたときは、それができることになつているのである（国会法五六条の二）。

ただ惜しいことには、法規はかように合理的にできていても、実際の運営としては、そのかんじんの報告書が議案が本会議を通過した後でなければ議員の手許に配付されない実情にある。ただし、この点について、参議院はどうやらうまく運営されているようである。これは、制度や規則の問題ではなく、専門員の報告書の取扱に関する問題であるから、これを規則通りに励行して、報告書の配付をまつてその議案を上程すればよいわけである。さらに、一歩前進して規則を改正して、委員会の報告書が議員に配付されてから二日後でなければ、その議案を日程に掲載できないとすることも考えられる。

なお、これに関連する問題として、緊急上程のことにも一言触れなければならない。何となれば、緊急上程こそは、委員会の報告書が配付された後でなければ、その議案は本会議に上程されないという原則を破る主要なものであるからである。

思うに、緊急上程の観念は、旧議院法の時代における政府優先の原則からきたものであつて、たとえば、法律案は、三読会を経てこれを議決するのを原則としながら、政府の要求があれば三読会が省略できた（旧議院法二七条）。また、政府から提出した議案は、委員会の審査を経ずしてこれを議決できないことが原則になつていても、「但し緊急の場合に政府の要求によるものはこの限りでない」とされた（旧議院法二八条）。

ところが、新しい国会になつてからも、緊急上程はそのあとを絶たない。多いときは一会期に一〇七件（第二回国会）から一〇八件（第十三回国会）を数えた。法律ばかりでなく、予算も緊急上程されて、日程にさえ掲載されることなく本予算が通過して行くというようなことは、諸外国でもあまり見られない例ではなかろうか。これでは、国民に国会を公開してその日程を官報に掲載することも、たいして意味がなくなるのではあるまいか。

しかし、それかといつて緊急上程の制度を全然なくすこともできないことは、改めていうまでもないことである。議院内閣制度を認めているという見地からでなく、国家の緊急的な要求に応ずることは、これまた国会の職責の一つであるという見地からである。

要するに、国会が国権の最高機関となつて日なお浅いのであるから、その運営にあたつていろいろの問題が発生するであろうが、それらは決して驚くにあたらないのであつて、ローマは一日にして成らないように、わが民主国会の歴史と伝統とは、これから貴い経験を土台として築き上げられて行くことを忘れるべきでない。

すものであつた。

(三) 読会制度の復活論

その次の基本的な問題は、読会制度の復活に関するもので、これは、常任委員会制度の有力な反対論の根拠をなすものであつた。

新憲法になつてからの国会の運営は、余りにも委員会中心主義に傾いて、前にも述べたように、議案が発議または提出されると直ちに委員会に付託されて、議員全体にその内容や立案の理由が説明される機会がなく、しかも、議員は、その任期中少くとも一個の常任委員となつて、その委員会に所属して常時その審議に当らなければならないので、他の委員会が審議中の議案について、傍聴したり、質疑したり、あるいは意見を述べることはできないから、旧議会のときのように三読会制度を復活して、本会議を中心とした運営に改めるべきであるというのであるが、読会制度よりも現行制度がはるかに理論的であり、世界の趨勢に合致した制度であることも、すでに述べた通りである。

リーディング・システム（読会制度）は、本会議で法律案の内容を一つ一つ朗読したことに起因したものであつて、これは、印刷術のまだ発達しない時代のことであればともかく、今日のように印刷術の発達した時代には、たいした意義がなく、むしろ、議案を慎重に審議するためのステージ（段階）としてこそ考えられるべきであろう。したがつて、二院制度をとるところでは、この読会制度は余り重要な役目を持たなくなつたものということができる。

まして、わが国のように、二院制度を採用し、かつ、議案に対する予備審査制度、すなわち、内閣は一の議院に議案を提出したときは、予備審査のために提出の日から五日以内に他の議院に同一の議案を送付しなければならない（国会法五八条）ことになつているので（もちろん、これは、議員発議案についても規則によつて同様に取り扱われている。）、議案が両院のどちらかに提出、または発議されると、その案について両院がほとんど同時に審議を開始することになる制度を認めているところでは、議会制度を採用する理由と価値は失われているものといつても、決して過言ではないようである。ことに、議院内閣制をとっているときは、政党の組織の発達、完備と相まって、何が故に、国会の審議の段階を屋上屋を架するように複雑化して時間を長引かせ、かつまた、その上に政府委員をしてその説明を重複させるような機会を作る必要があるのであろうか。

いま、三読会制度を採用している国の主なものは、イギリス、アメリカ、西ドイツ、オーストラリア、フィリッピン等であるが、そのいずれもが、第一読会は形式化してしまって、単にその表題を朗読するだけでその内容を朗読しないばかりか、その質疑をも許してはいない。ことにアメリカなどは、一八九〇年以降は法律案の表題さえ朗読することなく、法律案を事務総長に提出すれば、直ちに議長がその法案を所管の常任委員会に付託していることを注意しなければならない。

フィンランドでは、一院制で三読会制度を採用しているが、第一読会に入る前に法律案が提出されると、まず常任委員会が第一次的審査をすることになっており、委員会は、その法案に対する意見を国会に送付する。もし、委員会の意見が法案の採択または不採択に関するものであれば、それから本会議で第一読会から第三読会までの段階を踏むのである（同国国会法六六条）。したがって、ここでは、委員会制度は読会制度のプロセスの外にあるわけである。

また、二読会制をとっているコロンビアでは、第一読会は、常任委員会で行われることになっている。すなわち、一九四五年に制定された同国の憲法第八一条には、「いかなる法律案も次の要件を欠けば法律とならない」と規定し、その第一項第一号に「第一読会として各議院の当該委員会において絶対過半数で可決されたもの」と定められているから、実際は、本会議で第一読会が開かれるわけではないのである。

このように各国の例を見ると、常任委員会制度を廃止して三読会制度を採用することは、どうかと思われるので、慎重な考慮の後に現行のままに落ち着くことになった。

ことに、提出法案が非常に多い今日では、それをいちいち本会議における三読会を経ていたのでは、議員がその奔命に疲れきつてしまうばかりでなく、また、本会議を開けば、定足数の問題から、その間は委員会が開けなくなつてしまうおそれも多分にあつて、それでは、唯一の立法機関としての職責が円滑に果せるかどうか疑わしい。

(四)　議員立法の自粛

次は、議員立法に関する問題である。この問題は、予算の増額修正をしたりまたは予算を伴う法律案を提出したり、あるいは法律案に対する修正で、予算を伴うようにしたりまたは予算を伴うものについてその予算を増額したりすることが、一つは、政府の財政の都合も聞かずに勝手に行われては財務行政が混乱するということと、もう一つは、かような議案の発議については制限を加えてもよいのではないかということで、自粛という立場からこの二点を考えてみることになつたのである。

いうまでもなく、これは、昭和二十八年度の予算を衆議院で増額修正したことに端を発するのであるが、それまでは、議員には予算提出権がないので、国会が予算の増額修正ができるかどうかについて学説がわかれていた。しかし、このことがあつて以来は、予算増額ができるかどうかの争はなくなつて、できるにはできるが伝家の宝刀はみだりに抜くものではないから自粛すべきである、との説に変つてきたわけである。

それは、要するに、みだりに政府の要求しない新款項を加えたり、款項を増額するとすれば、予算の膨張を防ぐ上からも面白くない。もし国会で、かようなことが毎国会行われるとすれば、各議員は、自己の選挙区またはその他の利益のために、諸種の事業の経営とか、これに伴う経費の支出を発議して、それがために国費は過大の膨張を来すべき大きな危険があるというのである。

国会が憲法で、国権の最高機関となつたから何をやつてもよいというのではなく、憲法で予算の増額修正を禁止していないから、法律上の問題としてはできるというのである。増額修正ができないときは、各国の憲法のように、憲法に明文をもつて禁止すべきである。ところが、憲法は、前に述べたように、国会は国の財政処理についての最高議決機関たることを定めているのである。佐々木惣一博士も論じておられるように「国会が予算を議決することについて、憲法上何らの制限はない。国会は予算に修正を加えて議決することができる。増減いずれの変更をなすも妨げない。これは決して国会が予算を提出するのではない。予算の提出とは予算を総括的に提出することであつて、予算における個々の事項に変更を加えることは提出の分に入らない」と解してよいと思われる。

そうかといつて、国会主権は、立法的主権でもあるから、もし、所属議員の多数を持つ政党が、政治的な、いいかえれば党利党略からする法律を作つたり、予算を増額修正するようなことになれば、デロルムが英国の議会を称して、「議会は女を男に、男を女に変ずること以外は如何なることもなしえざることなし」といつた非難を、わが国会も浴びることになるので、国会を良識ある運営のもとにおいて自粛の実を挙げ、国民からの信頼を回復するためにも、議員立法にある種の制限を加えることが妥当であるとの結論に到達したのである。

ついでに、議員立法中予算を伴う法律案についての諸外国における立法例をみると、およそ次の四つの型がある。

(1) 財源を明示することを必要とするもの
(イ) イタリア（憲法八一条四項）
(ロ) キューバ（憲法二五七条二項）

(2) 政府または大蔵大臣の同意を必要とするもの
(イ) エクアドル（憲法一四二条二項）
(ロ) 西ドイツ（憲法一一二条）

(3) 予算を伴う法律案の提案権を政府に専属させて、議員にはこれを認めないもの
(イ) イギリス
(ロ) カナダ（憲法五四条）

(ハ)　フランス（憲法一七条二項）

(4)　大統領に再議を求めるの権を認めたもの

(イ)　アメリカ（憲法一条）

(ロ)　トルコ（憲法三五条）

このように、議員立法を制限する場合には、多くは憲法で規定されているが、憲法に別段の定めがないときは、国会法または両院の規則で定めても、これは憲法に違反したものということはできない。何となれば、憲法第五八条で、両議院は、各々その会議その他の手続について規則を定めることができるようになつているからである。また、憲法に議員立法に関する制限がないのに、国会法または規則でこれを制限することは議員自らの権能を狭めるもので面白くないから、運用でその目的を達しては、との説もあつたが、自粛の現われとして議員立法に関する制限が成文化されるに至つたわけである。

第三節　改正の理由とその経過

さて今度の改正は、国会法の全条文百三十二条のうち、約その半数に及ぶほどの条文の改正であるから、画期的な改正であるということができる。しかも、菅家衆院議運委員長の提案理由にもあつたように、国会法は、憲法附属の最大法典であつて、憲法も、この法律の定め方いかんによつて、その運用の妙が発揮できるのであるから、国会法の改正には、国民としても特に注意を払う必要があるわけである。しかも、新憲法を実施してここに十カ年の経験を積んだので、よりいつそう憲法の精神にそつた民主的な国会運営を図るためには、いままでの不備を補うだけではなく、この際進んで自粛の面をもとり入れた改正がなされなければならないというのが、両院の議員一般の声であつたばかりでなく、それが世論の動向でもあつたから、今次の国会法の改正こそは、まさしく世論に合致した改正であつたといえよう。

しかし、翻つて国会法の改正の経過を顧みると、一朝にして成案を得たのではなく、これは、去る第十三回国会（昭和二十七年六月）で、衆議院の議院運営委員会に国会法等改正に関する起草小委員会が設けられ、時の委員長であつた石田博英君が小委員長となり、倉石、椎熊、土井の三君がその小委員に選任されたのが初めであつた。それ以来、毎国会引き続いて小委員会が設けられて慎重に調査研究が重ねられ、その間、学者、言論界、あるいは経済、労働団体等の意見をも聴取してこれらを充分参考にしただけではなく、各党でも、これがための特別委員会を設けて調査研究した結果を持ち寄つて、基礎案を作成し、去る第二十回国会に衆議院の議運の理事が提案者となつて、「国会法の一部を改正する法律案」として議運に付託され、審議の結果、議運は通過したが本会議の議決を経るまでに至らなかつた。今回、すなわち第二十一回国会で、衆議院の先の議運における議決案を基として、両院の議運で相互に意見の調整を図り、ここにようやく改正案が去る一月二十四日に両院を通過してその成立を見るに至つたことは、まことによろこばしい限りである。

第四節　国会法改正の主要点——自粛改正、憲法の原則の明確化等——

今回の改正の眼目を大別してみると、国会自粛の立場からするものと、憲法の原則の明確化を期するためのものと、両院関係の調整、その他実際の運営面から必要と考えられる是正と、単なる字句の整理に属するものとに区別することができる。しかし、説明の便宜のために、かような分類によらず、条文の配列に従つて、その主要なものと思われるものについてだけその趣旨を解明してみたい。

㈠　**常会の召集**

改正の第一点は、常会の召集に関するものである。従来、常会は、憲法第五十二条によつて毎年一回これを召集することになつており、さらに、国会法によつてその具体的時期を毎年十二月上旬に召集することと定めてあり、しかも、その会期中に議員の任期が満限に達することのないように召集しなければならなかつたので、たとえば、昭和二十七年の常会（第十四回国会）のように、八月中に召集しなければならないような事態が起きていた。こうした不都合を生ぜしめないために、「常会は毎年十二月上旬に召集するを常例とする」（国会法二条）と改めて、会期中に衆議院議員であろうと、参議院議員であろうと、議員の任期が満限に達する場合にはその満限の日をもつて、会期は終了する（国会法一〇条）ものとしたのである。

そうでないと、七月または八月中に常会を召集するようなときでも、財政法によつて来年度の本予算をその常会に提出しなければならないことになつて、非常にいろいろな面に不都合をきたすので、その不都合を取り除いたことは、憲法の運用の面に大きなプラスをもたらしたものといえよう。

なお、特別会は、憲法第五十四条によつて、衆議院が解散されて、総選挙の日から三十日以内に召集されることになつているが、他方また、国会法によつて、常会は毎年十二月上旬に召集するを常例とすると定めてあれば、憲法が定めている総選挙の日から三十日以内の期間がその十二月上旬とかち合うような場合が起り得る。この場合、両者は別々に召集されなければならないのか、あるいは併せて召集できるのか、条文がなければ疑義を生ずるので、明文をもつて、両者は併せて召集することができる旨を規定して、その運用に至便ならしめた（国会法二条の二）。

㈡　**会期の延長**

臨時会および特別会の会期または国会の会期の延長は、両議院一致の議決で定めることになつており（国会法一一条、一二条）、もしかような場合に「両議院一致の議決に至らなかつたときは、衆議院の議決したところによる」（国会法一三条）ということがこれまでの規定であつた。そして、その両議院一致の議決に至らないときとは、必ずしも参議院の議決と衆議院の議決が一致しないときだけを指すものではなく、衆議院で議決したにもかかわらず、参議院側で議決しなかつた場合をも予想していた。このことは、当時の提案理由にも明らかであり、先例としてもすでに確立しているのであるが、字句からくる不明瞭を取り除くために、今回「両議院の議決が一致しないとき、又は参議院が議決しないときは、衆議院の議決したところによる」と改めた（国会法一三条）。

(三)　議院役員の兼職

各議院の役員は、官吏と兼ねることができない（国会法三一条）とされていたが、これを公務員法の制定に伴い、官吏という文字を「国若くは地方公共団体の公務員又は公共企業体の役員若くは職員」に改めるほか、皇室典範、皇室経済法によれば、議長、副議長は当然に皇室会議および皇室経済会議の議員となることになつているので、これを「特に法律に定めのある場合を除いて」ということで除外しただけでなく、議員が役員に選任されたときは、そのすでに兼ねている職は、当然に解かれたものとすることを明らかにした。

(四)　逮捕された議員の釈放手続

新憲法は、旧憲法と異なつて、国会が国権の最高機関たる地位を占めたことにかんがみ、それを構成している議員の地位を非常に尊重して、会期中または会期前に議員が逮捕されていることによつて国会の意思構成に影響があつてはならないために、法律の定めある場合を除いては国会の会期中逮捕されないこと、また、会期前に逮捕された議員はその院から要求があれば会期中はこれを釈放しなければならないことを規定している（憲法五〇条）。にもかかわらず、その釈放に関する手続規定がなかつたので、新たに二カ条を設けて「内閣は、会期前に逮捕された議員があるときは、会期の始めに、その議員の属する議院の議長に、令状の写を添えてその氏名を通知しなければならない」（国会法三四条の二）とするとともに、「議員が、会期前に逮捕された議員の釈放の要求を発議するには、議員二十人以上の連名で、その理由を附した要求書をその院の議長に提出しなければならない」（国会法三四条の三）と手続規定を定めた。

なお、議員の逮捕についてその院の許諾を求める場合に、所轄裁判所または裁判官が令状を発する前に要求書を内閣に提出したときは、内閣は、受理後速かにその議員の属する議院にこれを提出しなければならないように改めた（国会法三四条）。これは、内閣が、要求書の受理後に、政治的駆引きのために議院への提出を遅らすことのないようにしたものである。

(五) 議員の公務員との兼職

議員は、内閣総理大臣その他の国務大臣、内閣官房長官、政務次官および別に法律で定めた場合を除いては、その任期中国もしくは地方公共団体の公務員と兼ねることはできないことになつていたが（国会法三九条）、これを、前に述べた第三十一条の役員の兼職禁止の規定に合せて、「公共企業体の役員若くは職員」とも兼ねることができないことにするとともに、新たに「内閣官房副長官」を当然に議員は兼ねることができることに改めた。しかし、この点に関連して、公職選挙法第八十九条には、内閣総理大臣その他の国務大臣、内閣官房長官および政務次官は、例外として在職中、公職の候補者となることができるとあるから、いずれは官房副長官もできるように選挙法を改めるべきであろう。

(六) 常任委員会の整理統合

次は、常任委員会の整理統合に関するものであるが、これまでは二十二個の常任委員会であつたものを、左の十六の常任委員会に縮減した。

(1)　内閣委員会（人事委員会を併合）
(2)　地方行政委員会
(3)　法務委員会
(4)　外務委員会
(5)　大蔵委員会
(6)　文教委員会（文部の名称を改めた）
(7)　社会労働委員会（厚生と労働委員会を統合）
(8)　農林水産委員会（農林と水産委員会を統合）
(9)　商工委員会（通商産業と経済安定委員会を統合）
(10)　運輸委員会
(11)　逓信委員会（郵政と電気通信委員会を統合）
(12)　建設委員会
(13)　予算委員会
(14)　決算委員会
(15)　議院運営委員会（図書館運営委員会を併合）
(16)　懲罰委員会

なお、これまでは、その所管に属する陳情書も常任委員会の審査の対象としていたが、これを取り除いたことは、常任委員会の審議の能率にも効果的であろう（国会法四一条）。

(七)　常任委員の兼務制

常任委員は、会期の始めに議院で選挙され、議員の任期中その任にあることと、議員は少くとも一箇の常任委員となることについては、従来と変りがない（国会法四二条）。しかし、従来は、同時に二箇まではよいが三箇以上の常任委員となることが禁止され、二箇の常任委員となる場合にもその一箇は、予算、決算、議院運営、懲罰または図書館運営委員の中のどれかに限られていたのであるが、今回は、ただ委員の兼務制を認めて何らの制限をも付さないこととした。従つて、十六箇の委員のどの委員でも第四十六条による比率の割当による残りがあれば、兼務できることになつた。

なお、従来と異なつた点は、議長、副議長、内閣総理大臣その他の国務大臣、内閣官房長官、内閣官房副長官および政務次官は、その割り当てられた常任委員を辞することができることになり、もしこれらの者が常任委員を辞したときは、その者が属する会派の議員は、その委員を兼ねることができるようになつたことである（国会法四二条）。

これらは、わが国が、憲法上議院内閣制を認め、また、国会法上議員が、内閣総理大臣その他の国務大臣、内閣官房長官、内閣官房副長官、政務次官等を兼ねることを認めたからには、何も法律上常任委員たることを禁ずる理由はないのであるが、帝国議会以来長い間、国務大臣や政務官になつた者は、儀礼的のものを除いては議案の提案者または賛成者とならないだけでなく、委員にも選任されないことが先例であるので、今回、明文をもつて辞任することを認めたわけである。兼務の委員を幾箇までとするかを明らかにしなかつた理由の一つは、参議院と衆議院の議員の定数が異なるからその割当に伸縮性を持たせようとすることにあつた。

(八)　専門員制度

専門員制度については、従来は、常任委員会には少くとも二人の専門員、調査員、主事を常置することになつており、ただし議院で不必要と認めたものはこの限りでない（国会法四三条）と定められていたのを、「少くとも二人」というのとただし書とを削つてしまい、「常置する」とあるのを「置くことができる」と改めた。ねらいは能率を挙げさせようとするにある。

(九)　特別委員会の活用

次は、特別委員会の活用に関する改正である。

従来は、特別委員会は、常任委員会の所管に属しない特定の案件を審査するために会期中を限つて設置されることになつていたにかかわらず（国会法四五条）、度々選挙法に関する調査特別委員会が設けられた。かような場合に選挙法に関する案件は、果して本条にいう常任委員会の所管に属しない案件であろうか、この点については、全く疑義がないわけではなかつた。何となれば、規則によつて、選挙に関する事項は地方行政委員会の所管と定められているからである。平和条約に関する特別委員会についてもまた同様であつた。

しかし、国会法は、常任委員会の所管については何ら規定するところがなく、ただ、その部門（所管に同じ）に属する議案（決議案を含む）、請願等を審査すると定めて、その所管については、あげて規則に譲つている。各院ともに規則で常任委員会の委員の員数とその所管を定め（衆議院規則――以下「衆規」と略称――九二条、参規――「衆規」に準ずる――七四条）、特に、衆議院では議院の議決でその員数を増減したりまたはその所管を変更することができるようになつているので（衆規九二条）、常任委員会の所管に属する案件について、たまたま特別委員会が設置されたときは、常任委員会のその限りにおける所管は、一時特別委員会に移つたものとして取り扱つて、矛盾のない解釈と運営をしてきたが、今回の改正で、ひろく、常任委員会の所管に属する案件についても、議院で特に必要があると認めた案件については、特別委員会を設けうることになつた（国会法四五条）。超党派的な問題や特殊な案件については、常任委員会中心主義をとりつつも、その所管のいかんにかかわらず特別委員会を活用しようとする新しい企図の現われである。

アメリカでも、常任委員会制度中心の短所を補うために、この特別委員会を活用しているとのことである。英国のブローガン教授によれば、アメリカの常任委員会制度では、セニオリティー・ルール（長老制）をとつているので、先輩者が後輩より無能であつても委員長になることがあり、その結果、その委員会の能率が低下する場合とか、あるいは政府党に反対の党の委員長が生じて、政府が非常に困惑を感じているような場合には、特別委員会を設けることによつてその弊を救済しているとのことである（D. W. Brogan, Comparison with American and French Parliamentary Systems, p. 86）。

㈩　**委員会の傍聴**

次は、委員会の傍聴に関する改正である。従来の委員会の傍聴については、公開を建前としているか非公開を建前としているかについて議論の余地が残されていたが、制限的公開であると解されていた。ところが、今回の改正によつて、「議員の外傍聴を許さない」（国会法五二条）と定めることによつて、非公開を原則とするように読めるために、本条もまた、論議の焦点となつた一つである。しかし、従来の規定でも、運用次第で改正された場合と同じ結果をもたらすことができたのであるから、本条は、運用のいかんによつては従来と何ら変るところがないといえよう。ただ、委員長が傍聴者を整理しやすいように、従来は許可の面からであつたものを、禁止の面から規定し直したにすぎない。

㈩㈠　**議員の発議権**

次は、議員の発議権に関するもので、議員立法に関する自粛の面からする改正である。従来は、議員は、自分一人だけで賛成者がなくともいかなる議案でも発議できた（国会法五六条）。これが、立法機関の構成員としては望ましいことである。しかし、余りに手続が簡易であると、特殊のことのために利用または乱用されるおそれなしとしない。フィルバスター（議事妨害）に利用されることもあろうし、選挙区目当のお土産法案とならないとも限らないというので、自粛の一助として、議案を発議するには衆議院では議員二十人以上、参議院では議員十人以上の賛成者を要することにした。

なお、予算を伴う法律案を発議するには、衆議院では議員五十人以上、参議院では議員二十人以上の賛成者を要することに新たに規制された（国会法五六条）。これは、国の財政処理については、国会が最高議決権を持つとしても、第一次的には、予算編成権を持つ内閣の国家財政の処理、調整に任すべきことは、議院内閣制を採る建前からいつても当然であり、また、政党の組織が発達した今日では、かような制限を付しても議員の発議権を侵したものとはいいがたく、むしろ、議事の能率の増進を図る上からも望ましいとされるに至つたものである。

㈩ **他議院の議案と同一内容議案の禁止**

各議院は、他の議院から送付または提出された議案と同一内容の議案は審議できないことになつた（国会法五六条の四）。これは、今次の改正で両院の議事の調整を図るために新しく設けられた規定であるが、旧帝国議会時代にもこれと同じような規定があつた。国会になつてからは、予備審査制度もあるのであるから、能率増進の点からいつても、当然の規定といわなければならない。

㈪ **議案修正動議等の発議の賛成者**

議案の発議について賛成者を必要とすることに伴つて、本会議で議案を修正する動議を議題とするには、発議の場合と同様に、衆議院では議員二十人以上、参議院では議員十人以上の賛成を要することとし、また、法律案に対する修正の動議で、予算の増額を伴うものまたは予算を伴うこととなるものを議題とするには、さきに述べた第五十六条の予算を伴う法律案を発議する場合と同様に、衆議院では議員五十人以上、参議院では議員二十人以上の賛成を要することとなつた（国会法五七条）。

ただ、ここで問題となるのは、修正の動議を議題とするにはとあるから、定規の賛成は、その動議の発議と同時に要するものではなく、議題に供するときに要件を具備すればよいと解される。これに反して、前に述べた議案を発議するときの定規の賛成者は、発議のときと解さねばならない。

また、予算について、本会議で修正の動議を議題とするにも、さきの法律案に対する修正で、予算の増額を伴うものまたは予算の伴わないものが予算を伴うこととなるもの、を議題とする場合と同じく、衆議院では五十人以上、参議院では二十人以上の賛成を要することとした（国会法五七条の二）。これも新設の条文である。

㈩四　予算の増額修正等の場合に内閣の意見聴取

次に、各議院の本会議または委員会で、予算総額を増額修正する場合、または委員会提出、議員もしくは委員の発議にかかるもののそのいずれであろうと、法律案に対する修正で、予算の増額を伴うものもしくは予算を伴うこととなる場合には、内閣に、そのことに対して意見を述べる機会を与えなければならないことになつた（国会法五七条の三）。

これも新設の条文であるが、これはやはり、議員立法に対する自粛の一助としようとしたものであつて、予算の増額修正や、予算を伴う法律案の予算増額の修正があれば、結局において、内閣はそれに従つて執行の義務が生ずるわけであるから、事実上それを執行することができなくなることのないように、予め内閣の意見を聴取して国家財政のアンバランスを防ごうとするものである。なお、諸外国ではこういうことを憲法に規定している国もあることについては、前に述べた通りである。

また、予算を伴う法律とはどんなものをいうかについては、漸次先例が作られて行くであろうが、歳出法案ばかりでなく、歳入法案も同様に考えるべきものと思われる。

㈤ 議案の議決後の取扱

両院関係の新しい調整の一つは、国会の議決を要する議案の最後の議決があつた後の、その取扱方に関するものである。これまでは、すべてのものが衆議院議長から、その公布を要するものは内閣を経由して奏上し、その他のものは内閣に送付することになつていたのを、「国会の議決を要する議案について、最後の議決があつた場合にはその院の議長から、衆議院の議決が国会の議決となつた場合には衆議院の議長から」奏上、送付することに改めた（国会法六五条一項）。これは、今まではすべてを衆議院優越の原則によつて両院関係を取り扱おうとしたのであつたが、衆議院の意思が参議院に優越する場合は、憲法に特に定められている場合またはこれに準じた場合に限られるべきであるから、その他の場合は、両院の関係は平等に取り扱わるべきであるとの視点からなされたものである。

㈥ 自由討議の廃止

次は、自由討議に関する規定を削除したことである（国会法七八条）。

自由討議の制度は、公聴会制度や証人喚問制度とともに、国会になつてからの新しい制度であつたが、両院法規委員会制度と同じく、わが国会制度のうちにあつては、何となくそぐわないものであつた。最初は二週間に一回、その次は三週間に一回、そしてその後は議運で特別の決定があればやらなくともよいということになつて、第七回国会以後は一度も行われたことがない。参議院でも、第七回以後は第十七回国会に一度開いただけである。衆議院では第一回国会から開いた回数は十九回、参議院は十八回となつている。

思うに、わが国では、政府を相手としての論議でなければ、単なる演説会のようになつてしまうことと、他方では、関連質疑が寛大に認められていることから、特に自由討議の会議を開く必要がないのではなかろうか。したがつて、過去の実績に徴して廃止されたわけである。

(七) 衆院優越の原則を明確化

次は、憲法上の衆議院優越に関する原則を明確化するための規定を新設したことである。なお、議決の際における原案保持主義の建前から、議決する院は必ず議決の対象たる議案を、または両院協議会を求める議院はその求むべき案件を、保持すべきものとして、その手続を明記したものである。

すなわち、参議院が法律案について、衆議院からの送付案を否決した場合と、衆議院からの回付案に同意しないで、両院協議会を求めたが、衆議院がこれを拒んだとき、または参議院が最初から両院協議会を求めないことに決したときは、その議案を衆議院に返付することにした（国会法八三条の二―一項、二項）。

これは、かような場合には衆議院が憲法第五十九条第二項の規定によつて再議決ができるので、その場合にそなえたものである。いままで、衆議院が再議決する場合に、かような規定がなかつたため、原案を持たないままに議決していた欠陥を補つたものである。

また、「参議院が予算又は衆議院先議の条約を否決したときは、これを衆議院に、衆議院が参議院先議の条約を否決したときは、これを参議院に返付する」ことに規定した（国会法八三条の二―三項）。

これは、国会法第八十五条の規定によつて、かような場合には、両院協議会を必ず求めなければならないことになつているので、協議会を求める議院にその案件を保持させようとしたものである。

また、同じ原則に立つて、次のように両院の調整が図られた。衆議院は、憲法第五十九条第四項の規定によつて（参議院が衆議院の可決した法律案を受け取つてから、国会の休会中の期間を除いて六十日以内に議決しないときは）参議院が法律案を否決したものとみなすことができるから、もし「否決したものとみなしたときは、その旨を参議院に通知する」ことにした（国会法八三条の三、一項）。

これまではかような規定がなかつたので、参議院が、衆議院が否決したものとみなしたことを知らずにその前後の時刻にその法律案を可決したような場合、その効力問題が生ずるおそれがあるので、かようなことのないようにするための規定である。

また、憲法第六十条第二項および第六十一条によつて、予算および条約については、参議院で衆議院と異なつた議決をした場合に両院協議会を開いても意見が一致しないとき、または参議院が衆議院の可決した予算もしくは条約を受け取つてから、国会の休会中の期間を除いて三十日以内に議決しないときは、衆議院の議決を国会の議決とすることになつているが、それがいつの時点に国会の議決となつたかが明らかでないと、諸種の法律問題を起すおそれがあるので、「予算及び条約について衆議院の議決が国会の議決となつたときは、その旨を参議院に通知する」ことになつたのである（国会法八三条の三、二項）。

なお、かような前二項に述べた二つの場合における通知を参議院が受け取つたときは、「直ちに衆議院の送付案又は回付案を衆議院に返付する」ことに定められた（国会法八三条の三、三項）。

これは、さきにも述べたように、一つは、参議院が法律案を否決したものと衆議院がみなしたときは、さらにその法律案について衆議院が再議決できることと、もう一つは、国会法第六十五条によつて、衆議院の議決が国会の議決となつた場合には、衆議院の議長から奏上、送付することになつているからである。両者ともに原案保持の建前によつたものである。

(六) 継続審査した議案の取扱

次は、継続審査した議案の取扱に関するものである。

元来、議案というものは、会期不継続の原則によつて、会期中に議決に至らなかつた案件は、次の会期に継続しないのである。もし当然に継続するものとすれば、憲法で衆議院に認めている再議決権も、それから、憲法第五十九条に「法律案は、この憲法に特別の定のある場合を除いては、両議院で可決したとき法律となる」とあつて、可決の期間が明示されていないから各議院の議決権も、ともに会期をまたがつて、あるいは会期を隔てて、行使してよいことになるわけである。このようなことは、現憲法が不文律として会期不継続の原則を認めている限りは許されないことであり、また、そのように解釈、運用するのでなければ、憲法に会期を定めた意義がなくなる。実際でも、そのように解釈、運用されている。

しかし、国会法第四十七条第二項によつて、各議院の議決で特に付託された案件については、閉会中もなお、委員会はこれを審査することができるので、かような閉会中に審査した議案は後会に継続することになつている（国会法六八条）。そこで、甲議院で可決して乙議院に送付した議案を、乙議院で継続審査したときは、その後会、すなわち、そのすぐ後の会期において、乙議院がその議案を議決した場合、もし修正しなければそのまま法律となるのか、あるいは、さらに甲議院に送付して、新しい議案と同様の手続をとるのか、が不明であり疑義があつてはいけないので、従来の先例をここに成文化して、その場合は、新しい議案と同じような取扱の道筋をたどることを明らかにするために「甲議院の送付案を、乙議院において継続審査し、後の会期で議決したときは、第八十三条によ る」（国会法八三条の四）と定めたものである。

㈨　**両院協議会**

次は、両院協議会関係の規定の新設についてである。両院協議会は、各院の協議委員が各々三分の二以上出席しなければ開くことができないから、もしどちらかの議院の協議委員が出席しないために定足数を欠いたときは、開会はできない。憲法は、重要な案件、たとえば予算とか、条約とか、内閣総理大臣の指名とかについて、両議院の議決が異なつたときは、必ず両院協議会を開くことを要件としている。こういう場合に両院協議会が定足数を欠いて開けないことのないようにするために、「協議委員が、正当な理由がなくて欠席するか、又は両院協議会の議長から再度の出席要求があつてもなお出席しないときは、その協議委員の属する議院の議長は、当該協議委員は辞任したものとみなす」ことにしたのである（国会法九一条の二、一項）。

そして、一応は欠席した協議委員の属する院の議長に辞任したものとみなす権能を与えたからには、国会法第八十八条によつて、「一の議院から両院協議会を求められたときは、他の議院は、これを拒むことはできない」と定められている関係からいつても、かような場合に「その協議委員の属する議院は、直ちにその補欠選挙を行わなければならない」（国会法九一条の二、二項）ことは、当然の義務であろう。

㈩　両院法規委員会の廃止と参議院緊急集会の規定

次は、第十一章　両院法規委員会に関する規定を全部削除して、新たに参議院の緊急集会に関する規定を設けたことである。

両院法規委員会なるものは、国会法によつてはじめて設けられたものであつて、これは、アメリカの州議会におけるレジスラティヴ・カウンシル（立法評議会）に相当するもので、当初は、内閣および両議院に対して、新立法の提案、現行法の改廃等を勧告し、かつ、国会法、両議院規則やその他の国会関係法規を常に研究し、その改正について両議院に対して勧告することを使命として設けられたものであり、また、この制度によつて、立法事項および国会の運営に関して終始関心を持ちつつ、公正の立場から批判的に諸法令の実施状況を監督、監査させて、もつて常任委員会制度の運営と相まつて国会の機能増進に寄与するところの多かるべきことが期待されたのであつたが、第十三回国会以降は全く開会されることがなくて今日に至つた。その間に勧告を行つたこと十二回、その勧告の件名は、次のようなものである。

(1) 選挙法の改正に関する勧告（昭二三・一一・二六議決）
(2) 予算の増額修正権に関する勧告（同日）
(3) 両院法規委員会に関する規定の改正に関する勧告（同日）
(4) 効力に期限の定めのある法律に関する勧告（昭二三・六・一五）
(5) 内閣に送付した請願の取扱に関する勧告（昭二三・六・二二）
(6) 両議院における速記及び印刷の能力の充実に関する勧告（昭二三・六・二九）
(7) 両院法規委員会専門員等設置に関する勧告（昭二三・一一・一三）
(8) 同右（昭二四・四・一）
(9) 参議院選挙に全国区制を存置する勧告（昭二四・四・一二）
(10) 参議院議員通常選挙の施行期日に関する勧告（昭二四・五・七）
(11) 財産権に関する法律案等改正のための特別委員会設置に関する勧告（昭二四・五・一〇）
(12) 衆議院の解散制度に関する勧告（昭二七・六・一七）

しかしながら、これらの十二回の両院法規委員会からの勧告が、一度も両院で取り上げられなかつた事実は、何を物語るであろうか。それは、両院は独立の機関であり、国会は国権の最高機関であるのに、憲法上何らの根拠なくして、両院法規委員会が両院の上に君臨するかのような上層機関たる性質を持つ勧告機関であつたことと、一方で常任委員会制度が確立してきたこと等によつて、所期の目的を達しえなかつたものと思われる。よつて、この制度は、わが国会制度には適合しないものとして、今次の改正で廃止されるに至つた。

そしてその章には新しく参議院の緊急集会に関する規定が挿入された。

参議院の緊急集会は、衆議院が解散された場合に、国に緊急の必要があるときに内閣の要求によつて開かれるものであるが（憲法五四条）、その性格は、法律上国会を構成する参議院と同じであるかどうかについては議論があるので、国会法をそのまま適用できないため、昭和二十二年八月に、「参議院緊急集会規則」なるものが議定されたが、なお十分ではないので、今回その不備を補いつつ国会法の中に取り入れられたわけである。

参議院の緊急集会についての法律問題については、すでに「時の法令」誌（昭和二十八年四月上旬号）で法制局次長の高辻氏（当時は第一部長）が論じておられるのでこれを省略するが、次の三つの点、すなわち、内閣が参議院の緊急集会を求めるには、集会の期日を定め、かつ、案件を示して参議院議長にこれを請求しなければならないこと（国会法九九条一項）、それから、緊急集会では、議員は、内閣総理大臣から示された案件に関連あるものに限り議案を発議することができること（国会法一〇一条）、および請願についても同様であること（国会法一〇二条）、また、緊急集会でとられた措置に対する衆議院の同意については、その案件を内閣から提出すること（国会法一〇二条の四）等が明らかにされたことを注意すべきである。

(二十一)　閉会中の議院警察権の行使

次は、議院警察に関する規定である。従来は「国会の会期中各議院の紀律を保持するために、内部警察の権は、国会法及び各議院の定める規制に従つて、議長が行う」ことになつていたので（国会法一一四条）、閉会中は議長といえども、議院警察権はこれを行使できなかつたのであるが、閉会中もなお、開会中と変らないほどに委員会の審査が行われている現状であり、また、衆議院が解散された場合に参議院の緊急集会が開かれることもあるので、同条の末尾に「閉会中もまた、同様とする」と追加規定して、閉会中も開会中と同様に議長が議院警察の権を行うことにした。これは、画期的な規定であることはいうまでもない。

（二十二）　**訴追委員を両院から選出**

次に、同じく画期的な改正規定として特筆すべきものに、訴追委員会に関するものがある。新憲法によつて、はじめて弾劾裁判所が国会によつて設けられることになつた（憲法六四条）。そして、訴追委員会は、裁判官の罷免の訴追を行う訴追機関であつて、これまでは、衆議院議員の中から選挙された訴追委員で組織されていたのであるが（国会法一二六条一項）、それを今回、参議院議員も訴追委員となることにして、「裁判官の罷免の訴追は、各議院においてその議員の中から選挙された同数の訴追委員で組織する訴追委員会がこれを行う」と改めた。

弾劾裁判所は、国会が設けるのではあるけれども、国会の中の機関ではない。そして、諸外国の例を見るに、その機能は、おおむね上院が果しているのであつて、わが国のように両議院の議員で弾劾裁判所を組織するものは少い。また、訴追機関としては、おおむね下院があたるのが例である。

ところが、わが国では、裁判所は、憲法に明文があるので、両院の議員で組織するが、訴追委員は、衆議院の議員だけで組織していた。参議院からは、弾劾裁判所と同様に両院の議員で組織するようにとの強い要望があつた。これを拒む理由は少い。ことに弾劾裁判所の組織が諸外国の例と異なるのであるから、訴追委員会だけの組織を外国の例にならうことを固執するのはおかしい。また、わが国では、現在では、衆議院の構成方法と、参議院の構成方法とに特段の差異があるわけではない。ともに「全国民を代表する選挙された議員でこれを組織」（憲法四三条一項）しているのであるから、今さら区別して、その参加を拒否する理由に乏しいので、同数の委員を両院から選出することになつた。

（二十三）　**廃棄された少数意見の報告**

次は、議員の議案の発議権に賛成者を要するとの制限を加えたことと均衡を保つためのものである。すなわち、委員会で廃棄された少数意見は、一人の賛成がなくとも、本会議で委員長の報告に次いで報告できたのであるが、それを「出席委員の十分の一以上の賛成があるもの」（国会法五四条）と改めたことと、懲罰の動議を提出するには、「衆議院においては四十人以上、参議院においては二十人以上の賛成を要する」（国会法一二一条）ことに改めたことである。

（三十四）　**その他**

その他は、おおむね字句の整理に属するものか、あるいは主要条文の改正に伴う整理に属するものであるから、その説明は、省略する。

第五節　将来に残された問題点

以上で、国会法に関する基本的問題や、改正の主要点に触れたわけであるが、これで国会法に関する問題は尽きたのではなく、今次の改正に漏れたもので、その解決を将来の機会に残された数々の重要な問題がある。いまそれらについて論を進めて行くには、時間の余裕もないし、また紙数の制限もあるので、他日の機会にこれを譲ることとして、ここでは、問題の項目だけを列挙しておく。すなわち、(1)臨時国会の召集の手続に関する問題、(2)憲法改正の手続に関する問題、(3)両院協議会の請求権と衆議院の再議決権との関係に関する問題、(4)決算の国会提出の方途に関する問題、(5)国政調査権に関する問題、(6)議員の退職金制度に関する問題等である。

これらのうちどれをとつてみても重要なものばかりであるが、これらが次々と解決されて行く日の一日も早いことを念願してやまない。外国の例を参酌して運営して行くことも大切なことではあるが、わが国会運営のルールを確立して行くために、規則を完備するとともに、よき慣習なり先例を作つて行くこともまた、大切なことである。そして、ルールなり慣行を国民にも周知徹底させて、それを国民の政治常識とすることである。

最後に、ブローガン教授が英国と米・仏の議会制度を比較して、「要するにアメリカやフランスの議会制度は時にはすぐれている場合もあるが、欠点も少くないのであるから、その両者の場合について充分に検討する必要がある。この点について議会の母たるわれわれは、他の国の電気洗濯機や中央暖房装置のような新しい政治的な道具が現われても、びっくりすることなく、娘たる現在のハウス・オブ・コンモンズ（議会）を育成した方が賢明である」と述べた含蓄ある言葉を引用して筆をおく。

四　その後（第二十一回国会昭和三十年以後）における国会法の改正の要点について

国会法の改正は、いつも国会運営の正常化が問題にされるたびに論議の対象となる。また、なるのが当然である。何となれば、国会法は国会運営の基本的ルールを定める法規だからである。

国会法の改正のうちでは、何といっても第二十一回国会（昭和三十年）のものが最大であり、これは国会法制定以来、過去の運営の実際と理論とに鑑みてなされたもので、二、三の問題を将来に残してはいるが、大筋は理論的な改正であったといわなければならない[(1)]。その後衆議院では第二十四回国会以来、議院運営委員会に国会法改正等小委員会を設けて国会法に関する検討が続けられて来たが、第二十五回国会の昭和三十一年十二月に、自民・社会両党の首脳部間で、二大政党下における国会運営の能率的正常化をはかるため、

1　議長の権威を高めるための措置

2　懲罰事犯取扱の措置

3　両党対立紛争の場合の措置

4　会期延長案の取扱の措置

5　国会運営の能率化のため議院運営委員会のあり方についての再検討

等の諸点について、国会法の改正その他所要の措置を講ずるとの申合せがあって、この申合せの趣旨に沿うべく、第二十八回国会（昭和三十三年）に改正が加えられたのであった[(2)]。しかし、その間において全然改正がなかったわけではなく、第二十六回国会（昭和三十二年）に「内閣法等の一部を改正する法律」の附則において、国会法の第

三十九条と第四十二条第二項に改正がなされたが、これは両条ともに、総理府に総理府総務長官が置かれたことに伴って、内閣官房長官の次に総理府総務長官を加えたに過ぎない。従って実質的改正ではないので、以下第二十八回国会における実質的改正について、国会法の条章に従って説明してみよう。

第一節　任期満了による選挙後の臨時会の召集（第二条の三の新設）

まず国会の召集についてであるが、召集とは、国会の会期を開始させる行為であるということができよう。すなわち、召集によって会期が開始し（国会法一四条）、国会が有効に活動し、その権能を行使できるようになるわけである。(3)

而して、召集は天皇の国事行為であるから、内閣の助言と承認によって天皇により行われる（憲法七条）。国会法においては、常会と臨時会と特別会の三種の名称を用いており、常会の召集詔書は少なくとも集会の期日の二十日前に公布しなければならないが、臨時会及び特別会はこの制限に縛られないので（国会法一条）、臨時会の召集詔書は少なくとも七日前に、特別会の場合は少なくとも十四日前に公布される例である。(4)特別会は憲法第五十四条に基づいて、総選挙の日から三十日以内に召集されることになっているが、ここで問題となるのは、衆議院議員の任期満了による総選挙又は参議院議員の通常選挙の後に、臨時会を召集しないで差し支えないのであろうかということである。憲法及び国会法には、これについて何等の規定もなかったからである。

この点については、新しい憲法になってから衆議院では任期満了による総選挙が行われなかったからでもあろうが、余り議論されなかった。しかし事務当局としてはつとにその不備を唱え、改正を主張していたのである。たまたま参議院議員の通常選挙が行われてみると、諸種の不都合が直接的に起って来た。それは、新憲法による国会は国権の最高機関であり国の唯一の立法機関となって、内閣総理大臣を指名したり、常任委員会が中心となって国会の閉会中といえども国政の審議や調査に当ることになっている一面、国会法によって常任委員は会期の始めに議院において選任し、議員の任期中その任にあること（国会法四二条）になっているので、任期満了による選挙後においては、両院ともに、国会の召集がなければ本会議は開かれないから常任委員の選任ができず、従って選挙によって新しく議員となっても、実際には議員としての権限を行使する機会が与えられないということになってしまうわけである。殊に、議長・副議長その他各議院の役員等の構成についても、いつ召集されるかわからない不確定の国会まで放置されることになる。

かかる場合に憲法第五十三条によって、いずれかの議院の総議員の四分の一以上の要求によるか、内閣の任意の意思によって臨時会を召集するよりは、むしろ憲法第五十四条の規定に準じて召集に関する規定を設けるべきであるとして、新たにこのとき国会法第二条の三が設けられた。すなわち衆議院議員の任期満了による総選挙が行われたり、また参議院議員の通常選挙が行われたときは、その各々の任期が始まる日から三十日以内に臨時会を開かなければならないこととした。ただし、その期間内に衆議院の場合には常会が召集されたり、参議院議員の通常選挙が行われる期間であったとき、また参議院の場合にはその期間に常会若しくは特別会が召集されたり、又は衆議院議員の任期満了による総選挙があるときは、この限りでないとされた。

これでその不都合はなくなったわけで、去る第三十二回国会の召集（昭和三十四年六月二十二日）は、この条文の参議院通常選挙後における初の適用による召集であった（他面、この新しい条文がないと、憲法第六十七条と第七十条の関係からも不都合を生ずるおそれがあるように思われる。何となれば憲法第七十条にある衆議院議員の総選挙とあるうちに、当然にその任期満了による総選挙が含まれるとするならば、解散の場合には憲法第五十四条によって、解散後の国会の召集についてその選挙の日から三十日以内と規定しているのに対し、任期満了の場合にはその後の国会召集について何等の規定もないことは、両者の均衡を失するからである）。而して、ここに「その任期の始まる日から」と規定して、解散の場合のように「その選挙の日から」と定められていないのは、衆議院、参議院ともに任期満了の場合は、公職選挙法によって、その総選挙又は通常選挙は議員の任期が終る日の前三十日以内に行われることになっているからである（公職選挙法三一、三二条）。

なお、この場合の臨時会の召集を内閣に義務づけることについて、これは憲法第五十三条に抵触しはしないかとの議論もあったが、既に国会法第一条では常会の召集詔書の公布に期限をつけ、また第二条においては常会の召集時期を定め、さらに第二条の二においては特別会と常会とを併せて召集することができる旨を規定しているので、これらと同じく何ら抵触しないものと解される。この点については旧議院法第三十三条が、旧憲法のいわゆる天皇の大権事項であった停会に関して、日時の制限を規定していても、それは憲法に抵触しないものと解されていたのと同様である。

第二節　会期延長の制限（第十二条第二項の新設）

次に、国会の会期の延長についてその回数を制限する改正が行われているが、これについて記す前に、会期の決定に係わる問題点について述べておきたい。

会期とは、国会が有効に活動し得る期間をいうのである(5)。常会の会期は百五十日間と法定されている（国会法一〇条）ので問題はないが、臨時会及び特別会では、会期は国会の自律主義に基づいて両議院一致の議決で定めることになっている（国会法一一条）。この場合に問題が二つある。その一は、会期の決定は、既に召集があったのであるから召集当日でなくともいつ決定してもよいかという問題である(6)。その二は、召集日当日、正副議長がいまだ選挙されない前に、会期を議決する本会議を事務総長が主宰することが国会法上の職務代行権の範囲を超えるものではないかという問題である(7)。

(1)　召集日における会期決定

まず、会期決定の時期の問題であるが、会期は召集日から開始されるとしても、それは一定の期間を指すものであるから、その終期が明示されることが必要である。これは内閣の議案提出権、国民の請願権等、種々な点に影響があるからである。例えば、憲法第五十条は議員の不逮捕特権を規定して、「両議院の議員は、法律の定める場合を除いては、国会の会期中逮捕されず」と明記しているが、その他国会法規には、会期に関連する幾多の法規があっても、すべて会期というときは当然その終期が確定せられており、終期が未確定の場合などは予想されていないといってよい。また国会法で、会期について両議院の議決が一致しないとき又は参議院が議決しないときは、衆議院の議決したところによる（国会法一三条）と定めているのも、会期を長く未確定の状態におくことを避けて、速やかに決定させんがためである。

ある論者は、臨時会、特別会の会期は召集日当日に決定しなくともよいとして、結局かかる場合の会期の決定は国会の終期を決定する意味しか持たないことになるから、法律的にはその最終日になって会期を決定し、そのため実際には会期の終了日を議決することになっても、さし支えないのではなかろうかと述べている(8)。かかる法律解釈は余りに問題を含んでおり、また先例を無視している点で果たしてどうかと思うものである。また、この解釈は、国会法で衆議院の優越性を認めているのに対し、余りにも無関心であるといえよう（佐藤達夫氏は、国会法第十一条において、何故これを「国会の議決」にしなかったかということについては特別のいきさつがある、それはこの場合について衆議院の優越を定めたいというところに出発しているのである、といっている(9)）。

右の論者は、会期は法律的にはその最終日になって決定しても差し支えないというが、ここでいう「その最終日」を、どうして最終日なりと判断できるのか疑問である。会期の延長を議決する場合ならば、その最終日は会期の最後の日であることが判断できようが、あらかじめ決定されていない会期の最終日とはいつを指すのか、また、この論者の説に従うときは、会期の延長の議決はいつなされることになるのであろうか。最終日があらかじめ決定されていなければ、会期延長の議決などはあり得ないことにならないか。まさか会期の最終日の翌日に行われた会期延長の議決を有効と認めるものではあるまい。ここにもまた問題が含まれているといわなければならない。

会期延長の議決は、会期中になされなければならないことは当然過ぎるほど当然のことである。会期の議決については、国会法はまずその議決が、両院において同日になされることを予想しているといわなければならない。もしそうでないとすれば、国会法第十三条の「両議院の議決が一致しないとき、又は参議院が議決しないとき」とは、いつの時点において一致しないのか又は議決しないのか、その時期を明示しない限り会期の終了を待たなければ判明しないことになる。これでは会期を決定するのに、その会期の終了を待たねば決まらないという結果になって、この条文は無意味な規定とならざるを得ない。

たとえ衆議院の議決があったとしても、論者のいうようであれば、会期は未確定の状態におかれることになる。しかも衆議院規則第二十二条の三は、会期の議決又は延長の議決の結果は、直ちに議長が参議院及び内閣に通知することになっているので(10)、種々の法律的疑義をなくする意味からいっても、会期に関する議決の日は、衆議院の議決のあった日とすることが妥当ではなかろうか。また、そのためには、国会法の第十一条を「臨時会及び特別会の会期は、召集日に両議院一致の議決でこれを定める」とし、その議決の日を召集日とすることが望ましい。本来ならば「両院一致の議決」でなく、国会の議決とした方が会期の自律主義がはっきりしてよいのであるが、「国会の議決」とすれば、憲法に特別の規定がある場合の外は、その議決について衆議院の優越性を認めることはどうであろうかとの疑義があるので、「両議院一致の議決」となったものである(11)。

衆議院では、臨時会、特別会の会期は召集日に決定すべきものとの見解をとって来ている。もし召集日に会期の議決がなければその翌日以降国会は活動できるかどうか疑義を生ずる余地があるからである。会期は国会が自律的に決定すべきものとされた以上、会期の起算日にその期間を明らかにすることが法規に別段の定めがない限りは当然であり、もし召集日に何らの議決がない場合は、召集日をもって会期は終了したものとして、翌日からの会議を開くには新たな召集手続を要するものと解さなければならない。

論者の中には、第一回国会の会期は召集日の翌々日に議決されたではないかというものがあるが、これはその実際を知らないものである。第一回国会は昭和二十二年五月二十日に召集されたが、旧憲法から新憲法に移り国会法が新しく制定され、それまでの本会議中心制が委員会中心制の国会となったばかりで、その運営に非常な困難が伴った時期であったことと、公職追放等があって政界の分野は一変し、議長、副議長の候補者の選出も容易ではなかったのである。そのため、開会しても日程第一の議長の選挙、日程第二の副議長の選挙にも入ることができず、また日程第三の会期の件についてすら話合いがつかなかったので、やむなく「議事日程はこれを延期し明二十一日午前十時より本会議を開くこととし、本日はこれにて散会せられんことを望みます」との動議が可決されて、翌日再び本会議が開かれたのであった(12)。参議院は「残余の日程は明日に延期し、明日午後一時より開会いたしたいと存じます。異議ありませんか」と議長発議で諮っているのである(13)。そして、その翌日も両院とも召集日同様の議決をし(14)。さらにその翌日に及んで初めて会期を議決したのである。すなわち衆議院では五月二十二日に議長から「会期の件についてお諮りいたします。今回の特別会の会期は召集日より七月八日まで五十日間とするに御異議ありませんか」と諮り、異議なしで可決したのであった(15)。参議院もまた同様である(16)。この場合、召集日当日（二十日）はとりあえず会議をその翌日（二十一日）に開くことだけを議決し、また二十一日にはその翌日すなわち二十二日に開くことを議決して、二十二日に五十日間の会期を決定したのであるから、召集日から二日間は小間切れに会期が一日ずつ決定されたと解して、二十二日に会期が議決されるまで会期についての議決が全然なかったと見るべきではない。

しかるに、これに反して、昭和三十三年六月の第二十九回特別国会においては、第一回国会とその趣を異にしている。すなわち衆議院にあっては、召集日に会期は召集日から二十五日間と決定したのに(17)、参議院では一たん本会議を開いたが「議事の都合によりこれにて暫時休憩いたします」と午前十時三十四分に休憩したまま、その後会議を開くに至らなかったのである。[18] ここで問題になることは、召集日に衆議院もまた会期を決定せずに参議院と同様に休憩のまま明日会議を開くことの議決をしないで散会した場合に、一体、召集日の翌日に国会は開けるであろうかということである。疑義なしとしないであろう。

衆議院ではかかる疑義を残さないように、第一回国会の後は必ず召集日に会期を議決している。また、先の論者は、会期の決定はもちろん、議長・副議長の選挙よりも内閣総理大臣の指名を、憲法第六十七条に「この指名は他のすべての案件に先立ってこれを行う」とある故をもって、先決すべきものと解している。[19] しかし、衆議院におけるこれまでの先例は、第一回国会以来、内閣総理大臣の指名は議長・副議長の選挙、議席の指定、会期の件及び常任委員長等の役員の選任等を終った後に行うのを例としていて、会期の件に先立って行われたことはない。[20] これは、あたかも会期終了日における会期延長の場合を考えてみるとよくわかるであろう。もし、会期終了日に会期延長の件と内閣総理大臣の指名の件のいずれを先議すべきかといえば、当然会期延長の件であろう。何となれば、もし内閣総理大臣の指名の件を先議したとすれば、その本会議において種々の先議の動議が提出されたり、あるいは衆議院と参議院とが異なった指名の議決をした場合には両院協議会を開会しなければならない（憲法六七条）し、とやこうして、会期終了日の午後十二時までにその指名の手続が完了しないときは、改めて国会を召集しなければならなくなるので、まず会期延長を議決してそれから指名の手続に入るほうが安全であるということになる。先にも述べたように、会期の議決は両議院一致の議決で定めることになっていて、これには国会法で衆議院の議決が優先することになっているので、両院協議会を開かなくてもすむから手続が省けるわけである。

衆議院では、会期終了日においては会期の件を先議する例である。それは、会期の延長は会期の間になさねばならないことと、会期末になると与野党ともに議案の通過成立をめぐって駆け引きが激しくなり、しばしば大混乱を招来するおそれがあるからである。従って、衆議院では会期終了日には、議長の不信任決議案や国務大臣の不信任決議案、あるいは常任委員長解任決議案よりも会期延長の件を先議している。[21]

(2)　**事務総長の職務権限**

次は召集日当日、正副議長がいまだ選挙されない前に、会期を議決する会議を事務総長が主宰することは、国会法第七条に定めた事務総長の議長職務代行権の範囲を超えるものではないかとの疑義である。

1　ある論者は、召集日に正副議長がいないときは最年長議員に議長職務を代行させる方がよいとしているが[22]、旧帝国議会時代のように最年長者主義を採用しなかったのは、これが議員の経歴が古いという意味なら意義があるであろうが、単に年齢が多いというだけではあまり意味がなく、しかも当選一回の者の中にも最年長者がいないとは限らないからである。国会は先例を重んずるところであるから、議長の職務を代行する者が法規、典例に明るいことが、むしろ議院の権威を保ち、運営を円滑ならしむる所以ではなかろうか。

2　次に論者は、事務総長に帝国議会時代の書記官長よりも多くの職務を代行させる必要があるかどうかは問題であり、議院の自主的運営とは議員による議院の運営であるから、議員でない事務総長に議長職務を代行させるのは適当でないというが[23]、議員たるものであっても議院全体の意思を尊重しなければ、それは自主的運営の真の趣旨から遥かに遠いものになるおそれがある。むしろ事務総長であればこそ、公平無私、一党一派の意思に偏重することなく、議院全体の円滑なる運営ができるのではなかろうか。であるから国会法第七条のように議長及び副議長が選挙されるまでは、事務総長が議長の職務を行うことが妥当なのではなかろうか。英・米においてもまたそのようである[24]。

第二十九回国会において衆議院では事務総長が、議長・副議長が選挙されないまま特別会の会期を決定したことについて、それを独断行為のように思う者がいるかもしれないが、それは会議の結果を見れば疑義は氷解するであろう。すなわち、この場合は会議録でもわかるように全会一致なのである。独断行為であれば必ず反撥がある。これは各党間で既に話合いがついているからであり、ことに会期決定に対する衆議院の優越性を自覚してのことであり、もし、召集日に衆議院が会期について何の議決もしなかったらどうなるか。参議院は、前項で述べたように、既にその日の午前中に休憩に入って会議を開くに至らなかった状態であった。もし衆議院もかかる状態であったら、その翌日に会議を開いて、議長等の役員の選挙をし内閣総理大臣の指名をしても、その有効・無効について論議が戦わされたに違いない。

先に第十九回国会における会期延長に関連して、警察法についての有効・無効が法廷にまで持ち込まれた前例がある。議長・副議長等の役員の選任や内閣総理大臣の指名について有効か無効かが論ぜられるようでは、国の威信にかかわるといえよう。それを衆議院の各党の協力によってというか、むしろこのときは社会党の理解ある態度によって、召集日における会期決定の先例確立ということで今後に疑義を残さずにすんだことは、これこそ一つ一つ立派な先例を積み重ねて行くべき国会運営の真の姿ではなかろうか。これに対して批判的態度をとることは、皮相にのみとらわれてその実態を知らず、第二十九回国会の召集当日午後十時過ぎまで、各党がいかに真剣にこの問題に取り組んだ結果であるかについての認識が欠けているといわなければならない。殊に国会は、法規があっても話合いによって運営されることが多いのであるから、実態をよく認識して批判しないと真実に遠くなることがある。

最近の第三十七回特別国会においても、衆議院では召集日に議長・副議長の選挙に入れず、第二十九回特別国会と同じく事務総長が議長席について会期が全会一致で決定された[25]。しかもこのことについては異論がなかった。これは当然にあるべき姿であるからではなかろうか。無理があれば必ず次には異論が起り、改められて行くのが国会の姿であるからである。

3　次に、事務総長の議長の職務代行については、議院の意思決定に参加することになる権限以外のすべての権限を行使できると解すべきか、また、選挙以外の一般議事を主宰したとき可否同数の場合に憲法第五十六条第二項による議長の決裁権が行使できると解すべきかと論者は疑問を投げているが[26]、これについては、議院の意思決定に参加する以外の権限ではなく、まさに議院の意思決定に参加する権限の行使であるといわざるを得ない。いわんや意思決定に参加せざる権限の行使をやである。

去る第八回国会、昭和二十五年七月十二日の参議院において、当時の近藤事務総長は、議長の辞任の件について議院にこれを諮っている。[27] 国会法第三十条に、役員は議院の許可を得て辞任することができるとあって、この場合、役員の辞任許可の件は議事であるから、もし可否同数であれば憲法第五十六条第二項によって決裁権を行使しなければならないことはまた当然である。さらにまた選挙以外の議事の主宰というが、何もことさらに選挙を除かなくても、選挙の場合においても議院に諮ることを両院規則は定めているのである。殊に参議院規則第十条には「選挙について疑義が生じたときは、事務総長は議院に諮りこれを決する」と定めてある。衆議院規則第十一条は「すべて選挙に関する疑義は、議院がこれを決する」と定めて、選挙を主宰する者がこれを諮ることにしている。右の両条文は同じことを規定したものだが、実態をよく知らない者には、参議院では選挙の疑義についてはいつでも(議長が主宰している場合でも)事務総長が議院に諮るように解されるおそれがあろう。この場合、もし諮って可否同数のときは、憲法第五十六条第二項によって決裁せねばならないことはいうまでもない。[28]

要するに、議長の専権の代行なら別であるが、いやしくも議院の権限に属するものについて議長の職務を代行して議院に諮ったとき、可否同数のときは決裁することになるのである。

4　国会になってから事務総長が議長の職務を代行する主なる場合は、

イ　国会の休会中、正副議長がともに欠けた場合に、休会を解いて会議を開くため他院の議長と協議すること(国会法一五条)

ロ　閉会中、正副議長がともに欠けた場合に、役員の辞任を許可すること(国会法三〇条)

ハ　閉会中、正副議長がともに欠けた場合に、議員の辞任を許可すること(国会法一〇七条)

ニ　閉会中、正副議長がともに欠けた場合、又はともに故障がある場合に、議員の派遣を決定、承認したり、公聴会の開会を承認したりすること

つまり、議長の権限に属していることをすべて代行するわけである。

このほかにも、

ホ　正副議長がともに欠けているとき、又は総選挙後、国会の召集日前に、議員に欠員が生じたときは内閣総理大臣に通知すること（国会法一一〇条[29]）

ヘ　正副議長がともに欠けているとき、補欠選挙で当選した議員の委員の指名をすること（衆議院規則四〇条、参議院規則三〇条）

ト　正副議長がともに欠けているとき、議院警察権を行使し、警察官の派出を要求すること（国会法一一四条、一一五条）

等がある。

以上のように事務総長が議長の職務を代行する場合の多くは、議長、副議長がともに欠けたような稀れな場合であるが、それにしても衆議院においては解散があるので、参議院よりは事務総長が議長の職務を代行する場合が多い。しかし、この場合のいずれをとっても、事務総長が良識を欠いて単独にその権限を行使することはあり得ないので、かかるときは必ず各党派の協議会を設けるか、あるいは各党に相談してことを決している例である。また、帝国議会時代（書記官長は内閣総理大臣が任命した）と異なり、事務総長は議院の選挙によって議院の役員として選ばれたものであるから、かえって議院を預るという立場に立って、権威を失墜したり国民の信頼を失うことのないように、薄きを履む兢々の心で処理するから過ちは少いということもできよう。であるから、事務総長に議長の職務を代行させてもさほどに問題はなく、これについての心配は杞憂に過ぎないように思われる。

(3)　会期延長の回数の制限

臨時会及び特別会の会期の決定については、さきに述べたように召集日に議決される先例ができたので問題はなくなったが、会期の延長については、いまだに国会の混乱を招く原因ともなるので、その延長について紛争を少くする意味から、常会にあっては一回、特別会及び臨時会にあっては二回を超えてはならないとその回数を制限した（国会法一二条二項）。しかし、延長の日数については、何らの制限も加えていない。

第三節　会期前に逮捕した議員の勾留期間延長の通知（第三十四条の二第二項の新設）

憲法第五十条は、国会議員は法律の定める場合を除いては国会の会期中は逮捕されず、会期前に逮捕された議員は、その議院の要求があれば会期中はこれを釈放しなければならないとしている。この議員の不逮捕特権は、もちろん政治的意味において議院の活動が妨げられることを防ぐ目的で設けられたものであるが[30]、現在はむしろ議院の構成の上で、議員はその資格のないことが証明されるまで議院において議員としての地位及び権能を失わない（国会法一一三条）ことから、現行犯罪の場合を除いては、その釈放を要求する場合が多いように思われる。ここでいう逮捕は、ひろく身体の自由を拘束することを意味していると解すべきであるから保護拘束や保護措置も含むものとする[31]。また、国会法第三十三条によって、会期中に議員を逮捕するにはその院の許諾を必要とするが、かかる許諾を国会法第三十四条によって求めてきた場合には、議院は期限を付して許諾することができるし、また、その事例もある[32]。この点について、議院が期限付許諾を与えることは違法かというに、法律的には可能であるといわざるを得ない[33]。

なお、議院は会期前に逮捕された議員の釈放を要求できることになっている（憲法五〇条）が、その氏名を正確に知る方法がなかったので、第二十一回国会の国会法改正のときに、第三十四条の二を新たに加えて「内閣は、会期前に逮捕された議員があるときは、会期の始めに、その議員の属する議院の議長に令状の写を添えてその氏名を通知しなければならない」とした。そして、さらに第二十八回国会における改正の際に、同条に第二項を設けて、内閣は、会期前に逮捕された議員の勾留期間が同会期中に延期された場合にも、その旨を議長に通知しなければならないこととした。

第四節　議事協議会の設置(第五十五条の二の改正)

次は議長の権限強化に関する一連の改正についてであるが、今や国会は、昔のように権力者に対する闘争の場でもなければ、支配者と被支配者との対立の場でもなく、憲法の前文にもあるように国民の代表者たる議員が、人類普遍の原理に基づいて、世界の平和と人類の福祉を念願しながら、国の繁栄と国民の幸福のために互いに話合いをして、国の施策を決定する場となったのである。故に議員は、互いにその属する党派を異にし、また、その主義や政策が異なっていても、国民を代表する国会議員であるという点では同じであるから、必ず話合いがつくべきはずで、すべてか、さもなければ零（all or nothing）というような相手を無視するようなやり方は、議会政治を確立する所以のものではない。そこで国会の運営を円滑にし、その権威を保持するためには、

イ　議長の尊厳を保つことはもちろんであるが、その命令に絶対的に服することである。議長が悪ければ、その命に服した後で国民の判断に任せるばかりでなく、自らも不信任決議案を提出して、堂々とその非を天下に明らかにして責めるべきであること。

ロ　国会は言論の府であるから、反対党の発言に対しては、なるべく寛大に扱うべきである。これがためには、多数党に寛容と忍耐の精神と、その態度が必要であること。

ハ　少数党は多数決の原理の短所を暴力をもって相殺してはならず、また反対のための反対をやめて、国民の名誉ある反対党となるべきであること。

以上のことが前提とならなければならない。国会の運営については、もとより各院の議長が最高の責任者であることはいうまでもないが、しかし、議長の諮問機関としてばかりでなく、それ自体、議院の運営についての一次的

責任機関として両院にはそれぞれ議院運営委員会が設けられている（国会法四一条、衆議院規則九二条一項一五号、参議院規則七四条一項一五号）。しかし議院運営委員会の開閉権は議長にはなく、議院運営委員長にあるので（衆議院規則六七条、参議院規則三八条）[34]、議長としては、単に委員会に諮問して協議してほしいと申し入れるだけである。それに議院運営委員会で話がつかないときは、強行採決するか決裂したまま議場に入って、議事が紛糾混乱するのが例であるので、ここで議長が議場に入る前に、もう一つの議長の主宰した会議が設けられてもよいのではないかという趣旨のもとに、これまで活用されていなかった議院運営小委員協議会の制度に代えて、議事協議会というものが考えられたのである。そしてこの機関で議長が協議しようとする事項は、議事の順序その他議長が必要と認めた事項で、その構成員は、議院運営委員長と議院運営委員会が選任する議事協議員とである。この議事協議員には、各派の幹事長、書記長をはじめ外国でいう院内総務（floor leader）級と言うか、各派の代表的資格を有する人々が選任されることを予期したもので、昔の各派交渉会に相当するようなものにしたいというのが立法者の意思であった。

この場合に、その意見が一致しないときは、議長はこれを裁定することができるとし、そして場合によっては、その主宰を議院運営委員長に委任することができるようにした（国会法第五五条の二）。この際、その議長裁定については、各党派は遵守の義務を負うとする内容の議事協議会規程が立案されていたが、この国会法改正後の引続いた混乱のためにいまだに決定をみていないことは甚だ遺憾である。従って、この条文は改正後一度も適用された事例がない。

右の規程が新たに設けられたとき、議院運営委員会の所管事項とこの協議会の協議事項は抵触しはしないかとの論議があったが、その点は、同じ事項を協議してもその段階（stage）が異なるから問題はない。むしろ、議院運営委員会で決定を見なかったものについて協議する機関であるから、両院における両院協議機関のような作用をするものと解される。

なお、この第二十八回国会の改正の際に、議長の秩序保持に関して若干その権限が強化された。すなわち、従来は、議員が会議中国会法又は議事規則に違反し、その他議場の秩序をみだし、又は議院の品位を傷つけるときは、議長はこれを警戒し、制止し、又はその発言の取消しを命ずることができた。そして命に従わないときは、議長は当日の会議を終るまで発言を禁じたり、又は議場の外に退去させることができた（国会法一一六条）[35]。しかるに、いわゆる暁の国会といわれるように、午後十一時五十何分まで会議を続けたうえ、さらに翌日午前零時過ぎから開議することがあり、その場合は多くは議事が継続するのが普通であるので、本条に「又は議事が翌日に継続した場合はその議事が終るまで」と加えられた。また、最近は、議院出入の徽章佩用者であって議院内部で秩序を乱した事例もあったので、それに備えて新たに条文を設け、「議員以外の者が議院内部において秩序をみだしたときは、議長は、これを院外に退去させ、必要な場合は、これを警察官庁に引渡すことができる」旨規定した（国会法一一八条の二）。

第五節　懲罰に関する規定の整備

次は懲罰に関する規定の改正についてであるが、議院の懲罰権は憲法に新たに議院の役員選任権及び規則制定権とともに議院の一作用として規定されたものである（憲法五八条）。而して懲罰とは、議院が会期中の秩序を維持するために、議院の自律権に基づいて院内の秩序を乱した議員に対して科する議院としての処罰ということができよう[36]。しかし、この懲罰権の行使について、会期末における懲罰事犯、例えば会期の終了日又はその前日に起きたものについては、時間的にこれを処理することができなかったことから、会期末によく議事が混乱したので、議院の品位と秩序を保つ上から、何とかこの会期末の懲罰事犯と閉会中の懲罰事犯について次の国会で処理できるようにし、未然に防止する方法を講ずべきであるとの声が前々からあったのである。そこで会期の終了日又はその前日

に生じた懲罰事犯で、

イ　議長が懲罰委員会に付することができなかったもの

ロ　委員会に付したが閉会中審査の議決に至らなかったもの（閉会中審査の議決があれば、国会法第六十八条によって後会に継続するから問題はない）

ハ　委員会の審査は終了したが、本会議に上程されなかったもの

については、議長は次の国会の召集日から三日以内にこれを懲罰委員会に付することができることとした（国会法一二一条の二―一項）。

これは、「できる」とあるので、議長は必ず付するとは限らないから、議員にもまたこれと対応するように、議員は、

イ　会期の終了日又はその前日に生じた事犯で、懲罰の動議を提出するいとまがなかったもの（議員は、議長又は委員長が懲罰事犯と認めない事件についても国会法第百二十一条第三項の規定によって懲罰動議を提出することができることになっている。ただし、参議院では議長が懲罰事犯と認めないものについてはできない）（衆議院規則二三五条、参議院規則二三七条）

ロ　動議が提出されたが、本会議に上程されなかったもの、上程されたが議決に至らなかったもの

ハ　委員会には付されたが閉会中審査の議決に至らなかったもの

ニ　委員会の審査は終了したが本会議の議決に至らなかったもの

については、次の国会の召集日から三日以内に懲罰の動議を提出することができることになった（国会法一二一条の二―二項）。しかし、衆議院議員の総選挙又は参議院議員の通常選挙の後に召集された最初の国会では、これらの規定が適用されないことになっている（国会法一二一条の二―三項）。

また、閉会中の秩序を維持する見地から、閉会中に委員会その他議院内部に懲罰事犯があったときは、次の国会

の召集日から三日以内に、議長も、議員もこれを取り上げ得ることにした（国会法一二一条の三）。

このように、会期末における懲罰事犯を次の国会で取り上げることができるようにしたことに関連して、それ以前に懲罰委員会に付されている事犯をどう取り扱うべきであるか、その均衡を失わせないために、これまでは懲罰事犯の件については閉会中の審査を認めなかったのであるが、これを改めて、国会法第四十七条の第二項中「付託された案件」の次に括弧書を加え「（懲罰事犯の件を含む）」とした。また、同条に第三項を新設して、懲罰事犯の件を閉会中の審査に付する場合には、その会期中に生じた事犯に限るものにした。さらに、懲罰事犯の件を閉会中の審査に付することができることになった結果として、国会法第六十八条の「閉会中審査した議案」の下に「懲罰事犯の件」を加えて、懲罰事犯の件もまた議案と同様に後会に継続することにした。だが懲罰事犯の件はさきに述べたように、閉会中の審査に付するのはその会期中の事犯に限られているので、議案のように何回でも継続審査に付されることはないわけである。

しかし、懲罰事犯の継続審査については、その効果につき疑問なしとしない。何となれば、議員の身分は慎重に取り扱うべきものであり、殊に懲罰事犯については、両院とも、懲罰の動議が提出されたときは議長は速かにこれを本会議に付さなければならず、その動議が散会後に提出されたときは、議長は最近の会議においてこれを議題にしなければならない（衆議院規則二三六条、参議院規則二三八条）ことを規定しているほどに、その決定を速かにして、議員の身分を不確定の状態に置かないようにするのが原則である。にもかかわらず、会期の終末における事犯は別としても、会期半ばに生じた懲罰事犯の件を次の会期に継続させることは、会期中はもちろん、閉会中、さらに次の会期と非常に長い期間をいわばさらしものにするわけで、あたかも封建時代の人質の如きもので、果していかがなものであろうか。去る第三十三回国会における懲罰事犯の件を、次の第三十四回国会に継続して審議未了になったことがあり[37]、また、第三十八回国会の最終日に懲罰動議が提出されたが付託に至らず[38]、第三十九回国会の召集日に国会法第百二十一条の二の規定によって再び懲罰動議が提出されたが、国会正常化の見地からその翌日撤回されたことがある[39]。

かかる事例に徴しても、次回に継続せしめることは、議院の権威を保持する面よりも、次の会期の始めにおいて、懲罰動議を提出された議員の所属する政党は、必ずその取下げ又は審議未了に持ち込むための議事の遅滞や混乱を策するであろうから、かえって平地に波乱を惹起する原因となることが多いと思われるので、この懲罰事犯の件の継続審議はさらに考慮してみる余地があるように思われる。それよりも、もし議院の信用を失墜せしめるような議員があった場合には、次の国会においてその議員の善処を促し、あるいはその陳謝を要求して、もしその院議に服さないときは、懲罰事犯としてこれをこれを取り扱ったほうがよいように思われるのである[40]。

第六節　その他の改正

その他は、参議院の緊急集会の場合についても、国会法第三十四条の二第二項の例にならって勾留期間の延長の通知を参議院の議長になすべきものとしたこと（国会法一〇〇条三項）と、また第百二十一条の二の懲罰に関する規定を参議院の緊急集会に適用することとして、その読み替え規定を加えたことである（国会法一〇二条の五）。

この第二十八回国会以後においては、実質的な国会法の改正はなく、ただ第三十一回国会において、国会職員法等の一部を改正する法律（昭和三四年法律第七〇号）により、国会職員法の改正に伴って主事、調査主事を廃止したので、国会法第四十三条から「調査主事」という字句を削除したことと、その第百三十一条に「法制局の事務の処理に関し必要な規程を定めるには、議院運営委員会の承認を得なければならない」とあった第七項を、各議院の事務局の場合と平仄を合わせるため、削除したに過ぎない。

（1）　拙稿「自粛国会はどう運営されるか──国会法改正の主要点──」時の法令一六二号（昭三〇、二、一三）一──一九頁。

（2）衆議院事務局議事部「国会運営の能率的正常化」時の法令二八六号（昭三三、七、一三）二六―九頁。第二十八回国会衆議院会議録二七号（昭三三、四、九）五五三―四頁。

（3）清宮四郎『全訂憲法要論』二〇九頁。宮沢俊義『日本国憲法』三八一頁。

（4）「衆議院先例集・昭和三十八年版」一〇―一頁。

（5）清宮、前掲、二〇七頁。宮沢、前掲、三七九頁。佐藤達夫「会期制・点描」ジュリスト一七〇号（一九五九）二二頁。

（6）参議院法制局第二部第三課長「特別国会と議院の構成」時の法令二八五号（昭三三、七、一三）三三―四頁。

（7）参議院法制局第二部第三課長、前掲、三四頁。黒田覚「議院規則・先例の問題点」ジュリスト一七〇号（一九五九）二八―九頁。

（8）参議院法制局第二部第三課長、前掲、三三頁。

（9）佐藤達夫「『国会の議決』と『両議院一致の議決』」法律のひろば八巻五号（昭三三）一六頁。

（10）この通知事項は、最初は衆議院規則の第二十条第二項にあったのであるが、昭和三十年の改正の際に現行のところにまとめて規定することになったのである。

（11）国会の議決と両議院の議決の区別については、拙著『国会運営の理論』七九―八二頁。佐藤、前掲、法律のひろば一六―七頁。

（12）第一回国会衆議院会議録一号（昭二二、五、二〇）一頁。

（13）第一回国会参議院会議録一号（昭二二、五、二〇）五頁。

（14）第一回国会衆議院会議録二号（昭二二、五、二一）八頁。第一回国会参議院会議録二号（昭二二、五、二一）一〇頁。

（15）第一回国会衆議院会議録三号（昭二二、五、二三）一三頁。

（16）第一回国会参議院会議録三号（昭二二、五、二三）一一頁。

（17）第二九回国会衆議院会議録一号（昭三三、六、一〇）一頁。

（18）第二九回国会参議院会議録一号（昭三三、六、一〇）四頁。

（19）参議院法制局第二部第三課長、前掲、三三頁。

（20）衆議院先例集、前掲、六七頁、三三七―四〇頁。拙稿「内閣総理大臣の指名手続について」法律時報二〇巻九号（昭二三）三五頁。

（21）衆議院先例集、前掲、三四一―二頁。

(22) 黒田、前掲、二九頁。
(23) 黒田、前掲、二九頁。
(24) この点については、議会制度の母国といわれる英国の上院にあっては、大法官（Lord Chancellor）が当然に議長となるのであり、下院にあっては、慣行として事務総長（Clerk）が、議長選挙の会議を主宰し、議長の死亡、退職並びに議長又は副議長として行動する権限ある者が欠席した場合に会議を主宰することになっている（May, Parliamentary Practice 16th Ed.p. 255. 285）。
アメリカ合衆国では、合衆国憲法第一条第三項第四号によって、副大統領（Vice-President）が当然に上院の議長になるのであるが、上院規則第一条第二項によって、副大統領がいないとき（in the absence of）は仮議長を選挙するまで事務総長が議長の職務を行い、事務総長がいないときは事務次長がその職務を行うことになっている。

また、下院議事規則第三条第一項によれば、事務総長は、毎議会の第一会期の開始の当たり、開会を宣告し、各州別にアルファベット順に議員指名の点呼を行い、議長又は仮議長の選挙が行われるまでは秩序と礼儀を維持し、議員の要求に基づくあらゆる秩序の問題を決定しなければならないことになっている（Rules and Manual U.S.House of the Representatives, 1961, p. 311）。

わが国もこの英、米の例にならって、帝国議会時代から書記官長（いまの事務総長）に、議長、副議長の勅任せられるまでは議長の職務を行わせた。事務総長の職務の中立性を維持させる見地からいっても、現行の制度は妥当と思われる。

（追補）

またカナダにおいても、下院が選挙後初めて召集されて、まだ議院として構成が完了しない間は、事務総長が議院の議事を主宰することになっている（Robert MacGregor Dowson, The government of Canada, 1949, p. 406）。

またフィリッピンにおいても、連邦議会の最初においては、事務総長が当選議員に集合を命じ、地区別の選出議員の名簿をアルファベット順に読み上げ、かつ、議長が選挙されるまでは、開会したり議院の秩序や品位を維持したり、また、当選議員からの議院に対する申出に基づくすべての議事に関する問題を決定することになっている（Rules of the House of Representatives [Adopted, February 8, 1950] Rule III. p. 7）。
(25) 第三七回国会衆議院会議録一号（昭三五、一二、五）一頁。
(26) 参議院法制局第二部第三課長、前掲、三四頁。
(27) 第八回参議院会議録一号（昭二五、七、一二）一頁。
(28) 衆議院先例集、前掲、四一頁。
(29) 衆議院先例集、前掲、九七頁。

(30) 清宮、前掲、二〇三頁。宮沢、前掲、三六七頁。
(31) 清宮、前掲、二〇三頁。
(32) 衆議院先例集、前掲、一〇〇頁。
(33) 宮沢、前掲、三六八頁。
(34) 拙著、前掲、七二頁、一五九頁、一七一頁。
(35) 拙著、前掲、四〇〇頁、四〇二頁。
(36) 拙著、前掲、二四五頁。
(37) 第三三回国会衆議院公報五四号(三)(昭三四、一二、二六)七〇九頁。
(38) 第三八回国会衆議院公報一二三号(二)(昭三六、六、八)一四八八頁。
(39) 第三九回国会衆議院議院運営委員会議録二号(昭三六、九、二七)一頁。
(40) 拙著、前掲、二五七頁。

◆Ⅱ◆国会運営における主要問題

五 内閣総理大臣の指名手続について

第一節 前がき

かつての帝国議会は、或る限られた事件に関しての単なる天皇の協賛機関であったが、新憲法下の国会は、国民の代表機関として、又国権の最高機関として、更に国の唯一の立法機関としての三つの重要なる地位を占めて内閣に優越するに至った。

旧憲法時代においては、内閣は天皇に対する輔弼機関ではあったが、常に議会に優越する官僚内閣制であった。しかるに新憲法は三権分立の建前をとって、内閣を行政権の主体たる機関とはしたが、左の諸点において、国会との関係について、従属主義を原則とする議院内閣制を採った。すなわち、(一) 内閣総理大臣は国会議員の中から国会の議決でこれを指名すること(憲法六七条)。(二) 内閣は行政権の行使について国会に対して連帯して責任を負うこと(憲法六六条)。(三) 内閣の存続は衆議院の信任を要件とすること、換言すれば、衆議院で不信任の決議案を可決し、又は信任の決議案を否決したときは、十日以内に衆議院が解散されない限り、総辞職をしなければならないこと(憲法六九条)。(四) 国務大臣の過半数を国会議員の中から選ばなければならないこと(憲法六八条)。(五) 内閣総理大臣及びその他の国務大臣は議院から答弁又は説明のために出席を求められたときは、必ず出席しなければならないこと(憲法六三条) 等である。

以上の諸点の中から、内閣総理大臣の指名に関する若干の問題を論じて見よう。何となれば、内閣総理大臣の指名に関する手続については、政治論は別としても、法規の解釈上なお論ずべき若干の問題が残されて居り、それが、今後の国会の運営のみならず、国政の運用に影響するところが少くないからである。

第二節　指名手続の着手時期

先ず国会が、内閣総理大臣を指名するには、内閣からの通知を待ってする場合と、しからざる場合とが考えられる。内閣からの通知を待って内閣総理大臣の指名を行う場合は、後述するが如き特殊事由によつて総理大臣が辞表を提出した場合である。

憲法は、内閣が総辞職をしなければならない事由を三つ挙げている（憲法六九、七〇条）。

㈠　衆議院が不信任の決議案を可決したとき、又は信任の決議案を否決したときに、十日以内に衆議院を解散しないとき。

㈡　内閣総理大臣が欠けたとき。

㈢　衆議院議員総選挙の後に初めて国会の召集があったとき。

以上三つの事由を内閣総辞職の法定事由と言うことが出来よう。これに対して内閣総辞職の特殊事由とも称し得べきものがある。それは、先般の片山内閣の総辞職の場合の如く、憲法に定められた法定事由以外の事由で、内閣総理大臣が辞表を提出する場合である。その主なる事由としては、㈠総理大臣の病気に由るもの、㈡内閣、その所属政党内及びその他の政治的事情によるもの、㈢衆議院における不信任決議案の可決を待たずに、積極的に引責する場合等を挙げることが出来る。而して法定事由による総辞職の場合には、敢て内閣の通知を待たなくとも、その事由が発生したときは、国会は、直ちに内閣総理大臣の指名の手続に着手してよいものと考えられる。何となれば、これらの事由はすべて法定条件であって、その条件の成就と共に、その効力が発生すべきものと解されるからである。しかるに特殊事由による場合は、総理大臣が内閣総辞職の意思を決定して、その辞表を提出する時期を、外観から当然且つ適確に、議院はこれを周知し難いから、この場合には、内閣は、内閣総理大臣が辞表を提出したことを両議院に通知することにして、その通知を待つて、議院は総理大臣指名の手続を行うべきである。

国会法に内閣総理大臣が辞表を提出したときの外に、総理大臣の欠けた場合も議院に通知しなければならないと規定したのは（国会法六四条）、特殊事由の場合と同じく、外部からその欠けた時期を、当然には知りえないからで、これは全くの便宜によつたものと解すべきである。憲法は、法定事由による内閣の総辞職の場合にのみ、内閣が次の内閣総理大臣が任命せられるまで、引き続いて、その職務を行うべきことを規定しているが（憲法七一条）、これは特殊事由による総辞職の場合を除外する趣旨であろうか。あるいは憲法の不備なのであろうか。思うに、憲法が法定事由の場合における内閣の職務継続のみを規定したのは、法定事由に依る総辞職の場合には、総理大臣の辞表の提出を要せずに、法定条件の成就と共に、当然に内閣が総辞職するものと解したからではなかろうか。又そう解すべきである。而して特殊事由による場合には、かかる規定がなくとも、何等の支障がないのではなかろうか。何となれば、総理大臣が辞表を天皇に提出しても、天皇はこれを聴許する権能なく、国会が次の内閣総理大臣を指名し、それに基づいてあらたに総理大臣を任命して、はじめてさきの総理大臣、その他の国務大臣がその地位を当然に失うにすぎないからである。従って内閣総理大臣には免官なるものはありえない。而して憲法第七十一条の職務継続の場合に、問題となるのは、内閣の継続すべき職務の範囲である。憲法には何等の制限がないが、「解散」に関する助言は出来ないものと解すべきである。何となれば、この場合における総辞職の法定条件が、衆議院を解散しないことであり、あるいは憲法の定める解散後の特別会の召集（憲法五四条）にあるから、その召集を待たずに再度解散することは、憲法違反であるからである。又総理大臣の欠けたことを、憲法が内閣総辞職の法定事由として取扱ったのは、新憲法の内閣制における強化された内閣総理大臣の地位と、その権限に重きを置いたためのみではなく、個人たる内閣総理大臣と内閣との一体性を強く認めたためであろう。

かくの如く、内閣は、内閣総理大臣が欠けたとき、又は辞表を提出したときは、直ちに両議院に通知しなければならない。而してこの通知を受領して始めて、両院は内閣総理大臣の指名の手続に移るのである。

第三節　指名の三要件

憲法は「内閣総理大臣は、国会議員の中から国会の議決で、これを指名する。この指名は、他のすべての案件に先だつて、これを行ふ」（憲法六七条一項）と規定しているので、内閣総理大臣の指名の要件として、次の三つが挙げられる。㈠総理大臣に指名される者の資格としては衆参両院の何れかにその議席を有する者でなければならないこと。㈡指名は必ず国会の議決によらねばならないこと。㈢而してその指名は他のすべての案件に先だって、これを行わなければならないことである。これを内閣総理大臣指名の三要件と言うことが出来よう。

(イ)　資格要件

指名の第一要件は、資格に関するものであって、資格要件とも言うべきものである。即ち内閣総理大臣に指名される者は、国会議員たることを要件とすることである。而して国会議員たるの要件は、単に指名されるときの要件か、それとも在職要件であるかについては、多少の疑があるが、憲法は指名の要件であると共に、その在職要件であることを要求しているものと解さねばならぬ。従って内閣総理大臣が法律に定めた国会議員の被選資格を喪失したときは、内閣総理大臣が欠けた場合として、内閣は総辞職をしなければならないし、又その旨を直ちに両議院に通知しなければならないことは前述の如くである。而してここに論及されねばならない問題が二つある。その一つは、内閣総理大臣の議員兼職の法的根拠に関する問題であり、他は、解散又は任期満了によって、内閣総理大臣が国会議員たる身分を喪失したときの法的措置に関するものである。一は解釈論であり、一は立法論である。

総理大臣が国会議員を兼ねることが出来るかについては、先きに国会議員たる資格は、総理大臣の指名要件であると共に、その在職要件であると述べたことによって、これを積極に解したのであるが、現行法の解釈上多少の疑義がある。それは国会法によって、議員がその任期中別に法律で定めた場合を除いては、官吏又は地方公共団体の吏員となることを禁じられているからである（国会法三九条）。而して別に法律で定めた場合とは、例えばかっての衆議院議員選挙法第十条に「官吏及待遇官吏ハ左ニ掲クル者ヲ除クノ外在職中議員ト相兼ヌルコトヲ得ス」として、国務大臣、内閣官房長官、法制局長官、各省政務次官、各省参与官、内閣総理大臣秘書官、各省秘書官等の官吏が、国会議員を兼ねることの出来ることを規定した場合の如きをいうのである。しかるに勿論第二回国会が終了するまでの暫定的のものではあるが、さきほど国会を通過して法律となった「政務次官の臨時措置法に関する法律」で衆議院議員選挙法第十条の規定を削除して、新たに同法第三条に、「政務次官の外、国務大臣及び内閣官房長官は国会議員と兼ねることができる」と規定したので、こゝに解釈に関する新しい問題が起ったのである。即ち同法には、内閣総理大臣について何等規定してないので、解釈論として、同法第三条の国務大臣の中に、総理大臣が当然に包含せられるかが問題となってくるのである。削除された衆議院議員選挙法第十条には、国務大臣とのみ定めて内閣総理大臣を列挙しなかったのは、旧憲法に「国務大臣ハ天皇ヲ輔弼シ其ノ責ニ任ス」とあって、旧憲法上の機関としては、内閣総理大臣なるものはなく、国務大臣のみあって、しかも各国務大臣は、平等の地位に立っていて、内閣総理大臣なるものは、僅かに内閣官制によって認められた一の行政官庁に過ぎなかったのである。従って旧憲法上国務大臣と言えば、当然に内総理大臣もその中に包含されたことは、一点の疑う余地もないのであるが、新憲法では、全く旧憲法とは、その建前を異にして、内閣総理大臣を他の国務大臣と区別して、憲法上内閣の首長たる地位を与えたのであるから、国務大臣の中に当然に包含せられるものとは解し難いのである。新憲法は用語としても、国務大臣と、内閣総理大臣とを判然と区別して用いているのである（憲法七条、六三条、六六条、六八条、七二条、七四条、七五条)。たゞ政府は新憲法の提案の説明にあたって、第九十九条の「天皇又は摂政及び国務大臣、国会議員、裁判官その他の公務員は、この憲法を尊重し擁護する義務を負ふ」と言う規定に、内閣総理大臣を列挙していないので、この国務大臣の中に当然に内閣総理大臣を包含すると述べたが、これを「政務次官の臨時措置に関する法律」にまで及ぼして解釈するのは、余りに牽強附会の論と言わねばならぬ。その法律になぜ、内閣総理大臣の六字を惜んだのか理解に苦しむものであるが、総理大臣が国会議員たることをその在職要件とする限りにおいては、この法律の外は、国会議員の兼職を規定したものがないので、この法律の国務大臣の中に、内閣総理大臣を含むものと解さなければならない。しからざるときは内閣総理大臣はその任命と同時に、国会議員でないことになる。しかしさればというて、常に国務大臣と言えば、必ずその中には内閣総理大臣が包含されているものと解することは新憲法の解釈上妥当ではない。よって将来国会法の改正の機会に内閣総理大臣の兼職について規定すべきである。

次に問題となるのは、解散又は任期満了によって、内閣総理大臣が国会議員たるの身分を喪失するに至った場合に関する何等の法的措置がない点である。何となれば、内閣総理大臣が国会議員たることを、その在職要件とする限りにおいては、国会議員たるの被選資格の喪失たると、解散又は任期満了による国会議員の身分の喪失したるとを問わず、当然に、内閣総理大臣の職を退かなければならなくなるからである。しかるに憲法は、衆議院が解散され、総選挙が行われて後、初めて国会の召集があったときは、内閣は総辞職しなければならないと規定していることから考えて、衆議院が解散されて、次の国会が召集せらる、までの間は、同一内閣が存続することを前提としているものと言わねばならない。従ってこの場合には、憲法が、衆議院の解散又は国会議員の任期満了によって、選挙が行われるまでの間において国会議員でないものが、内閣総理大臣の職務を行うことがありうることを予想しているものといわざるをえない。故にかかる場合における何等の法的措置も講じられていないことは、甚だしい法の不備と言わねばならない。解散及び任期満了の場合における以上の如き法の不備は、内閣総理大臣に対すると同様に、国会議員たる国務大臣についても云い得るわけである。但しこゝで注意せねばならないことは、参議院議員についてである。憲法は、参議院の解散を認めず、議員の任期を六年とし、三年ごとに議員の半数改選制を採って、しかもその選挙は、参議院議員選挙法によって、任期満了前に行うことになっているので、前述したいかなる場合にも参議院議員に関する限りにおいては何等の法的措置も必要としないことである（参議院議員選挙法九条）。

㈺ 議決要件

指名の第二の要件は、国会の議決に関するものであって、議決要件とも言うべきものである。而してそれは三つの要素から成り立っている。その一は、内閣総理大臣の指名は、必ず議決で行わなければならないこと、換言すれば、指名は要議決行為であるから議決以外の行為で指名してはならないことである。その二は、議決は各院別々に行われなければならないこと、換言すれば、両院合同の議決又はそれに代るものであってはならないことである。その三は、衆議院の議決優先に関するものであって、各院が異なった議決をした場合に、国会法の定めに従って、両院協議会を開いても意見が一致しないとき、又は衆議院が議決をした後、国会の休会中の期間を除いて十日以内に参議院が議決をしないときは、衆議院の議決が、国会の議決となることである（憲法六七条、国会法八六条）。

以下順次に議決要件について説明を加えて見よう。先ず第一に、国会における内閣総理大臣の指名の法律上の性質であるが、これは選任行為の一種であることは云うまでもない。しかし指名が選任行為の一種であるからと云って、選任行為であれば、如何なる種類のものであってもよいのではなく、憲法に明らかに、「議決で指名する」と規定して、議決の伴わない選任行為を排除しているのである（憲法六七条）。いま両院の実際についてこれを見るに、両院の規則には、「内閣総理大臣の指名は（単記）記名投票で指名される者を定め、その者について議決する。投票の過半数を得た者を指名される者とする。投票の過半数を得た者がないときは、投票の最多数を得た者二人について決選投票を行い、多数を得た者を指名される者とする。但し決選投票を行うべき二人及び指名される者を定

める に当り得票数が同じときはくじでこれを定める。議院は投票によらないで、動議その他の方法により指名される者を定めることができる。」(衆規一八条、参規二〇条)とあって、両院ともに指名手続の第一段として、先ず「記名投票で指名される者」を定め、第二段として、「その者について議決する」ことになっている。この点に関して、東大の宮澤俊義教授は『国会が内閣総理大臣を指名する行為は或る意味で選挙である。両院の議院規則では「内閣総理大臣の指名は記名投票で指名される者を定め、その者について議決する」と定め、「指名される者を定め」ることと、「その者について議決する」ことを区別して、二段の手続をとることにしているが、これはおかしい。国会という合議体が内閣総理大臣たるべき人をきめる(選任する)ことが憲法にいう「指名」なのであるから、各議院は「指名される者を定め」さえすればいいので、さらにもういちど「その者について議決する」のは全く無用であり無意味である。議院が記名投票によると否とを問わず、そのほかのどのような方法によるにせよ、ある特定人を内閣総理大臣たるべき者と決定する行為が、憲法第六条や、第六七条にいう指名なのである。憲法に「指名」という言葉が使ってあるためであろう。「指名」とは何かしら選挙とは違うもののように誤解されているようである』とその著「新憲法と国会」の中に述べておられる(同書、四八頁、一六二頁)。果してかゝる二種の手続が無用にして、且つ無意味なものか、指名を選挙と違うものと誤解した結果なのかを考えてみよう。

もし憲法が単に「内閣総理大臣は国会が、国会議員の中からこれを指名する」と規定して、その指名の方法に何等の条件をも付することがなければ正しく宮澤教授の指摘されるが如く、各議院において先ず指名される者を「選挙」して、更に、その者について「議決」する二重の手続は、無用であり、無意味であろう。何となれば、選挙も、指名と同じく選任行為であるからである。しかし憲法は、前述した如く、議決で指名すると定めてあるので、「選挙は多数人による指名行為であり、従って多数人による指名はすべて選挙である」としても、「選挙行為」が、憲法に所謂「議決行為」なりやは速断しがたいのみならず、寧ろ「選挙」は「議決」でないとする方が、理論的にも実際的にも、正しいと云わねばならない。何となれば、議決も選挙も共に、法律行為の類別によれば、形成的合同行為に属するであろうが、しかし議決の場合には、当事者の意思表示たる表決は同時になされてその時に効果を発するのを原則とするが、これに反して選挙の場合には一定の期間中に為さるることになっている（表決と選挙の区別については、田口弼一博士著、委員会制度の研究、四一〇頁以下参照）。

なお、両院の規則には表決には条件を付せられないことになっているが（衆規一四九条、参規一三四条）、選挙は相手方の承諾を条件とみて、相手方はその当選を辞退することを出来るものとしている（衆規一〇条、旧衆規九条）。（参議院規則が、衆議院規則の如き当選の辞退に関する規定を欠いているのは、貴族院時代に、貴族院の議長は直ちに勅任されて、選挙によらなかったので、その必要がなく、従ってかかる規定を欠いていたのをそのまま踏襲した結果であろう）従って、選挙で「指名される者」に当選した者は、未だ議決で指名されない間はその当選を辞退することが出来るが、既に議決で内閣総理大臣に指名された以上は、辞退することができないものと解すべきである。又憲法及び国会法規は、議事原則として、両議院の議事は憲法に特別の定めある場合を除いては、出席議員の過半数でこれを決し、可否同数のときは、議長又は委員長がこれを決することになっている（憲法五六条、国会法五〇条）。しかるに選挙の場合には、絶対多数主義を原則として、過半数を得た者を以て当選者としているが、もし過半数を得た者がないときは、投票の最多数を得た者と、その次順位の者の二人について決戦投票を行うことになっている。この場合には、過半数を得なくとも、比較多数主義によって、その当選者を決している。而して、得票数の同じ者があるときは、すべてくじ又は年齢でその当票者を決して、議長又は委員長に当選者の決定権を認めないのが建前になっている（衆規八、九条、一八条、二三―二七条、参規九条、一一条、一七条、二〇条）。又議院における永年の先例を見るに、選挙の投票の場合には、議場はこれを閉鎖しないが、表決たる投票の場合には議場を閉鎖することになっている。これは表決の際議場にいない議員は、表決に加わることができない原則になっているからである（衆規一四八条、参規一三五条）。

そこで、「選挙」は「議決」でないとして、現行の両院の内閣総理大臣の指名に関する規則には、欠点がないのであろうか。第二回国会において、去る二月二十一日、参議院の内閣総理大臣の指名について、はしなくも、規則の持つ欠点が議事をミスリードして物議をかもしたことは、今なお記憶に新たなるところであろうが、問題の所在を究明するために、説明を加えながらその要点を述べよう。参議院において、内閣総理大臣の指名に関する手続を行うにあたって、前述の参議院規則第二十条によって、まず、(イ)内閣総理大臣に指名される者を定めるために記名投票を行ったが、(ロ)得票者はすべて投票の過半数に達しなかったので、(投票総数は二百十八票、投票の過半数は、百十票、吉田茂君の得票は百一票、芦田均君の得票は、九十九票)吉田、芦田両君について記名投票による決選投票を行った。(ハ)決選投票の結果、比較多数によって、吉田茂君が内閣総理大臣に指名されることに定まった(投票総数二百十六票、吉田君百四票、芦田君百二票)。次いで(ニ)なお内閣総理大臣に指名するには、重ねて過半数の賛成を要するので表決を行い、吉田君を内閣総理大臣に指名することに賛成の諸君の起立を求め、一旦は過半数と認めますと宣告した。しかるにその宣告に対して異議の申立があった。そこで参議院規則第百三十七条によって、議長の宣告に対する異議の申立に賛成の者の起立を求めたところ、出席議員の五分の一以上あったので、規則に従って(ホ)これを記名投票によって決したところ、投票総数二百十八票で、内、吉田君を総理大臣に指名することに賛成の者百五票、反対の者百十三票で、結局八票の差で吉田君は指名される者と定っていながら指名の議決に敗れてしまったのである。一体、指名される者の選挙において、当選した者が、指名の議決において敗れることがあり得るのであろうか、こゝに問題の第一点が存在するのである。何となれば、両院の規則はともに、「投票の過半数を得た者を指名される者とする」(衆規一八条、参規二〇条)と規定しているのであるから、前述の参議院における手続について云えば、(ハ)の手続によって、決戦投票で、多数を得た者が指名される者と定まった以上は、その選挙が無効でない限り、他の如何なる方法を以てするも、その当選者以外の者を指名される者とすることは出来ないのである。従って、指名される者と決した者が、指名されるに至らなかった場合でも、すべてが御破産になって、最初から更に指名される者を定める選挙が繰返して行われることは法規上ありえないことであるから、結局その指名される者と定まった者を内閣総理大臣に指名する以外には残された手続方法がないわけである。この点だけを強く反駁したのが宮澤教授の二重手続の無用論である。しかし、前述した如く選挙と議決とが異なるのみならず、憲法が議決で指名すると定めているので、どうしても議決で指名しなければならない。各院の規則が、二重の手続でも、「指名される者について議決する」と定めているのもそのためである。従って、この指名される者と定った者について、更に議決する場合には、反対によって、議事が暗礁に乗りあげることがないように注意しなければならないのである。そのために、二つの方法がある。その一は、法規で擬制してしまうことであり、他は運用に関する先例を確立することである。即ち現行の規則を改正して、「内閣総理大臣の指名については記名投票を行い、その投票の過半数を得た者を、議決による指名があった者とする」か、又は「内閣総理大臣の指名については、記名投票で指名される者を定める。前項の規定によって、指名される者が定まったときは、その者について指名の議決があったものとする」か、要するに法の擬制によって、議決による指名が常に指名される者と定まった者についてなされるように立法技術が工夫されなければならないのである。その二は、一旦指名される者と決した者を内閣総理大臣に指名するときは異議を申立てない慣例を確立するか、さもなければ内閣総理大臣に指名される者を定める記名投票の結果をその院の指名の議決とすることについて諮られたときは、異議を申立てない慣例をつくることである。前者は第一回、第二回国会において衆議院がとった方法であり、後者は第二回国会において参議院が一旦指名される者と決定した者を指名するについて反対の議決をしたが、それはなかったものとすべきであるとして、その結果採ったところの議決の方法である。両者ともに、内閣総理大臣の指名に関する現行規則の欠点を補うにたる運用上の先例ではあるが、しかし将来の立法問題として一言これに付加しなければならないことがある。それは、指名される者を定めるにあたって、両院ともに記名投票による選挙によっていることである。元来選挙は、原始的且つ封建的時代なら格別、現今においては、無名投票を原則とすることは、云うまでもないことである。新憲法も、すべて選挙における投票の秘密は、これを侵してはならない。選挙人は、その選挙に関し公的にも私的にも責任を問われない（憲法一五条）と規定しているのであるから、この精神を汲むべきである。それにも拘わらず、国会における最も重要なる選挙が、記名投票で行われることが、何かしら新時代にふさわしくない。旧憲法の時代にすら、議長の選挙は無記名投票で行われたのに、新憲法になって、却って記名投票でも行うことができるのは、まことに世運に逆行している感が深い。勿論これは重大な選挙であるから、その責任を明かにするためにかゝる規定を設けたのがその趣旨であろうが、これは、一面表決たる投票と、選挙の投票との観念の混同もきたしやすいようにも思われるし、又一面において、議員の行動を制肘する規定であるばかりでなく、選挙の本議に反する非民主的な規定と云わざるをえないから将来一考を要するように思われる。次に問題の第二の点は、議院が投票（選挙）によらないで、動議その他の方法で指名される者を定めた場合に、（衆規一八条、参規二〇条）やはり記名投票で指名される者を定める場合（選挙）と同じく、その者について議決を要するかどうかである。記名投票で指名される者を定める場合即ち選挙で定めるときは、選挙と議決とは異なるとの建前から、法規による擬制がない限りは、その者について更に議決を要するが、しかし投票によらないで（選挙）指名される者を定める場合には、更にその者について議決は要しないものと解さなければならない。何となれば、選挙以外で指名される者を定める場合には、動議その他の方法による如何なる場合でも、議決以外で決せられることはないからである。最初に議決によって指名される者を定め、更にその者についての指名も議決によるとすれば、これは全く、無用の二重の手続であって、宮澤教授の論難するところである。故にかゝる無用の二重の手続をさけるために両院に投票によらないで、「指名される者を定める」ことが出来るとあっても、これは、「指名される者を定める」ことを省略して直に内閣総理大臣を指名する動議を提出できるものと解さなければならない。否むしろかくすることこそ憲法が要求する本来の議決による指名であるといわねばならない。従って、これを立法論的に云うならば、「内閣総理大臣の指名は表決たる記名投票でこれを行う。但し議院は表決によらないで選挙その他の方法によって指名を行うことが出来る」と、現行規則とは全く対蹠的に、議決で指名するを本則として、場合によっては、法の擬制によって、選挙でもよいと規定すべきではなかろうか。

次に議決要件の第二の要素である、議決は各院別々に行わなければならないことに関連する二三の問題を取り上げてみよう。
(イ) 内閣総理大臣の指名は、両院合同の会議で行われていけないことは、国会の組織が両院制度をとっており、しかも憲法が何人も同時に両議院の議員たることはできない（憲法四八条）と規定しているのみでなく、衆議院と参議院とが異なった指名の議決をする場合のことを予想している点（憲法六七条）から云っても当然である。
(ロ) 問題はむしろ衆議院が解散された後に内閣が総辞職をした場合に、参議院の緊急集会において、内閣総理大臣を指名することができるかの点にある。
憲法は、参議院の緊急集会において採られた措置は、臨時のものであって、次の国会開会の後十日以内に、衆議院の同意がない場合には、その効力を失う（憲法五四条）と規定しているだけで、その採りうる措置については、何等の限定もしていないから、緊急集会において、内閣総理大臣を指名することは、強ち違憲行為ではない。しかし、かゝる場合があるとすれば、解散直後に内閣総理大臣が欠けるか又は引責辞職かの事由によるであろうが、既に衆議院が解散されている以上は、憲法第七十条の規定する総辞職の事由が予見せられているのであるから、次の国会であらたに内閣総理大臣が指名され、任命あるまでは、その内閣が引き続きその職務を行い、参議院の緊急集会で内閣総理大臣を指名しないのを妥当と解する。而して衆議院の解散後内閣の総辞職があって、もし緊急集会において内閣総理大臣が指名されたときは、憲法第七十条の規定によって国会の召集があったときは総辞職しなければならないのか、それとも憲法第五十四条によって衆議院の同意を得ればよいのか。思うに憲法第七十条によって当然に総辞職するものと解することが、参議院の第二院的性格にも合致し且つ又衆議院優越主義を認むる新憲法の精神に副う如くである。

次に議決要件の第三の要素たる、衆議院の議決優先に関する若干の問題について述べて見よう。

第一の問題は、内閣総理大臣の指名について両議院の議決が一致しないときには、国会法第八十六条の規定に従って、参議院は両院協議会を求めることになっているが、その両院協議会に関するものである。而して、その第一点は、両院協議会規程に、協議会議事は、両議院の議決が異った事項及び当然影響をうける事項の範囲を超えてはならない（両院協議会規程八条）とあるから、両院が議決で内閣総理大臣に指名したもの以外の、第三者を議題に供することが出来るかどうかの問題であるが、これは、第三者については両院の議決の異なった事項以外のものとして、協議会においては議題として取扱うことは出来ないものと解してよい。第二回国会における実例についてこれを見ると、衆議院の指名した芦田君と、参議院の指名した吉田君以外には協議会において新顔の第三者を議題に供することは出来ないものと両院事務局の見解は一致していた。

次にその第二点は、両院協議会を開いても意見が一致しないときは、衆議院の議決を国会の議決とする（憲法六七条）ことになっているが、その時期の問題である。すなわち、国会法によれば協議会において、成案を得なかったときは、各議院の協議委員議長は、各々その旨を議院に報告しなければならない（国会法九四条）ので、衆議院の指名の議決が、参議院の指名の議決に優先して国会の議決となる時期は、協議会において一致しなかったときではなく、その旨を、衆議院の本会議に報告した時期と解さなければならない。而してこの場合には、当然に衆議院の議決が国会の議決となるのであるから、更に、内閣総理大臣の指名に関する何等の議決をも必要としないことは云うまでもない。第二回国会の衆議院においては、衆議院の内閣総理大臣の指名両院協議会協議委員議長浅沼稲次郎君から、本会議で協議会の成案は成立するに至らなかった旨の報告があり、次いで、議長が「ただいま報告せられました通り両院の意見は一致いたしませんから憲法第六十七条第二項によって、本院の指名の議決が国会の議決となりました」と宣告したに過ぎなかった。

次に第二の問題は、衆議院が指名の議決をした後に国会休会中の期間を除いて十日以内に参議院が指名の議決をしない場合における十日の期間の計算に関するものである。すなわち、十日の期間の計算の起算日を何日とするか、衆議院が指名の議決をした日とするか、それともその翌日から起算するかの問題である。政府は常に期間の計算については、民法の期間計算の原則に従い、当日はこれを期間に算入しない例である。しかし、国会は当日起算主義を採って会期の計算、その他期間の計算はすべてその例にならっているので、従って、十日の期間は衆議院の指名の議決のあった日から起算すべきものと解する。

(ハ)　先議要件

指名の第三の要件は、内閣総理大臣の指名は他のすべての案件に先だって行われなければならないことであって、これを先議要件ということが出来よう。しかしこの他のすべての条件に先だってとは、必ずしも文字通りに厳格に絶対的なものではない。何となれば或る案件は当然に指名の議決に先行しなければならない場合があり得るからである。

今仮りに、内閣総理大臣の指名を、どの案件よりも先に行うとして何の不都合も生じないであろうか。これに対しては寧ろ逆に不都合を生ずる場合があることを指摘したい。例えば会期終了日に内閣から内閣総理大臣が辞表を提出した通知を受けとった場合にその日に指名の議事を開きえないときは、会期延長の議決が先行するのは当然であろう。憲法が、内閣総理大臣の指名をすべての案件に先だって行わるべきものとしたのは、当日の議事において、先決問題が起らない限りにおいては、他の案件の審議よりも先だつことを規定したに止まり、如何なる議事をも排する趣旨でないと解すべきである。試みに参議院の内閣総理大臣の指名に関する憲法の条規に、衆議院が指名の議決をした後、国会の休会中の期間を除いて十日以内に、参議院が、指名の議決をしないときはとあるを以て見るも(憲法六七条)憲法は、衆議院にならって参議院が直ちにすべての案件に先だって総理大臣の指名を行うべきものとしないで参議院に少くとも十日間(多ければ、国会の休会期間を加えた期間)の猶予期間を与えているのである。而してこの猶予期間中において、参議院は何等の議事をも進めることが出来ないとすれば、その期間は全く国会の機能を停止せしむる結果となる。この一点から考えても、憲法に所謂「すべての案件」には自ら制限があることが首肯できよう。況んや、国会は国権の最高機関であるから、何時いかなることについても国家意思を決定することが出来なければ国家統治の作用に支障なしとしない。換言すれば国会が国権の最高機関の働きができないことになる。国会が国権の最高機関としての権限を完全に行使するには、各院が夫々、その権限を完全に行使できることを前提としているのであって、各院がその権限を行使するにあたって、もし先決問題があるときは内閣総理大臣の指名よりも先きにそれを決しなければならないことは云うまでもない。しからば一体何が先決問題なりやは論議のあるところであろうが、いま指名の議決よりも先決せらるべきものと思われるものを次に列挙してみよう。

1　臨時会又は特別会の会期の決定及び国会の会期の延長の決定（国会法一一、一二条）
2　国会の休会の決議（国会法一五条）
3　議院の組織構成及び院内の秩序に関するもの
(イ)　規則の制定改廃（憲法五八条）
(ロ)　議長その他の役員の選任（憲法五八条）
(ハ)　議員の懲罰（憲法五八条）
(ニ)　議員の資格争訟の裁判（憲法五五条）
(ホ)　議員逮捕の承諾及び釈放要求（憲法五〇条、国会法三三条）
(ヘ)　議員の辞職の許可（国会法一〇七条）
4　緊急の国事又は国際的儀礼に関するもの（ここで緊急の国事とは、内閣総理大臣の指名を待つことのできない客観的合理性と妥当性を兼ね備えた実に先決的国事に限るべきである。）

これを要するに、内閣総理大臣の指名の先議要件は必ずしもすべての案件を排除する意味ではなく、それよりも先決すべき問題があるときは、それを先決しても憲法の精神に反するものと解すべきでない。何となれば、同じく憲法の認むる、議院内部の組織及び秩序保持、又は国権の最高機関としての意思表示については、そのいずれが先に決せらるべきかはその重要の度に従うべきであるからである。

六　わが国の委員会制度と特別委員会の性格

第一節　はしがき

国会における新しい委員会制度が、旧憲法時代のそれとは、全く異なっているのにもかゝわらず、未だに従来の委員会制度の理論でこれを理解しようとしている人が多いのは、まことに遺憾に堪えない。

旧憲法時代の議会は、単なる国家意思の作成に参与する、いわば協賛機関に過ぎなかったのであるが、新憲法下における国会は、国権の最高機関であって、国の唯一の立法機関である。国権の最高機関とは、国家意思作成の最高機関たる意味であり、国の唯一の立法機関とは、国会における立法以外は原則として認めないのみでなく、従来の如く立法については、国会の意思の外に、他の国家機関の意思を必要としないという意味であることはいうまでもない。

このように、国会の地位と性格とが、旧憲法時代とは全く違ってしまったので、従って委員会の地位も性格もまた従前とは異なって来たのである。

すなわち旧憲法時代における議会の運営は、本会議が中心であったのに、新憲法下の国会の運営は、委員会が中心である。

本会議中心主義の国会運営をやれば、委員会は、自然に本会議従属の予備的審査機関たる性格を有するに至るの

が当然である。(1)

しかるに新憲法下の国会は、委員会中心主義を採用したので、委員会の地位と性格とに、従来と異なった特殊な面が付加されるようになった。

換言すれば、議院の権限の行使に、本会議を通さずに、権限の委譲の形で、特別委員会がこれを行うことが認められるようになったことである。

法令が、常に例外規定から進化して行くように、新しい委員会制度もかくして特別委員会から進化して行くように思う。従来とて、委員会制度は、議会を持つ各国が例外なく特別委員会（Special Committee）から常任委員会（Standing Committee）へと、進展の経過を辿ってきたのではあるが、しかも、前述した如き、議院の権限の委譲の傾向が、近時わが国においては、特別委員会において（殊に第二回国会に設置されて以来、第四回国会まで引続いて、毎会期設置された「不当財産調査特別委員会」の如き、あるいは第五回国会に設置されてから、これまた第八回国会まで引続いて設けられた「考査特別委員会」の如き）、その例が著しくなったので、こゝに特別委員会の国会法上の性格やそれに関連する若干の問題について検討してみることも、あながち無駄のことでない。

第二節　新しい委員会制度

新しい委員会の性格は大きな意味では、二つの点で従来と変った。一つは、単なる予備的審査機関の地位から脱却して、寧ろ議院の第一次的審査機関たる性質を有するに至ったこと。二つには、議院の有する権限の代行機関たる性質をおびてきたことである。

そして、その第一の点は、他院から送付された議案以外は、すべて付託を受けた委員会において、本会議に付するを要しないと決定したものは、これを特別の場合を除いては本会議に付さないで廃案とする原則（国会法五六条）

から由来した性格であり、第二の点は、規則（衆規九四条、参規三四条）によって、議院の行うべき国政調査を本会議とは無関係で、換言すれば、国政調査については議院から権限の委譲を受けた形で、委員会をして自主的に行わしめることを原則としたことから由来した性格である。この点は議院の国政調査権について後述するからここでは、詳述をしない。

しかし特定の委員会は、国政調査事項でなくとも議院の議決とは何らの関係ない権限が、換言すれば、従来の予備的審査の権限とちがったものが、法律で与えられている場合がある。例えば、議院運営委員会が、(1)国会職員の任免に関する承認権（国会法二七条、一三一条、議院事務局法一二条、裁判官弾劾法七条、一八条）(2)議院の予備金支出の承認権（国会予備金に関する法律二条）(3)議員に出頭する証人の車馬賃及び日当を決定する権（議院に出頭する証人の旅費及び日当に関する法律五条）等を、又図書館運営委員会が、国立国会図書館の管理規程に対する承認権（国会図書館法五条）を、更には各議院の委員会又は両議院の合同審査会が、宣誓した証人が虚偽の陳述をしたり、あるいは正当の理由がなくて証人が出頭しなかったり、若しくは要求された書類を提出しないとき又は出頭した証人が宣誓若しくは証言を拒んだものと認めたときは告発しなければならないが（議院における証人の宣誓及び証言等に関する法律八条）、これらはまさしく、委員会、または合同審査会単独の権限であって、本会議には無関係のものであるからこれを議院の予備的審査であるとはいえないのであって、これは明らかに、議院の権限委譲と見るのが妥当ではなかろうか。

新国会が新しく採用した委員会中心の制度を以下簡単に説明してみよう。

先ず第一に、議案はすべて議員から発議されたものでも、内閣又は他院から提出されたものでも、従来のように一度本会議の議題に供せられてから委員会に付託されるのではなく、議長がこれを直ちに適当の常任委員会に付託するのが原則となった（衆規三一条、参規二九条）。

そして事件の所管の定め難いものは、議院に諮って決定した常任委員会に付託するのであって（衆規三一条）、もし常任委員会の所管に属しない事件であれば、そこで初めて特別委員会を設けてこれを付託するのである（衆規三三条、参規二九条）。

これを以て見ても解るように、議案は原則として、最初には本会議にはかからなくなった（議題に供せられない意味）。これを逆にいうならば、従来は一度本会議にかかった議案でなければ、委員会には、原則として付託されることがなかったのであるが、新しい委員会制度では、特別の場合を除いては、委員会で一度審議して、本会議に付すべしと決定した議案でなければ、本会議に付議されないのが原則となったのである。

丁度昔と逆になったわけである。しかも昔は法律案はすべて特別委員会に付託されて審議されたものであるが、今は常任委員会に付託されて審議されるのが原則となった。旧帝国議会時代の初期には、特別委員会が、一会期に一四〇以上もあったのに、新しい国会になってからは、毎会期、特別委員会は多くとも六を数えるに過ぎなくなった。これは、委員会制度が、特別委員会から常任委員会制度へと移行してきた結果である。W. F. Willouby 氏が、アメリカの委員会制度について、

「この常任委員会の機能は、措置を求めて立法部に提出されてくる一切の立法提案に対して、最初の審議を与えることにあるのであるが、これについては、なお、それらの提案が、これらの委員会において審議されないうちは、そうしてこれらの議案に対する委員会の推挙が、議院に正式に伝達されないうちは、その議院においてその議案を審議する権限がないという規定が付随している結果として、これらの委員会は立法の過程において、一つの大きな影響力を有するものとなっているのであって、合衆国が屢々一の「委員会政治」（Committee Government）であるといわれているのは真実である。(2)」といっているが、わが国の新しい委員会制度の精神もまたここにあるのである。

第二には、従来の委員会の審査は、付託事件の外に渉ることは、一切できなかったのであるが、新しい制度の下では、常任委員会は、付託事件の外に、定められた所管に属する事項について、会期中に限り議長の承認を得て自

主的に国政に関する調査をすることができることになっている（衆規九四条、参規三四条）。しかもこの点については、本会議は単に議長からの承認のあった事項について報告を受けるにすぎない（衆規九四条、参規三四条）。これは委員会に対して極めて自主的な活動を認めたものといわねばならぬ。このことは、委員会にその所管に属する事項に関し法律案提出権を与えたこと（衆規四二条）と相俟って、国会における今後の立法が、委員会中心に行われてゆくことを暗示するものである。

第三には、委員会で審議中の議案に対する本会議の関係についてであるが、前述した如く、本会議は議案の付託について原則的には、無関係にあるので、従来の如く委員会の議案の審査について、何等の指示権（right of instruction）をもたない。従って議案の付託にあたって、予め委員会の審査に期限を付するが如きことはできぬ。のみならず、一度委員会に付託されて審議中のものについては、第二回国会までは議院がこれを取り上げて、直接本会議でこれを審査するが如きことは許されない建前であった。しかるにそれでは全議員に、複雑又は重要なる議案の趣旨を徹底せしめにくい場合があるので、その途を開くために、臨時石炭鉱業管理法案の審議が契機となって、第二回国会の終りに（昭和二十三年七月五日）現行法の如くに、各議院に発議又は提出された議案で委員会に付託されて審議中のものであっても、議院運営委員会で特にその必要があると認めたときは、本会議でその議案の趣旨の説明を聴取することができるように改めた（国会法五六条の二）。しかしこれとて、決して委員会の審議中の議案を、本会議において議題に供するものではなくて、換言すれば、本会議の審議の対象とするのでなく、その議案はあくまでも、付託された当該委員会に係属して審議されているのであるから、本会議では、ただ単にその議案の趣旨の説明をきくだけにすぎないのであって、この場合に質疑応答が行われたとしても、それは提案の趣旨を十分に徹底せしめるにすぎないものである。従ってかかる規定がなくとも、事実的行為である限りはできるのであるが、紛議をかもさぬ用意のために規定したものと解すべきである。

なお、その時、国会法を改正して、各議院は、委員会の審査中の事件について、特に必要があれば中間報告を求めて、しかもその事件が緊急を要すると認めたときは、委員会の審査に期限を付けたり又は本会議で審議することができることにしたが（国会法五六条の三）、これは当初の委員会中心主義の精神に十分に副っているものとはいい得ない。のみならず、本条に規定されているいわゆる審査中の事件の意味はまことに不明である。何となれば、国会法は、懲罰事犯については、必ず懲罰委員会に付託して審査させ、しかる後に議院の議を経てこれを宣告することになっている（国会法一二一条）。又、請願についても、各議院において委員会の審査を経た後これを議決するとある（国会法八〇条）。又、各議院において、その議員の資格について争訟があるときは、委員会の審査を経た後これを議決するとあるが（国会法一一一条）、かかる場合に、本会議は前述した国会法第五十六条の三を適用して、先ず、中間報告を求めてその事件を緊急を要するものとして、これを取り上げて、直ちに本会議で審査することができるか否かについては疑問なしとしない。むしろかかる場合には、国会法が特に委員会の審査を経てしかる後に本会議で議決すべきことを要請しているものとして、消極に解するのが穏当であろう。

国会法は制定当初から、議案はすべて委員会に付託してその審査を経て本会議に付する建前を堅持しているのである（国会法五六条）。

審査を経てとは、審査を終了したことを意味するのであるから、本条は、国会法に特別の定めある懲罰とか、請願、資格訴訟の如き場合には適用しないものと解するのが至当である。

更にこゝで一言注意せねばならないことは、国会法第五十一条第二項の場合についてである。即ち国会法は、総予算及び重要な歳入法案については、当該委員会は公聴会を開かなければならないと規定しているにもかゝわらず、いまだ予算委員会では総予算について、又大蔵委員会では、重要な歳入法案について、公聴会を開かない中に、本会議で国会法第五十六条の三を適用することができるかの問題である。これについても消極的に解することが新しい委員会制度の趣意に合するものと思う。

又国会法第五十六条の三の委員会の審査中の事件には、国政調査に関する事件はこれを包含しないものとして、議案、又は議院の議決を要するものに限ると解するのが妥当である。

何となれば国政調査権は憲法第六十二条によって各議院に認められた権限ではあるが、各議院はこの権限を自ら直接に行使することを建前とせず、各院は自律権に基づいて、規則でもって国政調査権を各常任委員会にそれぞれ委譲して、会期中に限り議長の承認を得てその所管に属する事項について、国政に関する調査をすることができると規定しているからである（衆規九四条、参規三四条）。これをもって見ても、国政調査権を各常任委員会に委譲したことは、国政をば、それぞれの常任委員会に分割所管せしめた現行の常任委員会制度に最も適合するのみならず、憲法において認められた国政調査権の行使方法としてもまた、これが最も妥当且つ有効なものと各議院が判断した結果であることが理解できよう。かくの如く国政調査権を各常任委員会に委譲した限りにおいては、本会議はそれを中途から取り上げて自ら調査するが如きことは許されないことである。

何となれば、本会議は各常任委員会の国政調査の承認権すらなく、調査事項の承認権は議長だけが持っており、その調査報告すら直接にこれを受ける権限がないのに、況んや委員会が調査中の事件を取り上げて、これを自ら調査する権限のないことはいうまでもないからである。

かつて松岡議長の時代に、各常任委員長宛に左の通牒が発せられたことがある。

「従来各常任委員会から要求の国政調査承認の件については、その都度議院運営委員会に諮問してこれを承認して来たが、その国政調査の結果について遺憾ながら殆んど報告を受けていない実情である。

各常任委員会の国政調査の結果はこれが報告によって、その常任委員会の調査を権威あらしめるのみでなく更に全議員の参考となることが極めて多いと考えられるので今会期において国政の調査承認をうけたもの及び将来調査承認をうけるものについては、議院運営委員会の答申もありましたので会期の終了までに、必ず国政調査の結果に関する報告書を議長に提出せられる様取計われたい。」

これは、国政調査権については、本会議は何の権限もなく、唯、議長が前述の如く国政調査承認権を持っているので、それに基づいて、国政調査の結果の報告書を提出するよう取計われたいというのである。現行法規上の建前では、国政調査の報告書を各常任委員会が議長までも提出する義務がないことになっているので、便宜上事実問題として、提出するよう取計って貰いたいというのであったが、今日に至るまで未だ実行されていない。勿論或る委員会は自発的に特殊問題の調査報告書を提出した例もないことはない。

第四には、委員会の自主性についてである。旧憲法時代には、全く委員会の自主性は認められず、すべては本会議の指示（instruction）に従うより外はなかったのである。[3] 即ち⑴委員会の審査は議院（本会議）の付託した事件の外に渉ることができず（旧衆規二七条、貴規一六条）、⑵議院で委員会の期日を指定しないときにのみ委員長がこれを定め（旧衆規五二条、貴規四一条）、⑶議院は期限を定めて委員会をして審査の報告をなさしめることができ（旧衆規五七条、貴規四五条）、⑷委員会が故なくその報告を遅延するときは議院は改めて他の委員を選任することができた（旧衆規五八条、貴規四六条）。そしてこの場合を委員の改選といっている。⑸議院は特別委員会の報告を受けたる後更にその事件を同一委員会に付託し又は他の委員会に付託することができた（旧衆規六七条）。これを従来から再付託と称している。

かくの如く本会議は、委員会に対して旧来は自由勝手なる指示権があったのであるが、新しい委員会制度のもとでは、本会議は何らの指示権もなく、ただ、前述した、中間報告を求める権限と、中間報告を聴取した後に、審査制限を付したり又は本会議でその議案を審議することができることと（国会法五六条の三）、再付託の権限が認められているに過ぎない。即ち議院（本会議）は、常任委員会の報告を受けた後、更にその事件を同一の委員会に付託することができ、又特別委員会の報告があったものについては、その委員会又は他の委員会に付託することができることになっている（衆規一一九条）。

これをもって見るも、新しい委員会制度は、いかに委員会の自主的活動を認めているかがわかると思う。即ち⑴委員会の開会日時の指定権は委員長が持っており（衆規六七条、参規三八条）、⑵委員の三分の一以上に委員会の開会要求権を認め（同条）(3)委員会の所管事項についてその委員会に法律案の提出権を認め（衆規四二条）、(4)委員からの辞任による外は、委員の解任権を議院にも議長にもこれを認めず、例外として、各派所属議員に変動あった場合と、懲罰によって登院停止を命ぜられた者が特別委員である場合に、解任されたものとしているにすぎない（国会法四六条、衆規二四三条、参規二四三条）。又(5)前述した如く、本会議に委員会開会日時の指示権を認めないのに、逆に、委員会の審査の終った事件で緊急と認めたものについては、委員会の方から本会議を開くことを議長に求めることができるようになっている（衆規五九条）。この外に(6)委員会はその委員の中から本会議における討論者を指名して、議長に申し出た場合には、他の通告者より優先して発言を許されることになっている（衆規一三六条）。又(7)常任委員会が他の議院の常任委員会と合同審査会を開くにも、その院の他の委員会と連合審査会を開くにも、全く本会議の指示によるのではなく、それぞれ自主的に協議して開くことになっている（国会法四四条、衆規六〇条、参規三六条、七六条）。

以上の如く、議案の審議に当っての本会議に対する委員会の地位、権限の変化は、従来のそれとは全く似ても似つかぬ程に、その審査経路に大変革をもたらしたものといわなければならない(4)。

第三節　特別委員会の性格

国会法上委員会には二種類ある。一は常任委員会であって、他は特別委員会である。そして特別委員会は、常任委員会の所管に属しない特定の事件を審査するために議院の議決で設けられるものであって、それを構成する委員は議院において選任される建前ではあるが、規則によって議長が選任することになっている（国会法四五条、衆規三七条）。

この外にいま一つ特別委員会の特質がある。それは、その委員会に付託された事件が、その委員会の審査を終って、本会議の議題に供せられて議決されれば、その特別委員会は消滅して了うということである（国会法四五条）。故に以下特別委員会の基本的性格を述べながら、それに関連する若干の問題について論じてみよう。

(1)　特別委員会は議決で設けられるものであって、その設置の時期については、別に定まっていないから、会期中必要があれば、何時でも設けることができる。そして議院の議決は、決議、議員の動議又は議長発議のいずれの形態をとっても差支えない。

(2)　特別委員会に付託される事件は、特定された一事件でなければならない。特定たるためには、法律上、議員の意思、その他の事実によって具体的に審査あるいは調査すべき内容が定まっていればよい。そしてここで一事件といっているのは、議院では一事件一付託を原則としていることを意味したにすぎないのであって、特別委員会は必ずしも一件毎に設けられるべきであるとの意味ではない。昔は一件毎に特別委員会が設けられるのを原則としたが、いたずらに特別委員会の数が増加するだけであるので、今では併託といって、さきに或る特別委員会に付託した事件に関連あるか、又は同種の事件であれば、その委員会に併せて付託することができるように便宜的な規定が設けられている（衆規三四条、参規三二条）。

(3)　特別委員会の権限は、付託事件を審査するのが建前であるが、（国会法四五条、四七条）、調査する権限もあるものと解すべきである。従って、審査の為ばかりでなく、調査のためにも、特別委員会が設けられてよい。何となれば、従来から審査と調査とは、区別されて用いられていて、審査は既に出来上っている議案等の適否の検討考察乃至は修正まで含むものとして用いられ、調査は資料を蒐集して単に報告書を作成する場合に用いられているのであるが、[5] 資料を収集して報告書を作成するにも検討考察が加えられるので、調査を広義の審査の中に含むものと解釈して、調査のためにも特別委員会が設置されてきたからである。

(4)　特別委員会は付託事件が本会議の議題に供せられて、それが議決されれば、自然に消滅する。そしてこの場合自然に消滅するとは、別に議院の意思表示を要しないことを意味するものである。

(5)　特別委員会の存続期間は、その会期（設置の議決のあった会期）に限るを原則とするが、議院の議決で特に付託された事件について、閉会中もなお、これを審査することが許されたときは、閉会中即ち次の国会召集日の前日まで存続することができる（国会法四七条）。換言すれば特別委員会は如何なる場合でも、次の会期に亘って存続しないのである。何となれば、国会法上会期不継続を不文法上の原則としているからである。会期不継続の原則については、他日にこれを論ずるとしても、一言これについて注意しておかねばならぬことがある。即ち会期中に議決に至らなかった案件は、後会に継続しないという国会法第六十八条を、会期不継続の原則を規定したものの如くに解する者もあるが、これは単に会期中における未決案件の後会不継続の原則を規定したものであって、いわゆる会期不継続の原則を直接規定したものではない。従って特別委員会が閉会中の審査を許された場合に（国会法四七条二項）、本条（国会法六八条）の但書によって、後会にその案件は継続するとしても、その特別委員会が、本条但書を会期不継続の例外規定と解することによって、そのまま後会（次の会期）に継続して存続するものと解すべきではない。何となれば、この場合にあっても、それは案件不継続の原則の例外と見て、その案件だけは次の会期に継続するが、当該特別委員会は当然には後会に継続して存続するものではなく、それが存否は、後会の初めにおいて議院の新しい意思によって決せらるべきものであるからである。そして当該特別委員会が後会においてもなお、前会同様に存続さるべきことが決定したときに初めて、さきに閉会中審査を許可された案件が、その特別委員会に付託されて係属するものと解すべきである。従って前会に存続した特別委員会が、後会に存続しないことに決定したときは、さきに閉会中審査を許可された案件は、閉会中にその審査が終了したものであろうと、又未了のものであろうとにかゝわらず、一応は国会法第六十八条の但書によって、後会に継続した案件として取扱われ、議長から改めて、それらの案件が適当の委員会に付託されなければならないことになる。

(6)　特別委員会に付託される事件は、既に述べた如く特定されたものであって、しかもいずれの常任委員会の所管にも属しないものでなければならない。もし特別委員会に付託される事件が、いずれかの常任委員会の所管に属するか、又は他の特別委員会の権限に属するものである場合には、いわゆる所管の重複あるいは権限の競合の問題が生じてくる。

そしてこの場合には新しくできた特別委員会の権限が優先するものとして、その委員会の存続期間中は、他の委員会の所管権限が自動的に一時停止されるものと解するのである（この点に関しては後に詳述する）。

(7)　特別委員会の構成に関しては、常任委員会と異なって、特別委員長をその委員会で互選することになっているので（国会法四五条、衆規一〇一条、参規八〇条）、常任委員会の場合よりは、更にその自主性が強いものといわなければならない。

そして特別委員長の辞任も、議院が決するのではなく、その委員会で決するので（衆規一〇二条）、もし閉会中の審査を許された特別委員会であれば、閉会中でも委員長の更迭ができる。これに反して常任委員会の場合は、各常任委員長は議院の役員であり（国会法一六条）、議院においてこれを各々の常任委員の中から選挙することになっているので（国会法二五条）、閉会中に常任委員長が欠けた場合には、常任委員長を新たに選任する方法がない。そしてここで注意すべきことは、特別委員長は、懲罰による場合の外は、如何なる理由によっても、議院はこれを解任することができないことである。何となれば、国会法は常任委員長については、議院において特に必要があれば、議決をもって解任することができると規定しているのに（国会法三〇条の二）、特別委員長については何等の定めもないからである。

この外に、特別委員会の委員の員数は、設置の後において、必要があれば増加することはできるが、減ずることは認められてない（衆規一〇〇条、参規七八条）。

第四節　特別委員会の種類

特別委員会の大体の性格については、前述した通りであるが、それらは特別委員会であれば、どの特別委員会にも共通するいわば普遍的な性格であるが、特別委員会の種類によっては、更に特殊的な性格を有するものもある。そして特別委員会の区分には、付託事件による区分と、特殊決議によるかどうかによる区分とがある。

(1)　付託事件による区分

付託事件によって分ければ、付託事件が、国政調査を目的とするものなりや、あるいは付託当初に既に具体的内容のものが出来上っていて、それの適否を検討考察するか、乃至はそれに修正を加えるが如きいわゆる審査を目的とするものであるかによって、調査特別委員会と審査特別委員会の二つに分けることができる。即ち前者は常に調査なる文字がその名称中に冠せられるのが例であり、後者の場合には冠せられないのが例である。その前者の典型的なものは、「不当財産取引調査特別委員会」であり、後者の典型的なものは、第一回国会における「皇室経済法施行法案特別委員会」の如きである。しかし名称は簡略とその口調等からして、常に必ずしもその内容が調査を目的とする特別委員会か、審査を目的とする特別委員会かを正確に表現していない場合が多いから、名称の如何にかかわらずその内容を検討して区別する外はない。将来はこれらの表現を統一するようにすべきであろう。

(2)　特殊決議による区分

特別委員会は議院の議決で設置されることについては既にこれを述べた。そして普通は動議の形で議決されるのであるが、決議の形で議決されることもある。従って、動議の形で議決された特別委員会を普通の特別委員会といい、決議の形で議決された特別委員会を特殊な特別委員会ということができる。

普通の特別委員会は、国会法及び議院規則に定められる通りに運営されるが、特殊な特別委員会は設置の決議が、後述するが如く国会法及び議院規則に対して特別法規たる性質を有するので、これらに優先して適用され、これによって主として運営されるのが例である。従って特殊な特別委員会は、普通の特別委員会と大いにその性格を異にするものである。

普通の特別委員会については、別に説明を要しないので、特殊な特別委員会について以下少しく説明を加えて見よう。

第五節　特殊な特別委員会（殊に不当財委及び考査委について）

国会になってから議院の決議に基づく特殊な特別委員会の典型的なものが二つある。一つは「不当財産取引調査特別委員会」（以下これを不当財委と称する）であり、他は「考査特別委員会」（以下これを考査委と称する）である。

一　不当財委について

不当財委は戦後の日本のあらゆる階層に、色々な意味で影響するところが多かった委員会であった。不当財委は、その性格は前述の分類からすれば、調査を目的とする委員会であり、決議に基づく特殊な委員会であるから、従ってその性格も特殊的であり、或る学者のいうが如き国政調査権の果す作用の中で、「行政の抑制」とか、あるいは公開を通じての「社会的挺子入」（Social Leverage）の作用を充分果したのかもしれぬが、政治的面における問題は本稿では一切これに触れぬことにして、同委員会に関する法律上の問題についてのみ言及することにする。[6]

先ず、第二回国会の始め、昭和二十二年十二月十一日に議決された「不当財委設置に関する決議」を掲げてみよう。

不当財産取引調査特別委員会設置に関する決議

一　衆議院に不当財産取引調査に関する超党派的特別委員会を設置し、衆議院議長の指名する三十人以下の委員を以て構成する。

二　不当財産取引調査特別委員会は、昭和二十年八月十四日以降における公有財産（但し、軍用物資に限らない。）、民間保有物資、隠退蔵物資、連合軍最高司令官より日本政府に移管された特殊財産、遊休物資、過度の貯蔵物及びその他日本経済の復興に有用な一切の物資の処理、取扱及び取引並びに現存しない物資の虚偽の売買及びその収益につき全面的調査を行うものとする。右調査の目的は、前述の財産に関し、直接又は間接に違法に転換をはかり、不当に私し又は詐欺をなして国民の信託に背いた公務員、会社、組合その他の団体の使用人及び自己又は他人のため活動する総ての個人の責任の所在を調査するにある。

なお、この調査は以上の者と各省又はその他中央地方政府機関との関係、国会の両院及び議員との関係並びに政党及び公職にあり、又は公職にあらざるも公然又はかくれて日本国民の利益及び財産を奪い、又は奪うのに寄与し乃至公益に反して行動をなした者との関係の調査を含むものとする。

三　不当財産取引調査特別委員会又はその小委員会は、国会の会期中たると休会又は閉会中たるとを問わず、必要と認めた場合には証人の出頭又は帳簿、書類の提出を要求することができるものとする。

右に要する経費は、これを支出することができる。

議長は、委員会の申出により必要ありと認めたときは顧問、調査委員、経験者、相談員、技術者及び事務補助員を臨時に任命し、その報酬を決定することができる。

委員会の費用は二十五万円を越えてはならない。費用を支出する場合は、委員長又は委員長が指名する理事の請求により、議長は衆議院の予備費よりこれを支払うものとする。

右金額は第三回国会召集日の日までの支出に充てるものとする。

委員会は、随時衆議院に対し少なくとも月一回その意見を付して調査報告書を提出しなければならない。

衆議院が休会又は閉会中の場合は、右報告はこれを衆議院議長に提出するものとする。議長は、衆議院開会の際これを衆議院に報告するものとする。委員会の報告は、公益に害ある場合を除き総て公開しなければならない。

かくの如く特別の決議によって設置された不当財委の特殊な法律上の性格を明らかにするためには、まずその決議の内容を順次検討する必要がある。

(1)　決議の第一項は、その構成に関するものであるが、ここで注意しなければならないことは、超党派的な特別委員会を設置するということである。そして超党派的という意味は何を指すかは必ずしも明瞭ではないが、不当財委の構成に関する限りは、委員の選任にあたっては、国会法の規定する各派の所属議員数の比率によってこれを各派に割当て選任するという（国会法四六条）方法によらないで、いわゆる超党派的にこの委員会を構成すべきことを命じているものと解さねばならない。そこで不当財委は超党派的な性格を持つ委員会であるということができる。実際の選任方法においても、各派の比率によらずに割当のなかった共産党からも一名委員を選出したのであった。しかしここに国会法に定めてある委員割当の方法を決議で以て排除できるかの問題がひそんでいるのである。これについてはあとで詳述する。

(2)　次に決議の第二項であるが、これは付託事項に該当するものであるから、国会法第四十五条にいわゆる各常任委員会の所管に属しない特定事件なりや否やということが問題となるのである。普通には、単に抽象的に種類、範囲、数量（件数）等が定められているにすぎない場合には、これを特定というよりは、むしろ「不特定」というのが通例である。そうしてみれば、本項の場合の如く広汎な範囲のものは、特定ということができるかどうかは疑問である。しかし前述した如く審査事件であるならば、特定であることが厳密な意味での要件であるが、調査事件である場合には、それは一定の枠があれば足り、必ずしも厳密な意味における特定たることを要しないものと思われる。何となれば、国政調査については、国会法に何等の規定するところもなく、規則において、常任委員会は、議院の指示によることなしに、自主的に、自分の所管に属する事項については議長の許可をえて会期中に限って国政調査をすることができると定めているからである（衆規九四条、参規三四条）。換言すれば、これは広汎なる範囲における国政調査権の常任委員会への委譲というべきである。議院が常任委員会に国政調査権を包括的に委譲できるとすれば、特別委員会に国政調査権を委譲出来ないわけはない筈である。かく考えてくると、不当財委設置決議の第二項は、目的は国政調査であることが明瞭なのであるから、従って本項によって、議院が「不当財産取引」という一定の枠内の国政調査権を不当財委に委譲したものと解することができるのである。かく解するときは、本項をば、不当財委の国政調査の範囲を定めた、いわゆる所管の規定とも見るべきであり、それは常任委員会における所管の定めに等しいものと見ることができる。

勿論この委譲説については異論があって、元来国政調査権は、憲法によって議院に認められた権限である。故に議院は、事件を特定してこれを委員会に付託して調査せしめることはできるが、これを委譲して自らの権限を放棄することは許されぬことである。もしかかる委譲をするならば、国会法をもってすべきであって決議をもってすることは憲法違反であるというのである。

しかしこの反対説に対しては、議院の権限行使は、何も議院自ら直接行使することを、憲法は条件づけていないことをもって答としておく。何となれば一般の法理上委任が認められるとすれば、国会においてもその法理は認められてよいからである。殊に議院は国権の最高機関たる国会を構成する一院であるから、自己の権限を内部的にどう行使するかについて、他のいかなる国の機関からも制肘を受くべき筋合のものでない。いわんや憲法において議院の自律権が認められて、その会議その他の手続及び内部の規律に関する規則を定める（これを規則制定権という）ことができるにおいておやである（憲法五八条）。従って、議院が国政調査を如何なる方法で行うかは、一に議院の意思によって決定さるべき問題である。即ち、議院の会議（本会議）で直接国政調査をするか、あるいは特定事件として委員会に付託してこれを調査させるか、それともそれぞれの常任委員会に国政調査権を委譲して調査せしむるかは、すべて各院が自己の判断で自由に決定してよいわけである。

この理由に基づいて各院は、規則を以て、各常任委員会はその所管事項に関する限りは、議長の承認を得て国政を調査することができると定めたのである（衆規九四条、参規三四条）。そしてこれは前述した如く議院の運営について常任委員会中心制度を採った結果、各常任委員会の自主性を確立する建前からいっても、また各委員会に法案の提出権を認めた点から見ても、各常任委員会にその所管に応じて国政の調査をさせることは、最も議院の国政調査権を有効且つ適切に行使するものと議院が判断したからにほかならないことは既に述べた通りである。

従って、議院が、特別委員会を設けて、これに或る範囲の国政調査権を委譲してもよいことになる。しかしこの場合には原則として、どの常任委員会の所管にも属しないものでなければならないのであるが、特殊な事情でどうしても、特別委員会を設けなければならないときは、（例えば、常任委員会は各省所管別になっているので、事案が幾つかの常任委員会の所管に渉ることがあるので）その特別委員会の所管と、既存の委員会との所管が競合するような場合には、その競合した限度において、特別委員会の設置決議によって、後述するが如く、他の委員会の所管を定めた規則の効力がその点に関しては一時停止されるものと解するのである。従ってその特別委員会が存置されている間は、その競合した限度において、他の委員会の所管は実質的には変更されたものと同じ結果になるわけである。この間の事情をよく説明するものとして、第六回国会における観光事業振興方策樹立特別委員会、地方行政委員会、大蔵委員会、厚生委員会、運輸委員会連合審査会における、栗山観光特別委員長の言を引用してみよう。

「ただいま御質疑のありましたこの観光事業振興方策樹立特別委員会と他の常任委員会の所管との関係につきまして、一応所見を申し述べさせていただきます。なるほど運輸委員会は運輸省の、厚生委員会は厚生省のそれぞれ所管事項を所管いたすことになっておりますので、それぞれの省設置法によりまして運輸に関連する観光は運輸省が所管するものであり、また国民保健の面からされる観光の事柄は、厚生省が所管するものであり、その限りにおきましては、観光に関する事項が運輸委員会なり厚生委員会なりの所管であるといわれますのは一応ごもっともでございます。しかるに観光事業振興方策樹立特別委員会は、以上のごとく規則上一応の所管のことを承知の上で、本会議の決議をもって設置せられ、そして観光事業振興方策樹立の件を付託せられたものでありまして、本委員会が観光事業の振興に関する方策を樹立するため各般の調査をなしますことは、この院議の負託にこたえるものでありまするし、また衆議院規則第四十二条によりまして、すべて委員会は所管について法律案を提出し得ることになっておりますので、本委員会が付託された事件に関して調査の結果、観光事業振興方策樹立のために本案を起草し、これを委員会から提出しようといたしますことは、本委員会としては当然の権限であると考えております。常任委員会の所管は院議によってこれを変更できることになっておりますが、特に院議による変更はなされないでも、従来特別委員会が設置されました場合に、それに関連した事項について、すべて付託になった特別委員会に移ったものとして取扱っているのが、第一国会以来の先例となっているように承知いたしております。たとえば選挙法に関することは地方行政委員会の所管でありますが、選挙法の特別委員会が設置されましてから、この特別委員会がこれを取扱って法案を起草いたしておりますし、地方行政委員会の国政調査も、選挙に関する事項だけは除外しておるのが実際の取扱いであります。この関係は、災害問題についての建設委員会の災害地特別委員会、海外在留同胞についての、外務委員会と海外同胞引揚特別委員会のそれぞれの間の関係においても、すべて同様であります。また政府支払促進の問題も、本来は一応大蔵委員会の所管であるのに、特別委員会が設置され、この付託に基いて政府支払促進の法案を提出、先日本会議で可決されましたことは御承知の通りであると思います。以上のごとく本委員会が本案を起草いたしますことは何らさしつかえないのみならず、院議によって付託された当然の仕事であると考えるのでございます。[7]」

ここで誤解を避けるために、委譲という言葉をどういう意味で用いているかを明らかにしておかなければならない。

国政調査権はいうまでもなく議院が固有しているものであって、それを規則によって、それぞれの所管事項に応じて、常任委員会に国政調査権限を委譲したとしても、あるいは決議によって、特別委員会に、特定範囲の国政調査権を委譲しても、それは議院の固有する国政調査権の永久的喪失を意味するものではない。

それは議院規則によって、議院の国政百般に亘る調査の中、各常任委員会の所管に属する事項についての調査権限を、その委員会に議長の承認を条件として、専属せしめたのであって、しかもそれは規則にもある通り、会期中に限っているので、会期が終れば、またもとの如く、国政調査権は完全無欠のものとして議院に復元するものと解しているのである。さればこそ各常任委員会は毎会期、国政調査の承認を議長から受けているのである。特別委員会は特別の場合を除いては会期が終了すれば当然に消滅するのであるから、特別委員会に委譲した国政調査の権限もまた会期が終れば、議院に復元するのである。

故に国政調査について委譲という言葉を敢えて用いている所以のものは、委託とか委任とかいえば、議院が何時でもこれを解任または取消等の如きものができるような誤解を抱かしめるおそれがあるからである。何となれば、国政調査については、規則によって所管が定まっていて、議院といえども、その所管事項については、これを改正しない限りは勝手に調査することはできないからである。換言すれば、国政調査権は議院が固有しているが、規則上は自ら行使することはなく、会期中は各委員会に国政の範囲を定めて専属せしめていて、互にこれを侵すことは許されていないのみでなく、議院もこれを侵すことは許されない意味にすぎない。そしてかかる委譲の認めらるる法的根拠は議院の自律権にあることはいうまでもない。そしてこの自律権の中に懲罰権があり、規則制定権が含まれていることもまた説明するまでもなく憲法の定めるところである。

この議院の規則制定権（Rule Making Power）についての認識の不足が、よし国政調査権の委員会への委譲が許されるとしてもそれは規則ではなく国会法をもってすべきであるとの委譲反対説の温床となり易いので、これについてもまた一言しておく必要がある。

元来法律、規則、決議の議院における効力関係について、法律を優位に解することは必ずしも正しいとはいい難い。何となれば、憲法は各院に会議の手続及びその他の手続と内部の規律に関する規則を定める権限を与えているからである（憲法五八条）。そしてここで会議とは、本会議のみならず、委員会その他の会議、例えば両院協議会、両院法規委員会、合同審査会、連合審査会等の如きをいい、その他の手続とは、証人の出頭、公聴会の手続、記録の要求、国政調査の手続等をいい、内部規律とは、院内の秩序及び警察等に関するものたることを意味しているのである。

そして各院のこの憲法に認められた規則制定権に基づいて定められた規則の性質については、法規たる性質を有することを認める学者と、それは一院だけの内部事項を定めたもので、直接に国民の権利、義務を定めたものでないのみならず、しかもそれは公布されず単に官報に掲載されるに過ぎないから、真の法規ではないという学者もいる(8)。しかし各院が、その活動について自らその規則を定めうることは、国権の最高機関たる国会を構成する一院として、当然に他の一院から独立すべきことは勿論のこと、その他の国の機関からも独立して、それらの権力に服さないことからくる自明の許された権限でなければならない(9)。

何となれば、両院に無関係な一院かぎりの内部手続に関する規律を法律で規定することは、法律が一院の単独議決では成立せず、両院の可決を要するので、各院が二院制度の建前から、他院に対して完全なる独立を保つためには、どうしても規則による外はないからである。もし法律で規定するならば、必ずやその改正毎に他院の制肘を受ける結果となり、両院の摩擦は常に避けられないであろう。

この弊害を避けるために、諸外国もまた憲法に定めたもの以外は規則で定めることが、却って議院の独立性を保持する所以なりとして、規則制定権を憲法に認めているのである。新憲法が、司法権の独立を保障するために、最高裁判所に規則制定権を認めたのも全く同じ趣旨からであると信ずる。

それを、一院に認められた国政調査権の委譲について、常に法律を以て定むべきであるとする説はいかに時代錯誤であるか、これは要するに法律優位の原則（Vorrang des Gesetzes）に捉われすぎた議論といわねばならぬ。これは法律を立法機関がつくり、規制を行政機関が作る場合のことであって、国会の各院が二院制度のもとに各々独立してその権限を行使する場合には、殊に国会の権限ではなく、憲法上各院の権限として認められたものの権限行使については、各院が他院の制肘を受けることなく、思い思いに内部手続を規則で定めることが最も望ましい方法といわなければならない。現に、衆議院においては、規則でもって委員会はその所管事項について法律案を提出できると定めているが（衆規四二条）、参議院にはかかる規則が存しない。その他両院の規則を対比してみれば、かかる相違は諸々にあるのである。されば美濃部達吉博士は、「規則制定権に基いて議決された規則は憲法又は法律を補充する国家的法規としての効力を有するものと解すべきである。[10]」といっているのである。

ただ、単に規則は法律を補充するにすぎないのか。この点については、決議の効力について後述するときに併せて論ずるつもりである。

(3)　決議の第三項は、不当財委に一般の委員会とは異なる特殊の性格を与える根拠を為すものである。換言すれば、この決議のもつ法的性格に基づいてこれらの条項が優先して適用される限度において、国会法及び規則が一時変更されたと同じ効果を発生せしめているので、決議でもって法律、規則を改廃又はその効力を一時停止できるかの問題がここに存しているわけであるが、この点については、最後にまとめて論述することとする。

ただ、ここでは、本条項によって、不当財委が他の一般的な委員会といかなる点で異なった特殊権限を賦与されているかについて吟味してみよう。

一、一般の委員会は、会期中に限って付託された事件の審査又は調査をするのであって、閉会中もなお、それを審査又は調査するがためには、閉会まぎわに換言すれば会期末に、別に議院の議決を要するのである（国会法四七条）。

また、一院又は国会の休会中に委員会を開くためには、予め議院の議決があるか、議長の承認がなければ、当然の権限として、委員会を開くことができないことは、国会法第十五条によっても明白である。

しかるに不当財委は、本条項によって、休会中たると閉会中たるとを問わず、別に何等の議決又は承認を要せずに活動することができるのである。

二、一般の委員会が、証人の出頭又は帳簿、書類の提出を要求するには、いずれも規則の定むるところによって、必ず議長を経由しなければならないのに（衆規五三条、五六条）、不当財委は、本条項によって議長を経由することなく単独且つ直接にこれをなすことができることになっている。

三、一般の委員会にあっては、国会法によって定められた職員（専門員、調査員、及び調査主事）を常置する（国会法四三条）外は、委員会に専属する職員は一切置けないことになっているにもかゝわらず、顧問その他の職員を置くことができるのみならず、不当財委に要する費用が予め議決されていて、その金額の範囲内においては、委員長又は理事の要求があれば、議長はこれを支出しなければならないことになっている。これらは全く一般の委員会には認められていないが不当財委に限って認められた特殊の権限であるといわねばならぬ。

四、次に決議の第三項の後段には、不当財委は、随時衆議院に対して少くとも月一回、その意見を付して調査報告書を提出しなければならないと規定している。

これは不当財委に特殊な義務を課したものである。

何となれば、国会法及び規則によれば、委員会が報告書を議長に提出する場合が二つあって、一つは、委員会が付託事件について、審査又は調査を終ったときにその議決の理由を付したものを提出する場合であり（衆規八六条、参規七二条）、他の一つは、閉会中の審査を許された事件について、その審査を終らなかったときに次の会期の初めにその旨の報告書を議長に提出する場合である（衆規九一条）。

しかるに決議の第三項で、不当財委に義務づけた報告書の提出は、前述の二つの場合のいずれにも該当しないものであることは、月一回の報告書提出が、付託事件の調査の終了、または未了を前提としていないことからも明らかである。しかも不当財委の付託事件は、「不当財産取引」という枠内の国政調査である。元来国政調査事項については、前述した如く議院にも、議長に対しても、法規上は報告書提出を必ずしも要件としないのである。であるから不当財委のこの報告書の提出は、決議によって特殊な義務を課したものであるといわなければならぬ。

ついでであるから、特殊な性格を有する不当財委のこの報告義務と本会議との関係について一言しておこう。

一般の場合においては、委員会が付託事件について、審査又は調査が終れば、その議決の理由を付した報告書を委員長が起草するか、あるいは、委員会において報告書起草の小委員を設けるか、あるいは、委員長又は理事にこれを委任するか、そのいずれかの方法によって、作成された報告書案なるものを、委員会に付議して決定したものを、議長に提出するのである。そして国会法は、委員長に委員会の経過又は結果を議院に報告すべきことを規定しているが（国会法五三条）、これは、中間報告以外は、必ずその付託事件が議院の会議（本会議）の議題になったときに、その経過及び結果について報告することになっているのである（衆規八七条、参規一〇四条）。そして、委員長の報告について、質疑があれば、質疑をなし、質疑が終れば討論に入って、それが終局すれば、最後に表決に付するのである（衆規一一八条）。これが、委員長の口頭報告後における本会議の議事の順序である。勿論、修正案の趣旨弁明は委員長の報告又は少数意見者の報告が終った後においてなされることになっている（衆規一一六条）。

しかるに、不当財委の場合においては、その付託事件が、本会議の議題に供せられることがないから、従って委員長は、規則（衆規八七条、参規一〇四条）によって、直接には本会議において、口頭報告をする義務がないわけである。

これは付託事件が、国政調査なるがためである。参議院規則は、明らかに委員会に付託した議案の会議においては、議案の質疑に入る前に、先ず委員長が、議案の内容について説明した後、委員長の経過及び結果を報告すると定めている（参規一〇四条）。従って参議院においては明らかに国政調査事件は議案でないから本条の適用がない。また衆議院においては付託事件が議題になったときとあって、議案とはないが、議題に供せられるものは議決の対象たりうるものに限られるから、国政調査事件は前述の如く議院の権限を委員会に委譲した建前をとっている関係で、本会議の議題に供せられることはないので、これまた衆議院規則第八十七条の適用がないことになる。

国政調査事項が、その性質上当然に議題たり得ないものかどうかについては議論があろう。

しかしこれは、国政調査権の本質に関する問題であるので、他日にその論議をゆずるが、これについて、不当財委設置の決議が、或る程度の解答を与えていることを見逃してはならぬ。即ち決議第三項において、不当財委が、その付託された国政調査事項について、意見を付しうることを認めたことである。

国政調査権の本質については、学説が岐れているが、ドイツにおける、事実の収集及びその調査のみに限らるべきものであるとする事実収集説と、さらに進んで調査せられたる事実に対する批判的判定は許さるべきものとする批判可能説とが、その代表的なものであろう(11)。

そして事実収集説は、調査権を議院の補助的権能とみて、調査はあくまでも憲法上許されている議決を準備するためのものでなければならないとし、調査のための調査は、許されるべきでなく、あくまでも議決目的の手段でなければならないと主張するものの如くである。わが国の通説は、議院の国政調査権は、国会の憲法上の諸権限を効果的に行使するために必須のものとして認められた補助的権能と解しているので(12)、事実収集説を支持するものということができよう。

不当財委の設置決議が国政調査の報告書に意見を付しうることを認めたのは、衆議院としては異例であり、規則の建前からいえば、国政調査事項については、事実収集主義をとっていたのであるが、不当財委の国政調査事項に限っては批判可能主義をとったことになる。ここに不当財委の性格の特殊性があり、且つ、その調査が、社会の世論を喚起するいわゆる社会的梃子入れを行ったことにもなり、それがためにこそ、その設置決議において不当財委の報告は、公益に害ある場合を除いては総てを公開しなければならぬと規定している所以であろう。

かかる異例の決議があるので、不当財委の場合に限って委員長に月一回の議院への報告書提出の外に、議院において、口頭の報告をなすことを許しているのである。しかしこの口頭報告は、法規によるものではなく、単に便宜のため、あるいは政治的ふくみにおいて、なされている事実行為にすぎないものであるから、議員はこれを聞きおくにすぎないことはいうまでもない。

なお、不当財委において調査した主要なる事件は、兵器処理委員会に関する問題、辻嘉六氏をめぐる政治資金の問題、昭和電工問題、竹中工務店、清水組その他をめぐる政党献金問題、石炭国管問題等である。

以上が不当財委の特殊性格についての大体の説明である。次に考査委について考察してみよう。

二　考査特別委員会について

考査委は第五回国会において、不当財委と同じような決議をもって、不当財委の後身として、しかも、不当財委の有した権限以外に、新しい権限が若干付加されて設置されたものである。そしてその新しく追加された権限が、とりもなおさず考査委の性格に著しく特殊な性格を与えているのである。

まず、左に考査委の設置決議を掲げてみよう。

考査特別委員会設置に関する決議

一　本院に、三十人の委員からなる超党派的の考査特別委員会を設置する。

二　本委員会は、

(1)　昭和二十二年十二月十一日本院において議決した不当財産取引調査特別委員会設置に関する決議の二の調査をする外、不正に租税の賦課を免れさせ、納税を妨害する等納税意欲を低下させる行為、供出を阻害する行為、不法に労働争議を挑発させる行為、その他の諸行為で日本再建に重大な悪影響を与えたものと、その責任の所在を調査する。

(2)　文化、科学、技術等の発達に寄与しもって日本再建のため多大の貢献をした諸行為を調査する。

三　本委員会は、調査の結果に基き必要と認めたときは、所管の機関に対し、前項第一号の事項については、これが責任に関し、第二号の事項については、これが表彰に関し、適宜の処置を求めることができる。

四　本委員会及びその小委員会は、国会の会期中たると休会中又は閉会中たるとを問わず、必要と認めた場合には、開会することができる。又本委員会及びその小委員会は、必要と認めたときは、何時でも証人の出頭又は帳簿、書類等の記録の提出を要求することができる。

議長は、本委員会の申出により、必要があると認めたときは、顧問、調査員、経験者、相談員、技術者及び事務補助員を臨時に任命し、その給与を決定することができる。

本委員会に要する経費は、第六回国会召集の日まで、月平均百万円以内とし、委員長又は委員長が指定する理事の請求により、議長が支出させる。

五　本委員会は、随時衆議院に対し少なくとも月一回その意見を付して調査報告書を提出しなければならない。衆議院が休会又は閉会中の場合は、右報告は、これを議長に提出するものとする。議長は、衆議院開会の際これを衆議院に報告するものとする。委員会の報告は、公益に害ある場合を除き総て公開しなければならない。

考査委は、右の決議によって設けられたものであるから、一般の特別委員会と異なりその特殊の性格を有することは、不当財委と同様である。

しかもその設置決議たるや、不当財委のそれと対比してみれば、その大半が同一内容のものであるから、同じ条項のところは、不当財委の特殊性格がそのまま当てはまるわけである。

であるからここでは、考査委の設置決議に新しく付加された条項、換言すれば、不当財委と異なる点についてのみ説明を加えることにしよう。

(1)　まず考査委が調査権を委譲された調査の範囲が不当財委のそれよりも更に広汎であることが、不当財委と異なる性格の第一点である。

即ち考査委設置決議の第二項第一号には、不当財委設置決議の第二項の調査をする外、不当に租税の賦課を免れさせ、納税を妨害する等、納税意欲を低下させる行為、供出を阻害する行為、不法に労働争議を挑発させる行為、その他の諸行為で日本再建に重大なる悪影響を与えたものと、その責任の所在を調査するとあるので、考査委は、自らこれらの範囲内で、自主的にその調査すべき事件を決定するのである。そして、考査委が決定した調査項目の主なものは、各種公団をめぐる不正事件、税務署をめぐる汚職事件、石川県下における耕地面積不正申告事件、国電スト問題、広島日鉱争議事件、平市をめぐる争じょう事件、日本共産党の在外同胞引揚妨害問題等であった。

(2)　次に考査委の調査権限として特に注意しなければならないことは、考査委設置決議の第二項第二号に、文化、科学、技術等の発達に寄与し、もって日本再建のため多大の貢献をした諸行為を調査すると規定してある点である。

第一号が日本再建に重大な悪影響を与えた行為の調査に主眼があるに反して、これは全くその反対の日本再建に多大の貢献をした行為の調査に主眼があることである。そして、考査委が本号に該当するものとして、その功績を調査したものは、ノーベル賞の受賞者湯川秀樹博士、「この子を残して」で有名な永井隆博士、それから、親もない十四歳の少女でよく弟妹四人を養育しながら、供出を完遂した土居良子君等の三件であった。

(3)　以上の点は不当財委とは異なった権限から由来した特殊な性格といえば、特殊なものではあるが、しかしそれは、単に議院から委譲された国政調査権の枠が広くなったにすぎないので、その法理論において何も違ったところはないのである。

しかるに第三項に至っては、全くその趣きを異にするものである。即ち考査委に新しく国政調査権以外の或る種の権限を委譲していることを見逃してはならない。

決議の第三項は「考査委は調査の結果に基き必要と認めたときは、所管の機関に対し前項第一号の事項については、これが責任に関し、第二号の事項については、これが表彰に関し、適宜の処置を求めることができる」と規定しているので、考査委には、その調査の結果について、必要と認めたときは、本会議又は議長を通すことなしに、直接に議院以外の国の機関でその調査事項を所管するものに対して、その責任又は表彰について適宜の処置を要求する権限が与えられたことになる。この点に関しては、さきに新しい委員会制度の項で、新憲法になってからの委員会の性格は、大きな意味で二つの点で従来とは異なってきたこと、即ち、一つは単なる予備的審査機関たる性質から脱却して、寧ろ議院の第一次的審議機関たる性質を有するに至ったこと。二つには議院の有する権限の行使機関たる性質をおびてきたことを述べたが、本項の場合が、即ち後者の場合に属するのである。

一般の委員会が第一次的審議機関たる性質を有するといったのは、委員会で議院の会議（本会議）に付するを要しないと決定した議案はこれを会議（本会議）に付さない。但し委員会の決定の日から休会の期間を除いて七日以内に議員二十人以上の要求があるものは、これを会議に付する。そして右の要求がないときは、その議案は廃案となる（国会法五六条）ことを意味したのであるが、この場合、特別の場合を除いては委員会はどこまでも第一次的審議機関であって、最終の審議は議院がなすのであるから、その意味では予備的機関たる性質も、ないわけでない。しかし同じく予備的機関たる性質を有するといっても、旧憲法下の委員会のそれとは、全く同一に論ずべきでない。何となれば従前の委員会にあっては、議案に対して委員会の決定した意思が、自動的に議院の意思となって、議案の運命を決定するが如きことはなかったからである。しかしかかる相異があるとしても、新しい委員会にも未だその予備的審査機関の性質が払拭されたとはいい切れない面があるのである。この点については、委員会を議院の予備的審査機関と解するよりは、寧ろこれらを一体的に見て裁判における覆審制度の如く考えて、委員会を第一次的審議機関とし、本会議を最終的審議機関とする見方もあるわけである。

しかし考査委の決議の第三項の権限は、かかる意味における第一次的審議機関たる性質に基づく権限でも、また議院の予備的審査機関たる性質のものでもなく、全くこの決議によって賦与された、考査委の独自の権限であるといわなければならない。そしてこれは単独直接に、調査事項を所管する官庁に対して、処置を求める権限であるので、議院（本会議）から何等の指示をも受けず、又、その承認を要さないものであるから、議院の権限を代行する機関であると解さねばならぬ。考査特別委員会に議院の権限代行の権限を与えるものは、即ち決議であるから、ここにおいて決議の性質について十分研究することが重要且つ必要となってくるのである。(13)

なお、さきに考査委が日本再建のため多大の貢献ある諸行為の調査の結果として独自の権限に基づいて（決議の第三項）内閣総理大臣に対して湯川、永井両博士の表彰方につき、委員会の決議を以て可及的速かに適当なる処置を要求したところ、本年六月一日内閣より考査委員長宛に「貴委員会の決議に基く湯川、永井両博士の表彰方について、政府において慎重に検討した結果各銀の賜杯壱組にそえて内閣総理大臣の表彰状を授与することになった」旨の報告があったので、考査委の所管の機関に対する要求の結果を念のためここに付け加えておく。

第六節　決議の性質について

従来述べてきたところによって、決議に基づく特別委員会の特殊性格は、すべてがその設置の決議に由来するものであることが明らかになったと思う。

そして、その決議による特殊性格は、すべて国会法あるいは規則に定める一般的の委員会の性格とは相異なるものばかりであるので、ここに、法律と規則と決議との効力関係において、一体いずれが優位にあるのかの問題が生じてくるのである。

議院の決議権は、元来、議院の自律権に基づく規則制定権のなかに含まれているものであることはいうまでもない。

憲法第五十八条に認められた規則制定権によって、議院が、議院の権限として認められた事項について、その権限行使の内部手続を規則で定めたとしてもそれは、国家的立法の一種として、法規的性質を有するものであることは既にこれを述べた。

一　まず法律たる国会法と、規則との効力関係について考えてみよう。

法律は両院の議決を要し、規則は一院の議決をもって足るのであるが、これをもって両者を区別することは必ずしも正確ではない。

何となれば、両院の議決を要する規則もあるからである。例えば両院協議会に関する規程、両院法規委員会に関する規程（国会法九八条、一〇二条）とか、人事官弾劾の訴追の手続に関する特別の規程（人事官弾劾の訴追に関する法律六条）の如きは、明らかに、両議院の議決により定めることになっているからである。

昔は、法律は三読会を経て議決されたが、今では、議院の審議手続は規則のそれと何等異なるところがない。ただ、法律は憲法第七条によって、天皇がこれを公布することが、規則と異なる点である。それだけのことで、議院の内部手続に関する国会法と、規則とのいずれが優位であるかを定めることは至難のことである。もとより規則は、国会法に対して施行細則たる性質を有することは勿論であるが、中には国会法と矛盾する規定もないではない。そして国会法と、規則との矛盾を、もっとも合理的に解決しようとすれば、どうしても、国会法の中の一院の内部規律又は手続に関する部分は、換言すれば議院の権限として認められた事項に関する条文は、規則と同位にあるものと解すべきである。しかも両者の間に矛盾する規定があるときは、国会法を一般法の如く考え、規則を特別法のように解して、まず規則を優先的に適用すべきである。例えば、国会法第二十五条には、「常任委員長は各議院において、各々その常任委員の中からこれを選挙する」と定めてあって、「議院は、常任委員長の選任を議長に委任することができる」旨の規定がないのにもかかわらず、規則において、国会法にない委任規定を設けているが如きである（衆規一五条、参規一六条）。

これは明らかに両者の矛盾する例である。何となれば国会法には、仮議長の選挙の場合には議院はその選任を議長に委任することができる旨の明文があること（国会法二一条）からすると、国会法では、常任委員長の選任を議長に委任しない意思と解すべきであるからである。

また、国会法では、委員会が重要な案件について公聴会を開いて、真に利害関係を有する者又は学識経験者等から意見を聴くか否かは、委員会の独自の決定に任せているのに、換言すれば、公聴会の開会権は委員会にあるのに（国会法五一条）、規則では、委員会が公聴会を開くには、予め議長の承認を得た後でなければ、これを開けないように規定していることは、明らかに国会法に矛盾しているものといわねばならぬ。しかしこの場合に規則を特別法規の如く解して、優先的に適用することによって、その間の矛盾も救われるのである。

二　次に、規則と決議とが矛盾する場合であるが、この点に関して美濃部博士は、「議院の規則は、法律の如くに両院の一致の議決を要するものではなく、一院だけの単独の議決によって、完全に成立し、従って何時でもその議決だけでこれを変更しうるものであるから、その規則の改正手続によらずに、単なる決議でその例外的処置をも為すことができる」(14)といっておられるから、決議によって、その決議の有効期間中は規則がその決議の定める限度において改められたと同じく、その効力が停止されたものと解すべきである。この点が、不当財委及び考査委が、その決議によって、規則に定められた権限と異った権限を有する法的根拠の説明となるところである。

しからば決議による規則の効力の一時停止（Suspension of the Rule）とはいかなることかといえば、決議によって、それと矛盾する規則の条項は、規則改正の手続をとらなくとも、決議の内容の如く変更されたと同じ効力が生じ、その結果、決議の有効期間中は、その矛盾する規則の条項の効力は一時停止されるが、その期間が経過すると、その決議に矛盾する規則は何の法規上の手続も要せずにIpso Jureに復元して、またもとの効力を有することを意味するものである。

かくの如く解するときは、法律、規則、決議の三者の効力関係について何等矛盾することなく解釈説明することができるのである。

衆議院における実際もまた、かくの如き解釈をとっているものと思われる。衆議院規則は、外務委員会の委員の員数は二十名と定めて（衆規九二条）いるにもかかわらず、第六回国会の末期に、規則改正の手続によることなしに、規則をそのままにして、決議の形式で、別段の議決あるまでは三十五名とする旨を議決して、それが第七回国会においても、そのまま有効なものとして、実質的には、規則が改正されたと同じ効果を生ぜしめているのである。

故にかくの如き決議は規則の一部の効力を停止せしめるものであって、それは規則に対する特例たる内容の決議であるから規則に対する特別法規たる性格を有するものといわねばならぬ。

かかる特別法規的性格を有する決議によって設置された特別委員会が、特殊な性格を有することはまた当然といわねばならぬ。

これを外国の例について見るに、英国の議会にあっては、決議によって規則の効力を一時停止することが認められている。即ち英国の両院では共に、その旨の決議があればよいのであるが、下院では、かかる旨の決議が特別になくとも、その常規則（Standing Order）と矛盾する処為を規定した単なる決議があれば、一時的に常規則は停止されるとアースキン・メイ氏はいっている(15)。

この点が、不当財委、または考査委の設置決議の法的性質を説明して、なお余りあるといっても決して過言ではないのではなかろうか。

議院内部の議事の手続や、慣習は、東西全くその軌を一にしていることは、驚くのほかはない。民主主義議会の運行には、やはり一定の方向なり、原則があって、それを意識するとしないとにかゝわらず、自らその帰着すべき点に帰着するものではなかろうか。

また、米国の議会の例を見るに、ここにもまた、規則の停止（suspension of the Rule）が認められている。但しこの場合には、定足数の出席があって、その三分の二以上の賛成がなければならないことが英国と異なっているにす

ぎない。(16)

ひるがえって、わが国を見るに、国会法及び両院の規則には、規則の停止に関する規定は存しないが、しかし憲法によって与えられた議院の自律権に基づく規則制定権の中には、当然に規則の変更、又は停止の権能（Power of the change or suspension of the Rule）が、包含されているものと解すべきであり、又かくの如くに解さなければ、議院の運営に支障なきを期待することはできないであろう。

それ故にこそ、規則の解釈権は、各院共に第一次的には議長、最後は議院にあることを明らかにした所以である。これ議院に自律権が認められ、規則制定権がある当然の結果である（衆規二五八条）。

なお、議院では、決議の形式で自己の意思を表明することのあることは、わが国のみでなく、英、米両国の議会においてもまた同様である。(17)

第七節　特別委員会の消滅及び廃止について

特別委員会の消滅乃至廃止に関する一般的理論と、不当財委又は考査委の特殊性格に鑑みながら、これらの特殊委員会の廃止決議ができるかどうかに関して、政治論は別として純法規的な立場から検討してみよう。

まず、一般的な特別委員会の消滅事由として考えられるのは、次の七つの場合がある。

第一は、特別委員会に付託された事件が、議院の会議において議決されたことである。即ち、国会法第四十五条には、「特別委員は、その委員会に付託された事件が、その院で議決されるまでその任にあるものとする。」と規定されているので、一般的にいって特別委員会が消滅する時期は、その付託事件の審査が終って、その報告が本会議でなされ、本案が議院で議決されれば、それで、審議の対象たる案件はその院の手を離れるので特別委員会の任務は終了し自然に消滅するものとしている。そして自然的に消滅するとは、当該委員会の廃止とか消滅に関する何等の手続も必要としない意味である。この場合が特別委員会の典型的な消滅の事由である。

第二の事由として考えられるのは、国会法第五十六条の三の適用ある場合である。即ち、同条は、前述した如く、委員会で審査中の事件について、本会議で特に必要があると認めたときは、中間報告を求めることができるものとし、中間報告のあった事件については期限を付し、その期限内に委員会が審査を終らなかった場合及び場合によっては中間報告後直ちに委員会から付託案件を取り上げて、議院の会議でこれを審議することができることになっているので、その委員会が特別委員会であれば、取り上げられた案件が、本会議で議決されれば、前述第一の場合の基本原則にかえって、その時に自然的に消滅するものと考えられる。結果は第一と同じであっても、第二の場合には、委員会に付託された案件が当該委員会で審査が終了していない点が第一の場合と異なるわけである。

第三としては、再付託の場合である。衆議院規則では、議院は特別委員会の報告があったものについては、更に他の委員会に付託することができることになっているので（衆規一一九条、後段）一つの特別委員会に付託した事件について、その委員会の審査が終了して、本会議にこれを報告した場合に、本会議はその報告を聞いて、その審査を不十分と認めて、更に他の特別委員会を設けて付託したときは、その案件は本会議で議決していないので、実際には、議院の審査の対象はいまだ残っているのではあるが、他の特別委員会に再付託されることによって、さきの特別委員会の審査の対象は、他の委員会に移行することになり、他の特別委員会が設置された時期をもって、消滅したものとする。

第四は、会期の終了による消滅の場合である。特別委員会は原則として、会期中を限って付託事件を審査するものとして、議院の議決で設置されるものであるから、従って会期不継続の原則によって特別委員会の設置決議は、会期毎になされることになっている。故に常任委員会とは異って、次の会期にわたって存続することはなく、閉会中の審査を許された場合でも、次の国会召集日の前日には消滅することになる。

第五の事由として考えられる場合は、付託事件そのものが消滅した場合である。そして、付託事件そのものの消滅事由は種々あろう。例えば付託された議案が提出者よりの撤回によって、その委員会の審査の対象物がなくなってしまう場合もあるし、また、付託案件の内容が既に実現したような場合、又は資格審査の特別委員会において、被告議員が失格、または死亡したるが如き場合等においては、その時において、審査の対象が消滅したものとして特別委員会は消滅する。

第六には、特別委員会の合併の場合であるが、これは多く説明を要しないことと思うので省略する。

第七が即ち廃止の決議があった場合である。先に設けられた特別委員会の権限を全部的に包含するような新たな特別委員会を設ける場合に、これを第六の合併によることも出来ようが、また、新しい特別委員会を設けて、他の特別委員会を決議で廃止することもできるわけである。

即ち第二回国会において、不当財委が設置された結果、隠退蔵物資特別委員会が廃止された場合の如きである。

以上は、一般論として、特別委員会の消滅乃至は廃止の事由となるものを数えたてて見たのであるが、最後の第七の場合、即ち決議によって特別委員会を廃止できる一般論が、そのまま特殊的な性格をもつ特別委員会たる不当財委、及び考査委にも適用できるかを検討してみたい。

まず、特別委員会廃止の決議が可能かどうかの点と、もしそれが可能とするも、特殊な特別委員会即ち不当財委や、考査委についても可能かの点について簡単に究明してみよう。

普通の特別委員会について、その廃止の決議が出来るかについては、特別の場合を除いては消極的に解すべきであると思う。何となれば、国会法は「特別委員会に付託された事件がその院で議決されるまではその任にあるものとする」と規定しているので、特別委員会を一度決議で設けた以上は、その付託案件が議院で議決されるまではその特別委員会の存続を法律が保障しているものであるから、特別の場合を除いては、その中間において換言すれば、委員会において付託事件の審査中に特別委員会を決議をもって廃止させることは法律違反とまではいわなくとも、国会法上の一応の定めに反するからである。

しかし第二回国会における例の如く、初めからその特別委員会を発展的に解消させる意味で新しい特別委員会を設けた場合に、さきの特別委員会を廃止するが如きことは可能と考えるのである。

次に不当財委及び考査委の如き特殊な性格を有する特別委員会にあっては、その設置の決議によって、前述した如く、一定の枠内において、議院の国政調査権が委譲されたものと解するので、会期の途中において、これを廃止することを決議することは、とりもなおさずさきの国政調査権の委譲を取消すことを意味するので、一事不再議の問題にも触れるし、またこれが取消をなしうるものは、国政調査権を有するものでなければならないのに、さきに述べたように、委譲と解するからには、もはや、委譲した範囲においては、議院は国政調査権能を一時行使できないものと解されるので、この理論からすれば議院には取消権がなく、従って廃止の決議は出来ないことにならねばならぬ。

ことに、国政調査については、議院の議決を要しないのみならず、不当財委及び考査委の場合にあっては、決議によって、月一回の報告書を議院に提出すれば足りるのであって、議院はそれらの報告された事件については、何等の審査権もないものといわねばならぬので、従って取消権はないものと解するのが至当のように思われる。衆議院の議院運営委員会における意見も本会議における運営の実際もまたこのようである。

しからば、議院は、かかる特殊な性格を有する特別委員会に対して、全然、廃止の決議はできないかといえば必ずしもそうではなく、できる場合もあるのである。即ち一定の枠内で国政調査権の委譲を受けた不当財委、または考査委においては、その調査事件は議院の議決を要しないので、国会法第四十五条に定むるが如き、付託事件の議決による任務終了の時期がありえないので、それを議院が知るがためには、不当財委または考査委が、みずから任務終了を申し出るより外はないのである。故に、かかる申出があった場合には、議院が、不当財委または考査委の廃止の決議をしても何等差支えないものと解するのである。

従って、結論として不当財委、または、考査委の如き、特殊なる性格を有する特別委員会の消滅時期は、決議にその存続期間の定めある場合、即ち閉会中もなお存続する旨の定めがあるときは、次の国会召集日の前日をもって消滅するものとする。しかし閉会中もなお存続する旨の決議がなかったときは、会期の終了日をもって消滅することになる。但し両者の場合に、会期中であっても前述した如く、委員会から自ら任務終了した旨の申出が議長まであった時は、議長がこれを議院に報告して、院議をもって、これは廃止の決議をなしたときは、その時をもって消滅することになるものといわねばならぬ。

第八節　委員会の審査手続の特別形態について

委員会に案件が付託されれば、委員だけでそれについての趣旨の説明を聞いた後に、質疑があれば、これに対して質疑応答を重ね、そして質疑が終れば、討論に入り、討論がすんで、案件を表決に付して、委員会の意思を決定するのが、審査手続の一般形態である。もし修正の必要があるときは、討論前にその手続がなされなければならない。

そして討論とは、委員がその会議において、発言の許可をえて、自己の意思として、議題に対して為す賛否の表明であり、表決とは、委員全部が、委員長の宣言によって、自ら委員会の審査した問題に対して可否の意思を表明することを意味するものである。

しかしこれ以外において、換言すれば、委員の一部のみで行うか、委員外の者をも参加させるか等によって、委員会の審査の特別形態ともいわれる手続がある。それについて少し述べて見よう。

(1)　秘密会議

委員会の会議は不完全公開主義であって、議員の外は委員長の許可を得たものでなければ、傍聴できないことになっている（国会法五二条）。これは場所の関係からいっても現在の状況からは致し方ないことと思われる。しかし公開しないで審査することが必要であり、且つ、真に已むを得ない場合がある。この場合には委員会の決議によって、秘密会とすることができるようになっている（国会法五二条但書）。秘密会で審査することは委員会の審査の特別形態の一である。本会議で秘密会とするには、出席議員の三分の二以上の多数による議決を必要とするが（憲法五七条）、委員会の場合には出席委員の過半数の賛成があればよいことになっている。そして秘密会を開いた場合の会議録が当然に公刊されないのではなくして、秘密会議の記録中特に秘密を要するものと委員会で決議した部分だけが除かれるにすぎないのである（衆規六三条）。また、秘密会は、本委員会の質疑、討論、表決等のいかなる段階においても、これをなすことができるのみでなく小委員会または分科会でもこれをなすことができる。

(2)　小委員会及び分科会

委員会においては、委員全部が一体となって、審査するのが建前であるが、所管が広汎であったり、またはその審査が詳細に亘るときは、小委員会又は分科会を設けることを認めている場合がある。小委員会は、修正案を審査させるために設けることができ（衆規四八条）、また予算委員会及び決算委員会は、その審査の必要があれば数箇の分科会に分つことができることになっている（衆規九七条、参規七五条）。これらも、委員会審査の特別形態の一ということができる。そして、小委員会及び分科会は討論及び表決の段階ではこれを設けることができないものと解すべきである。

(3)　公聴会

公聴会（public hearing）の制度は、新しい国会になってから初めて採用されたものである。これは米国の議会では、三権分立の建前から行政府の役人が、立法府に自由に出席して発言することができないので、公聴会の制度によって、その足らざるところを補なわんとするものであるから、一般民衆の意見をきかんとするわが国のそれとは著しくその趣きを異にするものである。わが国の新憲法も三権分立の原則をとってはいるが、米国ほど厳格のものではないので、従って、新しい委員会制度においても、委員会は議長を経由して、国務大臣及び政府委員の出席を求めることができるばかりでなく、会計検査院長及び検査官の出席説明を求めることができると国会法が規定している（国会法七一、七二条）。また、最高裁判所長官又はその指定代理者は、委員会の承認を得れば、その委員会に出席して説明することができるようになっている（国会法七二条）。

従って、委員会は、公聴会を開いて、わざわざかかる人々の出席を求めて、意見をきく必要がないので、公聴会を開いた場合にかかる人々を公述人に選定することは、その本旨に反するものといわなければならない。

そして国会法によれば、公聴会は、必ず案件によってはこれを開かなければならない場合と、任意の場合との二つがある。必ず開かなければならない案件は、総予算及び重要な歳入法案であり、任意の案件は、一般的関心及び目的を有する重要な議案で、しかもそれが、議院又は議長から付託されたものに限られている（国会法五一条、衆規七六条、参規六〇条）。従って議案でないものについては公聴会を開くことができない。例えば、国政調査事項とか、あるいは議院の議決を要しない事項等である。

そして公述人 public speakers（公聴会において、その意見を聴こうとする利害関係者及び学識経験者等をいう）は、予め申し出た者及びその他の者の中から委員会においてこれを定めることになっていて、その予め申し出た者の中に、その案件に対して、賛成者及び反対者があるときは、その両方からこれを選ばなければならない（衆規八一条）。そして賛否同数だけ選ぶのが例であるが、同数でない場合もある。

また公述人及び証人に似て非なるものに参考人なるものがある。参考人は公聴会で意見を述べるものではなく、普通の委員会でその意見を述べる点において、公述人と異なり、宣誓して証言するものでなく、単に自己の意見を参考までに開陳するにすぎない点で、証人と異なる。なお参考までに調べてみると、第一回国会から第七回国会までに、公聴会を開いた回数は、五一回で、その公述人の総数は四八八名に達している。公聴会が委員会の特別審査形態の一であることはいうまでもないことである。

なお、この外に、委員会はその付託を受けた事件に関して意見を有する議員があるときは、その出席を求めて、意見をきくことができるようになっているが（衆規四六条、参規四四条）、しかし意見を有するものが他院の議員である時は本条によらず参考人としてその意見をきくべきである。

(4)　連合審査会及び合同審査会

委員会の審査の特別形態の四としては、連合審査会及び合同審査会がある。

連合審査会は、一院内の委員会であれば、常任委員会であろうと、特別委員会であろうと、審査又は調査のため必要があるときは、それらの委員会が、互に協議して、案件を持っている委員会に連合して審査したい旨を申入れて、案件を持っている委員会がこれに応じたときに、開かれるものであるが、委員会そのものではないから、その案件に対して表決することは許されない。従って連合審査会においては討論ができないから、これは、幾つもの委員会が連合して単に案件に対して質疑するにすぎないものと解すべきである。故に、連合審査会の申出は他の委員会が討論に入らない中になすべきである。

また、合同審査会なるものは、連合審査会と違って、一院の常任委員会と、他院の常任委員会とが合同して案件について質疑する性質の機関であって、これまた、法律に特別の定めがある場合を除いては、その審査又は調査する事件については、討論または表決することが許されていない（常任委員会合同審査会規程八条）。

しかし連合審査会も、合同審査会も、ともに、討論に至るまでの質疑並びに参考意見聴取の過程中のものであるから、この段階にあっては、両審査会において公聴会を開くことは何等差支えないものである。常任委員会合同審査会規程も、合同審査会は、議案のための公聴会を開くことができると定めている（同規程一二条）。連合審査会についてはかかる規程は存しないが、公聴会を開くことができるものといわなければならぬ。

第一回国会から第七回国会までに、連合審査会を開いた回数は一二四回で、合同審査会は一五回である。

(5)　その他について

委員会の審査又は調査は、正式に提出された案件が付託されて審査するので、これを普通には本審査といっている。そして、委員会の審査は本審査が本筋であるが、特別審査の一形態として、予備審査なるものがある。内閣が一の議院に議案を提出したときは、予備審査のため、提出の日から五日以内に他の議院に同一の案を送付しなければならないことになっている（国会法五八条）。また各議院において発議された議案についても予備審査のためこれを他院に送付する（衆規二九条、参規二五条）。そして予備審査のために他院又は内閣から送付されたものについては、本審査に対する規定を準用して、これを適当の委員会に付託することになっているので（衆規三五条）、かかる場合における委員会の予備審査は、単に趣旨弁明を聴取したり、質疑をしたり、公聴会を開いたりして、討論に至るまでの段階を踏みうるにすぎず、従って、予備審査のために付託された案件について、討論を行い、表決に付することはできないものと解さねばならぬ。これは単に予備審査のために送付を受けたのみで、正式に提出されたものと見られぬ当然の結果である。

また、委員会は、審査の特別形態として、現地に委員を派遣したり、証人を喚問したり、あるいは、審査又は調査のために必要な報告又は記録の提出を要求したりすることができるようになっている（衆規五三条、五五、五六条、参規一八〇―一八二条）。また、資格審査に関する特別委員会においては、被告議員の弁護のために弁護人の出席をすら求めうるが（国会法一一二条、衆規一九四条、参規一九八条）これらの論議は、他日にこれをゆずる。

あとがき

以上、わが国の新しい委員会制度の概略と特別委員会の性格について論述してみたのであるが、わが国の新しい委員会制度を論ずるにはこれだけでは足りない。定足数に関する問題及び常任委員会の性格についても論じなければならないし、また委員会制度の将来に関する問題も論じなければならない。しかも、新しい委員会制度に附随して、今度新しく採用された専門員制度、それから議員の法制に関する立案に資するために附置された法制局、国立国会図書館の立法考査局等が、いかにうまく活用され発達して行くかが、新しい委員会制度の将来をトするものといっても決して過言ではない。

このほかに、米国の委員長制度即ち、古参、または、先任制度（Rule of Seniority）についても考究してみる必要があろうし、また法律案の提出を、第一回国会から第七回国会までを通してみるときに、内閣提出が八二一件で、議員提出が一六四件という現状で、国会が国の唯一の立法機関たる立場から、これをどう改善して行くべきか、また法律の名称等も一考されてよい筈である。

終りに新しい委員会制度になってから第七回国会までの、衆議院の統計による委員会に関するものを参考までに掲げておく。まず委員会の開会度数は延べ三、九八四回、これに要した時間は驚くなかれ六、三九七時間一四分である。委員会から派遣された委員の延べ人員は八五六名であり、民間から記録の提出を求めた件数は一、六四二件ということになっている。

（1）田口弼一著『委員会制度の研究』一六頁。
（2）W. F. Willouby : Principle of Legislation Organization and Administration. p. 330.
（3）田口弼一、前掲、一三一頁。
（4）大池眞『新国会解説』五九頁。
（5）田口弼一、前掲、二〇頁。
（6）最高裁判所事務局編「司法に関する国政調査権」八八頁。
（7）第六回国会、衆議院、観光事業振興方策樹立特別委員会、地方行政委員会、大蔵委員会、厚生委員会、運輸委員会連合審査会議録第一号、三頁（昭和二十四年十一月二十一日）。
（8）法学協会発行『注解日本国憲法　中巻』一三七頁。
（9）美濃部達吉『議会制度論』四三四頁。
（10）美濃部達吉、前掲、四三七頁。

(11) 最高裁判所事務局編、前掲、三〇、三一頁。
(12) 法学協会発行『注解日本国憲法　中巻』一六六頁。
(13) 第五回国会、衆議院、議院運営委員会会議録、第五三号、八、九頁。
(14) 美濃部達吉、前掲、四三五頁。
(15) T. Erskine May, Parliamentary Practice (13th. ad) p. 150.
(16) House Manual (81st Congress) p. 463.
(17) May ; op. cit., p. 280 House Manual. op. cit., p. 177.

七

〈講演〉国会の予算修正に関する論争点について
――昭和二十八年度予算案をめぐる――

私、ただいま御紹介にあずかりました鈴木でございます。本日はただいま御紹介がありましたように、去る第十六回国会において行われました予算の修正に関する論争点を中心として、何か話をして見るようにとのことでございましたが、皆様はすでにその方についても練達堪能の士であられるし、また御研究も積まれておりますので、私のこれから申し上げることが、はたして皆様方の御意に召しますかどうかはわかりませんが、まず前半は法理論を中心として、あとの後半は実務と申しますか、実際を中心として、お話申し上げてみたいと存ずるのであります。

まず本論に入る前に、私がこれから申し述べようといたしまする議論の裏づけとでもいうべき基礎的理論について、少々申し述べてみたいと思うのであります。

予算の議決権が、なぜ議会制度のうちにおいて、洋の東西を問わず、昔も今もこのように重要な地位を占めておるのであるか、それは申し上げるまでもなく、予算は一国の活動の基礎でありますし、延いては国民生活にも関係がありますので、非常に議会活動の面において、重要なる地位を占めるに至つたものと存ずるのであります。国の必要の経費につきましては、それが調達のために財源が必要であり、その財源の調達に国民負担の問題があり、また国民負担は適正公平でなければならないというために、議会制度があり、またそれがために議会制度が漸次発達して、今日に及んでおると言つても、決して過言でないと思うのであります。

日本は別でありますが、議会先進国としての英国の議会史を御覧になれば、すぐにおわかりのことと存じますが、予算の議定権は、殊に租税を課する場合の承諾権が、議会の最初の権能として認められましたことは、すでに学者の説く通りでございます。はたしてしからばわが国におきましては、議会制度の変遷によつて、憲法上の財政に関する原則が、いかに変つて来たか、換言いたしますれば、国会の予算議決権は、明治憲法時代における帝国議会の予算議定権に比べまして、いかなる点において相違を来したか、この点をまずもつて明らかにする必要があると思うのであります。

明治憲法時代は、皆様よく御承知の通り、君主憲法でありまして、今日のような民主憲法ではなかつたのでございます。従いまして大権中心主義を基本としたものでありまして、その大権を中心として、あらゆるものが組み立てられておつたのであります。議会は単なる協賛機関でありまして、国家の意思を作成する議決機関ではなかつたのであります。

美濃部先生は、極端に、議会には、法律の場合と違つて、予算に関しては協賛義務があるのであると、こうまで論じられておつたのであります。すなわち立法は、新たな国家意思を構成する行為であり、そうして新たに国家意思を構成するについては、当然何が国会に必要であるかということを、みずから認定する権能がなければならない。であるから立法に関しましては、議会はその修正または否決についての完全なる自由を有し、これに対する協賛義務はないと、こう論じられておつたのであります。しかるに、予算はこれに反して全く別である。新たなる国家意思の作成ではなく、現在行われている法規を前提として、その下に必要の経費を承認する行為であるから、予算をもつて現行法規を改廃することのできないのは当然であるし、また予算は常に現行法を基礎としなければならないものである。従つて現行法規の執行に必要な経費につきましては、議会は当然にこれを承認しなければならない義務があるのだ、こういうふうに論じられておつたのであります。もし議会が法律上必要な経費の承認を拒み、それがために法律を執行することができないようになれば、議会がみずから法律を破ることになり、議会は当然国家機構を破壊するようになるから、従つて予算についてだけは、立法のように自由な議決権がなく、少くとも、ある程度においては、議会は当然協賛の義務を負うものであると、こう論じ続けられておつたのであります。従いまして当時の議会の予算議定権につきましては、憲法上大なる制限があつたのであります。

たとえて申しますれば、皇室費の経費は、一度定額がきまりますと、毎年国庫からこれを支出することになつて、将来その額を増す時以外は、議会の協賛を要しないということになつておりまして、皇室の経費は、議会の予算議定権の範囲外に置かれておつたのであります。

また、継続費の制度が認められておりまして、一度協賛を経れば、それ以後のものについては、やはり同じく議定権の外に置かれておつたのであります。その他、また予算の議定権の中で、廃除削減について制限が加えられておつたものがあります。それは三つございまして、普通には憲法上の大権に基づく既定の歳出、たとえば官制とか、任官大権とか、あるいは軍事編成の大権とか、あるいは条約大権とか、栄典大権のごときものに基づくものについては、議会は予算に関して削除することは自由にはできない。その場合には政府の同意を必要とするというふうになつておりました。

また法律の結果による歳出、たとえば、これは普通に法律費と呼ばれておつたのでありますが、法律で規定された事項を執行するために必要の経費でございます。すなわち帝国議会の経費とか、あるいは裁判所の経費とか、あるいは恩給とか、扶助料とか、あるいは徴税費とか、そういうようなものであります。

それから、また、法律上、政府の義務に属する歳出、いわゆるこれが普通義務費と呼ばれておるのでありますが、国家が金銭債務を負担する場合、それが私法上の契約であろうと、あるいは法律、国際条約によつて国家が負担する場合であろうと、同じく国が債務を負う場合、この三つの種目については、その廃除または削減について、政府の同意を必要としておつたのであります。でありまするから、今度の予算の修正についての点でも、昔のままでありますれば、大いに問題となつたのでありますが、後に述べますように、新憲法になりましてからは、全くその間の事情が違つて参つたのであります。

この外に、明治憲法時代におきましては、閉会中でありますれば、勅令によつて財政に関する立法もできますれば、また勅令に基づいて財政上の処分をもできたことは申すまでもございません。その外、議会が予算議決権を放棄した場合、たとえば予算を審議しない、あるいは、また、その不成立になつた場合というようなときには、前年度の予算を施行する権限が政府に与えられておつたのであります。この外、剰余金の責任支出とか、そういう重要な財政上の処分が、自由に政府ができるような仕組みになつておつたのであります。


しかるに新憲法は、旧憲法とは全くその理念を異にいたしまして、国会中心の財政主義を根本理念とするようになつたのであります。国会中心の財政主義とは国民の財政、あるいは国民による財政、あるいは国民のための財政の実現にありといたしまして、財政を処理することが行政権に属することでありましても、内閣の財政処理権は、常に国会の議決に基づかなければならないという大原則を新憲法に規定したのであります。この点が最も注目すべきものでありまして、これから申し上げる論議も、すべてはここへ帰納されるようになつておるのであります。国会が国権の最高機関であること、換言すれば、名は国民主権でありましても、実は国会主権でありますから、この国民財政主義といいますか、国会中心の財政主義で打立てられることは、これまた当然の帰結といわなければならないのであります。何となれば憲法の前文にもありますように、「そもそも国政は、国民の厳粛な信託によるものであつて、その権威は国民に由来し、その権力は国民の代表者がこれを行使し、その福利は国民がこれを享受する。」とあるからであります。この原理が今のわが国における政治の基本原則であり、また国会が国の財政の処理についての根本的方針を議決する権限があるということが、国会の予算議決権の法的根拠の最大なる拠点であります。

まずこの原則が、以下申し述べまする予算修正権についての理論構成上の中心をなすものでありますから、この点よく御注意願いたいと思うのであります。従いましてこの国会中心の財政主義という大原則が、新憲法の上に打立てられましたので、その結果は推して知るべきであります。明治憲法時代の予算議決権に対する制限は、政府の編成権と提出権を除いては、悉く取除かれてしまつたのであります。この点に関しましては、先ほどの国会におきまして、参議院では、予算の修正権に関連いたしまして、佐藤法制局長官が、「予算が一度国会に提出されてからは、その取扱方は、法律案と全く同様でありまして、ただ違う点は、提案権が違う、それに関連して修正権が異なる。それから参議院と衆議院の優越性の点が違う。それだけの点が違う以外は、あとは同じだという結論に相なるのではないかと思います。」と、参議院議員の質疑に対して答えておるのであります。今私がなぜこの問題を突如として取上げたかと申しますと、その一つは予算に対する議決権の制限が全くなくなつた。それは先ほど申し上げた通り美濃部博士は、法律案の審議については、これを可決すると否とは全く自由であるが、予算については協賛の義務があると申されておつたのでありますが、その議決権の制限、つまり予算についての議決義務がすべて取除かれてしまつたこと、換言すれば、法律案と同様に可否決が自由になつたことを銘記していただきたいためであります。佐藤さんはそれまで、はつきりとは申されておりません。しかしその言葉の裏には、そういうことも潜んでいるんだということを、御了解願いたいと思うのであります。

次に提案権が違う。それに関連して修正権が違うという点でございますが、この点は本日の課題の中心をなすものでありますから、あとで詳しく申し上げますが、佐藤さんの申された点は、やや不明であります。どこが不明であるかと申しますれば、佐藤さんは予算の提出権が、議員にはないのであるから、その修正に限度があると言うておられるのであります。しかして法律案の修正については限度がないということを、対蹠的にはつきりとは申されておらないのであります。私はこの点について、あとで判然たる区別を申し上げるために、まず予備的知識として、これだけのことを申し上げておくのであります。

話を進めて参ります順序といたしまして、ここで予算の法律上の性質とか、あるいは外国の例などはどうなつているかということも申し上げてみたいのでありますが、それは時間の関係上省略させていただきまして、ただここでは予算と法律について、法律上の区別は別といたしまして、憲法上その取扱いを異にしている点について、若干申し述べてみたいと思うのであります。そこで私がこれから議論を申し上げることは、大体憲法を土台として申し上げまして、その他の法規上のことは、ただ関連事項として申し上げるに過ぎないことを、念のために、ちよつと申し上げておきます。

第一に提出権において両者は異なつておるのであります。法律案は両院議員が発議権を持つておることは、御承知の通りでありますが、その外に内閣もまた法律案の提出権を持つておるのであります。これに対しまして予算の編成と提出権は、内閣に専属して、両院の議員にはこの提出権は与えられてはおらないのであります。

第二の相違点は、すべて予算は一会計年度毎に作成されまして、繰越明許費または継続費等の制度を除いては、その効力は一会計年度をもつて終了するものでありまするが、法律は一度成立いたしますると、永続性を持ちまして、法律によつて改廃されない限りは、その効力を持続することになつております。

第三は、予算については衆議院に先議権が与えられておりまして、内閣は予算を先に衆議院に提出しなければなりませんが、法律案につきましてはかかる制約は全くございませんので、内閣提出案につきましては、衆、参両院のいずれに先にこれを提出しようと、全く自由でございます。従いまして予算を伴う法律案は、予算先議権との関係から、先例といたしましては、衆議院に先に提出される慣例ではございまするが、運用論は別といたしまして、憲法上の問題といたしましては、予算と法律とは別個のものとして観念されておる以上は、それが予算を伴うと、伴わないとにかかわらず、両院のいずれに先に出そうと、全く自由だということになるわけであります。

第四には、法律案は国会の議決を経ることによつて法律となり、予算もまた国会の議決を経なければなりませんが、その議決に関する衆議院の優越性について、憲法は両者に重大なる差異を設けているのであります。先ほど申しました佐藤さんの優越性の差異があると言われたのは、この点でございます。すなわち法律案につきましては、一つの地方公共団体にのみ、適用される法律の場合を除きましては、両議院が可決したときに法律となるのが原則でございますが、特別の場合、つまり衆議院が可決して参議院がこれと異なつた議決、すなわち修正または否決をした法律案につきましては、衆議院が出席議員の三分の二以上の多数で可決したときは、法律となるとされておるのであります。これに対しまして予算は、参議院では衆議院と異なつた議決をした場合には、必ず両院協議会を開かなければならないことになつており、これを開いてもなお意見が一致しない場合には、法律案の場合のように、改めて出席議員の三分の二以上の多数による再議決をしなくても、当然に衆議院の議決が、国会の議決となるのでありまして、別に何等の意思表示もいらないのであります。この点衆議院の優越性は、法律案の場合に比べると、遙かに強大であると申さなければなりません。

さらに法律案につきましては、参議院が衆議院の可決した法律案を受取りました後、国会の休会中の期間を除いて六十日以内に議決しないときには、衆議院は参議院がその法律案を否決したものと見なすことができることになつております。予算の場合はこれに反しまして、参議院が衆議院の可決した予算を受取つた後、国会の休会中の期間を除きまして、三十日以内に議決しないときには、衆議院の議決が当然に国会の議決になることになつておりますので、この点において法律案においては六十日であるのに対しまして、予算は三十日であるのであります。また法律案の場合には六十日経つても、衆議院は単に参議院が否決したと見なすことができるだけでありまして、これをさらに法律とするためには、改めて三分の二以上の多数による再議決をするか、あるいは両院協議会において成案を得るかの方法を講じなければならないのでありますが、予算の場合には三十日の期限さえ経過すれば、何らの措置を必要とせずして、衆議院の議決が当然に国会の議決となるのでありますから、この点においても予算の議決に関する衆議院の優越性は、法律案の場合に比して、きわめて大きいと申さねばなりません。

第五に憲法が予算と法律についての差異を設けておりますのは、法律については公布を要しますが、予算についてはこれを必要としないのであります。すなわち予算も法律と同様に、国会の議決において成立する点は同じでありますが、法律については天皇が内閣の助言と承認により国事行為として、これを公布することになつているのであります。これはもとより法律は公布によつて、その効力を発生することになつておるからでありますが、これに反して予算につきましては、公布は憲法上の要件ではないのであります。ただ財政法によりまして予算が成立したときは、これを印刷物、講演、その他適当の方法で、国民に報告しなければならないとされているにすぎないのであります。

以上申し述べましたように、わが憲法は、予算と法律とは区別する建前をとつておりますので、従いまして予算をもつて法律を変更し、法律をもつて予算の変更ができないのは当然であります。しかし歳入法案、たとえば税法または歳出の原因になる法律案の否決によつて、実質的に予算に改変が加えられる結果があることは、これは前に申し述べた法律上の問題ではなくて、実際上の問題にすぎません。

次にこれからいよいよ予算に直接関係する部面の本論に入るのでありますが、まず第一に国会の財政に関する議決権の憲法上の根拠は何条かと申せば、先ほど来しばしば申し上げましたように、その根拠としては財政に関する一般的なるものとして新憲法第八十三条の「国の財政を処理する権限は、国会の議決に基いて、これを行使しなければならない」という大原則を挙げなければなりません。ここで「財政」と申しますのは、「国家がその事務を行うために必要な財力を調達し、管理し、および使用し、経理する等の作用」を意味することであることは申し上げるまでもございません。そうしてこのうち国家国民の経済に、実質的な変動を与える作用が狭義の財政でありまして、単にその形式的な経理手続にすぎない面を、普通これを「会計」と呼ばれておることも、皆さん御承知の通りであります。

この大原則に次ぎまして、財政に関する国会の議決権の第二次的根拠となるものは、憲法の第八十五条であります。「国費を支出し、又は国が債務を負担するには、国会の議決に基くことを必要とする。」という規定でございます。もちろん憲法第八十三条の国会中心の財政主義の大原則的規定がありますれば、それでいいわけでありますが、この第二次的規定によつて、さらに行政府の財政処理に関するうちの、支出の面に対する規正を行つたものと考えられるのであります。しかもその前条たる第八十四条には、収入の面に対する規正がしてございまして、租税を課したり、これを変更するには、必ず法律によらねばならないと定められておるのであります。

しかして、財政のうち、特に予算に関する直接的根拠としての、法文は何かといえば、憲法第八十六条の「内閣は、毎会計年度の予算を作成し、国会に提出して、その審議を受け議決を経なければならない。」という規定であります。この規定は予算に関する形式的規定と申しますか、そのものズバリといいますか、直接規定でありまして、先の二つの規定は財政に関する原則的規定、従いまして実質的規定、つまり国の財政の処理に関する規定だと解されるのであります。申し上げるまでもなく実質的予算に関する憲法第八十三条及び第八十五条のような規定は、明治憲法には見ることができなかつたものであります。

そこで第二の論点に入りまして、憲法は第七章の財政の章に、「内閣は、毎会計年度の予算を作成し、国会に提出して、云々」と、今申し上げたような規定があります外に、第五章の内閣の章に、第七十三条第一項第五号として、「予算を作成して国会に提出すること。」と定めてあります。つまり同じことが二箇所に書いてあつて、いわばこの点重複しておるのでありますが、これから問題となる内閣の予算編成権なり、または提出権の根拠としては、内閣の章の第七十三条第一項第五号としての内閣の事務として規定されたのが、その根拠でありまして、財政の章の中の第八十六条にある予算編成権がその根拠では決してないのであります。むしろ第八十六条は国会における予算議決権の直接的根拠法規でありますので、国会における修正権の根拠をなすものであります。でありますから憲法に同じことが書いてありましても、内閣の編成、提出に関する場合には、第七十三条で参りまして、国会の予算議決権あるいは修正権に関するときは、第八十六条がその根拠となるわけであります。ところで論点の第一点としての予算の編成、提出権は、内閣だけしか持たないことは、だれもが認めるところで、この点に関しましては別段異論を聞かないのであります。従いまして先ごろの参議院におきましても、その点は何ら問題になつておりません。ただ問題となるのは、国会における修正権との関連においてでありますが、これはあとで詳しく申し上げます。

次に論点の第二点たる国会における予算の議決権について、少し述べてみたいと思います。

議決の態様は、皆様御承知の通り可決か否決かであります。国会は予算の議決について、旧憲法のごとく何ら拘束を受けてはおりません。これはむしろ国会が国の財政処理についての根本方針を議決する権限を有することから申して、当然と言わなければなりません。従いまして可決の中には御承知のように修正議決も含むのが当然でありますから、国会の予算議決権の中に、修正権が包含されておることは議論の余地がありません。学説もまた修正権を認めることでは一致しております。しかしその修正の範囲が、どこまでできるかということが、結局論議の岐るるところとなつておるのであります。

まず修正の範囲を厳格に限る論者の代表的のものといたしましては、美濃部先生がございます。先生は「国会に発案権のない結果として、その修正意見も当然に限定せられ、政府提出の原案よりも、支出金額を増加し、または新たなる款項を追加する修正は、これを発議することができない。」と言われております。

また国会が予算の増額修正ができるとする学者の代表的なものには、佐々木惣一博士があります。博士は「国会が予算を議決することについて、憲法上何らの制限はない。国会は予算に修正を加えて議決することができる。増減いずれの変更をなすも妨げない。これは決して国会が予算を提出するのではない、予算の提出とは予算を総括的に提出することであつて、予算における個々の事項に変更を加えることは、提出の分には入らないのである。」ということ説明されております。さらに「ある事項が、これを実行するために費用を必要とし、従つて予算を必要とする場合でも、国会はこれに拘束されないで、予算を廃除し、削減することができる。それは天皇の権限により行われる事項又は法律の規定した事項を実現するために、必要な費用であつてもかまわない。かかることは内閣をしてその事項を実行するの困難に遭遇せしめるから、内閣はその政治行動において、かかる結果を生じないよう用意すべきことは、もちろんであろうが、しかしそれが国会の予算議決権に対する法上の制限とはならない。」こう論じておられます。

ここで私は僭越でありますが、これに私見を述べさせていただけば、両者とも、もう少しはつきりと論議を進めていただきたいと言わざるを得ないのでありまして、何かこれだけでは割切れないような感じがいたすのでありまず。何となれば美濃部先生は余りにも明治憲法そのままを踏襲せられておるように思われるのであります。しかしもちろんああいう偉い先生でありましたから、その蔭に並々ならぬ御苦心があつて、こういう結論に到達されたのだろうとは思うのでありますが、しかも美濃部先生は機関説によりまして、相当御苦労なさつたのであり、またそれによつて主義主張を曲げなかつた立派な先生であるのにもかかわらず、なぜこういう結論を出されたかということについて、考えてみる必要があるのであります。先生はこうおつしやつておるのであります。明治憲法当時の論議でございますが、「議会が提出権がないのは、経費の支出は、政府がその権能を有するからで、予算は政府のなし得べき支出の限度について、議会の承認を求める手段にすぎない。であるから政府から要求がないのに、議会がみずから進んでその承認を与うる理由はないではないか」というのであります。しかしその結果といたしまして「議会は政府の提出する予算案に記載されない新たな款または項を予算中に附加し、または予算原案よりも以上に、各款項を増加する権能はない、これは憲法に条文はないけれども、予算について議会が発案権を持たぬことから生ずる当然の原則と認むべきである」と、こう言われているのであります。

そうしてその理由として、「もし議会において新款項を加え、または款項を増加することができるとすれば、それは政府の要求しない支出を承認することになつて、わが憲法の——これはもちろん旧憲法でありますが、——わが憲法の認める予算協賛権の性質に反するからであり、実際の政治慣習においても、その原則がほぼ承認されており、そうしてそれは予算の膨張を防ぐ上においても、はなはだ重要な原則である。もし議会に支出の発案権を許すとすれば、各議員は自己の選挙区またはその他の利益のために、諸種の事業の経営とか、これに伴う経費の支出を発議して、それがために国費は過大の膨張を来すべき大きなる危険があるからである。」と、こう論じられておるのであります。

私は先生のこのお気持を忖度して、はなはだ不遜ではありますけれども、先生は終戦直後、同じような議論を繰り広げられたのは、あの混乱時代を見て、いくら民主憲法になつて、国会が国権の最高機関たる地位を占めるに至りましても、わが国ではまだ政治訓練が足りないのではないか、そのために増額修正を許すと、この貧乏国の国費は、いやが上にも嵩むばかりで、これを何とかチェックしなければならないという配慮があつたのではないかと思われるのであります。それに外国の例もたいていはそういう増額修正ができないということを、よく御承知なので、そこで隠れた御苦心の末、ああいう論議をなさつたのではないかと思います。今おいでになれば、はたして同じような議論を繰り広げられておるかどうかは私は疑問だと思います。しかし私はそれはそれ、これはこれで、やはり法律問題といたしましては、国会は増額修正ができるんだと、こう言い切つてよろしいと思うのであります。

この点につきましては金森徳次郎先生は、はつきりと国会に増額修正権があると言つておられます。先生は新憲法の産みの親とも云われている方であります。その先生が先ごろの七月二十一日の朝日新聞に述べられておるところによりますと、「私の考えでは国会には予算の修正権はある。増額修正は普通の場合は歳入の目当てがあり。また余り款項を動かさないのがよいと思うが、政府の提出権を害しない限りは、歳入の目当てがなくても、また款項を新設してもかまわないと思う。」と述べられておるのであります。美濃部先生が御心配になるような、国会にまかせれば、野放図になつて、国費は膨張に重ねるに膨張をもつてするとは限らないと思うのであります。

話はちよつと脇道にそれまして、恐縮ではございますが、主権者はそうわがまま勝手の振舞いができるものではないと思います。ネロの如く一代の栄耀栄華をきわめて、あとはどうなつても、かまわないというなら別でありますが、明治憲法までは、わが国の主権者は天皇であり、何千年もの間の御苦心は、並々ならぬものがあつたと思うのであります。歴代の天皇は、常に寸蔭を惜んで、日に夜を次いで、思うては学び、学んでは思い、経書に精通し、日にわが身を省みられて、徳を養われ、いわゆる未萌の先を知り、天命の終始に達し、時運の窮通を弁じ、古に稽え、先代の興廃の跡を斟酌されて、変化極まりなきに処しておられたのであります。かくのごとく常に社稷を護らんとして、兢々として薄きを履むがごとき御心であつたのでありますから、新憲法になつてからの主権者たる国会を構成しておる国民の代表者も、また国民の負託に報いるために、日夜反省自戒、もつて敗戦後の国家再建はもちろんのことさらに進んで国家の繁栄と、国民の幸福のために特段の工夫を凝らしておられることを、この度の予算の修正問題をかえり見ても堅く信ずることができると思うのであります。

　従いまして国会に予算の増額修正権を認めたといたしましても、かかる自覚と良識ある議員が国民から選挙されている限りにおきましては、何ら心配する必要はないと思うのであります。もしそうでないとすれば、もはや何をか言わんやであります。それはいかに国民が理想の民主国家を願つても、あたかも蚊虻の千里を思い、あるいは鷦鷯《しょうりょう》（みそさざい）の九天を望むような愚かさであると思うのであります。これを要するに主権は単なる権力集合ではない。いくらパワー（権力）を持つていても主権者とは言えない。パワーに付加するにノルム（規範）をもつてして、初めて主権ということになるのであります。そうでなければ、とうてい国民の尊崇の的となり得ないので、新しい主権者である国会も、その信用を高めるために、自戒自粛によつて、そこに立派な運営のルールが確立せられるようになり、だんだん先例も積まれて行つて、よい国会の運営がなされれば、自然に国民の信用も増すようになるのではないかと思うのであります。

　さて話を元にかえしまして、これまで申し上げたことによりまして、大体は、国会の予算議決権の中には、増額修正権も含むということを御了解願えたと思うのであります。殊に美濃部先生が強調せられております政府の要求がされなかつたのに、国会が進んで新しい款項を設けて、その経費を与うべき理由がないという論拠は、新憲法になつてからは、そのまま増額修正を否定する論拠とはならないのであります。何となれば新憲法は、国会中心の財政主義を原則といたしまして、国会が政府の予算に設けてある款項を削つて、その経費を新しく設けた款項の経費に充てても、何ら差支えないことは、先ほど来たびたび申し上げましたように、国会が国の財政を処理する根本方針を決定する権限を、憲法によつて与えられているからであります。もちろん地方自治法におきましては、この点は増額修正はできる。しかし公共団体の長の予算の提出権を侵すことはできないというふうに、たしか書いてあつたと思います。これ位で理論のほうは終りまして、これからは実務を中心として、事務的の面から見たお話を申し上げてみようと思うのであります。

予算のこの度の修正につきましては、――参議院に参りましてから論争が繰り広げられたので、ふつう参議院において問題が起つたかのように、皆さんには思われ勝ちでありますが、実際はそうではなく、衆議院においてこそ大きな問題があつたわけであります。参議院はいわばその取片づけでありまして、ほんとうの問題は、衆議院で処理されてしまつたというのが事実であります。その実際を今ここで申し上げるのもどうかと思いますが、しかしお互いに議事の研究者としての立場にあるものでありますから、その立場でお聞き取りを願いたいと思うのでありま す。もちろん私は一事務屋でありますから、政治的批判は差控えたいと思いますので、この点は御了承を願いたいと思います。

さて今次の昭和二十八年度の本予算に対する修正は、事実議会始まつて以来のことであります。これも明治憲法も含めての最初の事例でございます。それは減額修正なら明治憲法時代にもあつたのでありますが、今次の修正は増額修正であるという点に特異性があるのであります。そうして増額修正と申しましても、その予算総額が増額される場合もありますが、また歳出歳入の総額はそのままでも、款項が増設されたり、あるいは款項のあるものについて増減されるということもあり、また今回のように歳入歳出の総額においては、むしろ減額されておつて、ただ個々の款項の中に増額されている場合があるのであります。今回の修正は歳入歳出予算総額において、おのおの約二十八億六百万円が減額されておるのであります。そうして本予算において修正された款項は、歳入の中におきまして総数六十一ある款の中、修正されたものが一つと、それから百六十三ある項の中二つの項が修正されておるのでありますｃそれから歳出の方におきましては五百六項ありまする中、三百六十三の項が修正されておるのでありますから、約三分の二以上の項が修正されたということになるわけであります。特別会計予算におきましては、歳出の面において総数百六十四項の中、七十七項が修正され、また政府関係機関の予算につきましては、歳出において総数六十七項の中、四十二項が修正されておるのであります。

以上のいずれのケースでありましようとも、増額修正にはかかわりありませんので、新しい項を設けなくても、また今回のごとく総額においてはむしろ減額されておりましても、項の増額が多数であれば、これを増額修正と称して差支えないと思うのであります。

これから実務を通して申し上げてみようと思いますが、いかなる修正にしろ、内閣が提案した予算原案に対する修正の方法は、一体幾つあるであろうかと見てみますと、修正の形態はこれを大別して、三つあるわけであります。その一つは、今回のごとく議員または委員が提出する修正動議による場合でございます。その二は、委員または議員が予算の組み替えのために、撤回を求める場合であります。委員または議員は、みずから修正の動議を提出することはできるにもかかわらず、みずからは修正の動議を提出しないで、内閣に一度撤回せしめて、こちらの要求のように予算を組み替えして、そうして再提出せよ、こういう動議を出す方法であります。（この方法で片山内閣は総辞職するに至りました。）そうして第三番目は、内閣みずからが修正する方法であります。この場合は国会法第五十九条によらねばなりませんから、内閣が各議院の会議または委員会において、一度議題となつた議案を修正するには、その院の承諾を必要とすることになつておりますので、もし衆議院が内閣の修正を承諾しなければ、その衆議院側においての修正は、不可能というわけになるわけであります。昔ならば政府は何どきでも自由勝手に議会の承諾なしに修正できたのでありますが、今日はそうは参らないことになつております。そこで内閣がみずから修正するとなりますと、それに伴ういろいろの手続の面で、新しく最初から予算を提出したと同じようなことになつて、すべての手続が更新することになります。それが今回の修正において、参議院で問題になつた論点の一つであります。

すなわち財政法第二十八条によりますと、国会に提出する予算には、参考のため左の書類を添付しなければならないという規定がございまして、それには歳入予算明細書を初め、各省各庁の予定経費要求書というものの外、十ほど列べられてあります。これらの書類を政府が一遍提出した予算を撤回して、新しく組み直し再提出いたしますということになりますと、――この規定によつて、その参考書類を全部提出し直さなければならないことになるのであります。会期が切迫したときなどは、とうていこの方法によることはできないのでありまして、今度のように、どうしても一日も早く予算を通したいというような場合には、この方法によることは、政府としてもとらなかつたのではないでしょうか。そこに議員修正の行われた原因があると思われるのであります。参議院では予算が衆議院で修正されて送付されたのであるから、改めて、新しい予算が参議院に送付されて来たものと解すべきで、財政法の第二十八条の規定に従つて、参考書類も提出し直さなければならないと、河野主計局長に質したのでありますが、河野君は、「これは折角のお尋ねでありますが、私どもは二十八条にいう添付書類は、予算を初めて国会に提出する時の参考書類であるから、これが修正された結果については、これは衆議院の御意思によることであるから、政府自体が法律上、少くとも二十八条からこれを出す筋合いの義務はないものだろうと考えております。」と、こう答弁しておりますが、これは正しくその通りであると存ずるのであります。

しからば私が、今回の予算修正については、衆議院においてこそ問題があつた。参議院においては、むしろ問題がないんだと、こう申しましたのは、どの点を指して言うのかという御疑問があると思うのでありますが、それは修正案そのものに問題があつたのであります。その問題の修正案というものは、一口に申せば、修正してしまつたあとの整理されてしまつたものが、修正案として提出されたことであります。

これは余談でありますが、どうしても印刷の都合上、間に合わないもので、結果を先に出した印刷物を、修正案として提出したのであります。元来修正案というものは、原案があつての修正案でありますから、原案のどこを、どういうふうに修正するか、明確でなければならないことは申すまでもありません。しかも修正案を原案よりも先に採決することが、採決の鉄則であります。ゆえに規則にも、同一の議題について、議員から数個の修正案が提出された場合には、議長が採決の順序を定める。その順序は原案に最も遠いものから先に採決すると、定められておる。また修正案がすべて否決されたときには、原案について採決するとありますから、修正案は必ず原案と区別できるものでなければならないことは明瞭であります。ところが先ほど来申し上げましたように、衆議院の予算委員会に提出されました修正案なるものは、原案が修正された結果を印刷したものでありますから、換言すれば、内閣が改めて組み替えして提出するときの議案のようなものでありますから、さきに政府の提出した原案中で、修正されない部分も当然にその修正案の中に入つておるのであります。ここに問題があつたわけであります。

これまでお話申し上げますと、もう皆様方は、ああそうかと肯かれることと存じますが、ここに重大なる二つの問題が伏在しているわけであります。その一つは提出権と修正権との問題であり、その二は採決の方法に関する問題であります。参議院において提出権と修正権との問題について、論争がなされましたが、その多くは、「予算の編成方針を覆えすような、基礎を動かすほどのものでない限りは、提出権に、国会の修正権は抵触するものでない。」という答弁が、吉田総理初め各政府委員からなされたのであります。しかして佐藤法制局長官の答弁は「すべて内閣の提出した予算を、そのままに丸呑みすべしということが、憲法のどつかから出て参りますれば別でございますけれども、これは衆議院あるいは参議院の御審議にかけられ、そうして適当な措置を――削減すべきものは削減を加え、あるいは増額すべきものは増額をするというところまでの御審議の審議権というものは、私は限度はあるといたしましても、憲法はこれを明瞭に保障していると思います。」と述べ、さらに「先ほどお答えいたしました趣旨は、結局増額修正権はある。併しながらそれにはやつぱり提出権が内閣にきめられておるという点から、おのずからなる制約があるでありましよう。しからばその制約は何かというと、例えば新しい款項の創設ということは、やはり提出権の侵害になるというような面があるのではあるまいかということを申し上げたのであります。」と、こう答えられておるのであります。

これをもつて見ましても、新しい款項を設けなければ提案権を侵したことにはならないという結論に到達するわけであります。しかし私ども実務家からこれを見ますと、修正が提案権を侵すか侵さないかの一つの目安は、やはりあると思うのであります。なぜあるかと申しますと、これはあとで関連して申し上げた方がいいと思いますから、あとで申し上げます。佐藤長官もその答弁中に「予算の審議を国会にお願いするという大乗的建前から云つて、予算の政府原案に対して国会が意思をクリエートされて、新しく創造して、適当なりと認められる意思を付加されるということは、一概にこれを否認するわけではない。それが新しい憲法上の国会の地位である。」と言つておられるのでありますが、もつと一歩を進めて、その点は新しい款項を設けてもいい。しかし提案権は侵してはならないと言えばいいと思うのであります。

しからば実際的に仕事の上から見て、提案権と修正権との限界は、はたしてどこにあるか、それは法律案と比較して御覧になれば、一目瞭然であります。これが修正権に対する問題の山であります。すなわち法律案については、議員も内閣も共に提出権があるわけであります。でありますから内閣が提出した法律案に対して、議員が修正案を提出できることは当然でありますが、それより一歩進めまして、新しい、または同様の法律案そのものを提出できるわけであります。この場合に、もし議員提出の法律案と、政府提出の法律案の二案を、いわゆる一括審議すると仮定いたしてみますと、この時に議員提出案が先に採決されまして、内閣提出の別案が審議不要となつたといたしましても、これは内閣の法律案の提出権を侵害したとは、たれも認めないのであります。それは議員も法律案の提出権があるからであります。ここが問題の鍵のあるところであります。

しかるに予算案についていては、内閣だけに提出権があつて、議員にはないのでありますから、いわゆる予算の別案（代案）というものを提出することができないわけで、できるのは予算に対する修正案に限られておるのであります。ここまで申し上げると、結論が見えたようなものでありまして、衆議院の予算委員会に提出された修正案は、実は全く予算の別案に近似と申しますか、類するものであつたのであります。もちろんこれは形式上だけからでありまして、実質的には、別案を提出する意図は全然なかつたのでありますから、形式違反でありまして、実質的には、予算の提出権の侵害と見るべきではないことは論ずるまでもありませんから、ここにいわゆる救う道があつたわけであります。

しかし衆議院の予算委員会が、この点について一つも論議がなかつたのは、実はおかしいのでありまして、事務の者としては、これを非常に懸念いたしたのでありますが、実は助かつたのであります。吉田総理が、参議院において端的にその修正予算に対する意思を表明せられまして、「政府は政界の安定及び財界の安定を得るためには、どうしても予算を通過せしめなければならない。成立せしめたいという希望で、できるだけの了承をいたす考えでございます。そのつもりで修正に応じたわけであります。しかしながらこれは国会において修正権がある以上は、国会が修正をして、これに政府が応ずる。これが当然のことであると思うのであります。但し全然予算の方針を覆えすような、基礎を動かさない程度においては、財界の安定を得るために、予算の成立を希望する国民の声について、できるだけのことをいたしたい、こういう考えで、修正に応じたわけであります。しこうして、修正に応じた以上は、政府といたしまして責任をむろん負うつもりであります。」と述べられておりますように、私どもといたしましても、今回のこのような修正案に対して、これは修正案の体裁をなしておらない。ですから受理できないと拒んでしまいますと、少くともその整理と印刷のために、あと一日もしくは二日を費すことになりまして、それは諸般の事情から許されなかつたと思うのであります。これでやむなく、いろいろと協議した結果、それを受理することにいたしたわけでありますが、その受理するについて、また頭を悩ます問題が起つたのであります。それは採決の方法についてであります。

これは先ほども申し上げました通り修正案を原案より先に採決することが原則であるからであります。この原則によつて修正案を採決いたしますと、この修正案が前にもお話しましたように、予算の別案ともいうべきものでありますから、あとで原案を採決する余地が無くなつて、原案は採決不要となりまして、いわゆる議決不要になるのであります。そこでその修正案が可決された場合の議事の次第書きの内容を想像して御覧になるとわかりますが、最初は、その場合を考えて、「修正案は可決されました。仍つて原案は議決不要となりました。」と、宣告するようにしようかと考えたわけでありますが、そういたしますと、例の提出権の問題が引つかかつて来まして、提案権を侵害したとか、侵害しないとかいう問題が起る余地があるわけであります。原案は全部採決の必要がないということになりまして、いわゆる提案権を侵したことになる。従つて修正案を提出するときに原案採決の余地を残すことが予算修正に対する一つの要件と見るべきでありましよう。

そこで今度は修正案の中、原案と同一部分は最初から書いてないものと見なす。たとえば修正案も、修正されない部分もみな一緒にして修正案と書いてありますから、その要らない部分は書いてないものと見なすのだ。聞かれたら、そういう考え方で、採決してみようかとも考えてみました。ところがそういたしますと、まず修正案を採決して、次いで、修正の部分を除いて原案について採決するという順序になるわけでありますが、これについても問題が一つあるわけであります。それは修正案は委員会の委員の間にみな配付されておるわけでありますから、そうすると修正部分を除くと、こう申しましても、どの部分と、どの部分が、どういうことに修正されたのかといつて聞かれた場合に、答弁のしようがない。こちらでもどこが修正されたのか、一々対照してみなければわからないわけでありますから、咄嗟の間にはその答弁ができなくなる。そこでこの採決に際しまして、宣告した時に、修正部分とは一体どの部分であるか明らかにせよ、修正部分はどこであるかと聞かれた時に、困ることになるわけであります。そこでわれわれといたしましては何とか方法はないかということで、ずるい考えではございますが、そういうことは変則ではございますけれども、予算原案と修正案とを一緒に採決するという、異例の方途に出たわけであります。すなわち「ただいま議題となつております予算三案を修正案の通りに議決するものと決するに御異議ありませんか。」というようなあいで、問題を諮つたわけであります。これで問題の山が過ぎたわけであります。それから当日ただちに本会議で緊急上程をして修正議決をいたしまして、それから参議院にこれを送付いたしたのでありますが、衆議院の本会議においては、何らの問題もなく通過いたしましたが、後、参議院との間に、また一つの問題が起きたわけであります。

皆様には両院関係ということはありませんから、御興味は薄いかと存じますが、簡単に申し上げますと、従来は、一院で修正されますれば、その箇所を明かにして送付することになつておつたのであります。またそれが当然であります。ところが今度の修正は、先ほど申し述べましたように、もう原案に修正案が、かぶさつたと申しますか、ちゃんと整理されたものでありますから、そのどの部分が修正されたのか、原案と一々対照しなければわからないものであつたのであります。ですから、そのまま送付すると、参議院はうるさいものでありますから、その送付案を受理するとか、しないとかの問題が起きるといけないと思いまして、私が参議院の事務当局と折衝いたしまして、いずれほんとうの正しい修正したものを送付するから、一応これで受取つてほしいということを申し入れたのでありますが、参議院では議運が非常にやかましくて、明日本物を頂戴して、それを見てから、どうするかをきめるというような強硬な回答であつたのであります。

そこで私ども事務当局といたしましては、折角ここまで来たものを、そのためにまたすつたもんだで、その予算案が参議院の委員会に付託するのが、一日遅くなりますれば、国家のために嘆かわしいという見地に立ちまして、何とかして自分のところで、これを対照して修正箇所を原案に書き込んだものを、参議院に送りたいということで、議案課に命じまして、夜を徹してでもこれを作り上げるようにと言つてやらせたのでありますが、何しろ予算三案でありまして、特別会計予算もありますれば、政府関係機関の予算もありまして、それを一々数字をそろばんで当らなければなりませんから、なかなかたいへんな作業でございましたが、ようやく夜おそくなつて、それができ上りまして、参議院に無事に送付することができたのであります。それでありますから参議院では問題の焦点を失つてしまいまして、その点に関する問題がすつかり消え去つたわけであります。でありますから今度の予算の修正に関する問題は、衆議院の方が本問題でありまして、参議院において行われたのは、いわばその付けたり、あるいはその後の跡始末の議論だといつて差支えないと思われるのであります。

なお、ここでちよつと申し上げますが、佐藤法制局長官の、増額でない、減額修正であれば、予算の提案権を侵さないという議論には、にわかに賛成いたし兼ねるのであります。例えば、全項目にわたつて幾らかずつ引いた予算別案とも云うべき修正案が提出された場合には、政府の先に出した予算原案というものは、採決されないでも済むわけであります。ですから結局政府原案を採決するに至らないような別案を提出することがいけないのでありまして、それが減額であるからいいということにはならないということを、御承知願いたいと思います。

それからその外の参議院における予算修正に関する議論の主なるもので残つたものは、もはや政治的議論が多いのでありまして、法律上の議論は、もう付けたりのものであつたということができるのであります。その政治論としての最もおもなるものは、修正部分に対する責任は、たれが負うかということでございますが、これは法律上の責任と、政治上の責任との二つにわけることができると思うのであります。法律上の責任と申しましても、予算成立過程における、すなわち衆議院で修正された部分について、参議院において、たれが責任を負うかという点については、これは政府が実質的に負うものでないことは、言うまでもないのでありまして、ただ予算の提出者はあくまでも内閣でありますので、その意味において参議院で、その修正部分に対する説明というか、衆議院における修正の過程を説明する一応の責任があると解すべきでありましょう。もちろん予算が修正議決された後における――換言すれば予算が成立した後において、その執行の責に任ずることは、法律上当然であります。政治上の責任については、私がここでかれこれと申し上げる筋合いのものではないと思いますから、差控えますが、ただ八月十四日の新聞で発表されました、本年度予算の修正点に関する三党間の了解事項について、同日公式文書をもつて三党間に取交わすことになつたと伝えられたことは、政治上の責任を分担していることを物語つておると思うのであります。しかし法律的にはあくまでも内閣が、予算の執行について国会に責任を負うべきものであつて、修正を発議した党のかかわり知るところでないことは、申すまでもありません。

以上で予算の修正に関する大筋の問題は済んだのでありますが、あとは予算と限らず、法律案についても同様の問題がありますので、付けたりといたしまして、予算に関連して参議院において、今度論ぜられましたことについて、一言申し添えたいと思うのであります。

その一つは、予算についての修正部分についての説明をだれがするかということでございますが、これは一応政府の提案のものでありますれば、予算案であろうと、法律案であろうとかかわりなく、政府において説明するのが当然であります。ただ説明の補助者として、衆議院における修正の発議者が説明する場合も考えられることは当然であります。

その次に問題となつたのは、参議院で審議の対象となるのは政府提出の予算原案であるか、または衆議院の修正案であるかという問題でありましたが、これは何か感違いをしておるのではないかと思うのでありまして、それは申し上げるまでもなく衆議院の議決案であります。従いまして原案に修正案がかぶさつたものであることは、皆さん御承知の通りであります。

これで私のお話は終つたのでありますが、最後に一言御披露申し上げたいことがございます。それは皆様は、私どもと同じように議会の事務に執掌されておる方々でございますので、いかに議会における先例が、議会の危機を救うかという点に深い御経験がおありのことと存じますが、ほんとうにいい先例が積み重ねられて、それで議会がうまく運行されることを願つてやまないものでありますが、最近参りましたイギリスの一九五三年版の本に、パーリアメント・アサーヴエイ、いわゆる「議会論叢」とでも申す表題のものがありまして、その中に、ギルバート・キャンピオンという学者が「議事手続の今昔について」いわゆるオールド・アンド・ニユーという言葉を用いてありますが、そういう「議事手続の昔と今について」という論文を書いておられますが、その最後の章に、英国議会の有名なクラーク・サー・コートネイ・イルバート氏、これは皆様方と同じような職務をなさつている議会の書記、外国ではこういう人をみなクラークという言葉で呼んでおりますが、立派な方であります。その議会事務局のサー・コートネイ・イルバート氏の言葉をその学者が引用して、その本を結んでおるのでありますが、その引用された言葉は、「議会は単なる職場ではない。」いわばワークショップ――作業場ではない。「それは古い骨董品を陳列している博物館のようなものである。しかもその陳列品は、現代においてなお役立つている。」その役立つているという言葉は、「イン・ワーキング・ルール（生きている規則だ）」というふうに書いてあるのであります。これは長い伝統を持つ英国における議会の慣行なり、先例をまことにうまく言い当てたと思つているのでありますが、私は議会に一生涯をかけて働いている人を、わが国でも、英国やアメリカのように、もつと尊重してよいと思うのであります。その人たちが先例をよく覚えて、議会をうまく運用することは、その人の一言が正しい法律のように、規則のように、議員たちを拘束するぐらいの権威を持つていただきたいと思います。

どうか皆様におかれましては、今後一層御自重、御自愛の上、地方議会制度の向上発展の上に、御貢献あらんこ

とをお祈りいたしまして、長い間、御清聴を煩わしましたことを感謝するものであります。（拍手）

〈質疑応答〉

○高知　私聞きそこなつたかもわかりませんが、先ほどのお話の中に、款項の新設で、一方的に議会の方が増額修正はできないというふうに結論づけたお話のように伺つたのでありますが、そういたしますと、目節でありますれば、提案者が何ら考えていない事柄についての増額修正でも差支えないかどうか、その場合差支えないといたしますれば、財源を見出さなくても、一方的に議会側が修正してもよろしいかどうか。

○答　私の言葉が足りませんでしたかと思いますが、前段の款項の新設ができるかとの点は、出来るのであり又後段については、議会の審議の対象になるものは、款項でございます。目は審議の対象になりません。これは参考までに各目明細書というものはつけて、その積算の基礎を明かにしておりますけれども、実際におきましては御承知のように、外国におきましても、こんなことを申し上げるのはいかがかと思いますが、ヴオート――ヴオートというのは、投票ということでありますが、款項の項ということを、英訳ではヴオートと申します。この項だけが議会の表決の対象になるということであります。ですから衆議院におきましても、目はもう問題になつておらないのであります。

○茨城　今回の二十八年度の予算に対しましては、特に政局安定という政治的大きな狙いの下に、自由、改進の話合いが相当進んだ結果、お話の通りの膨大なる予算の修正が行われたわけであります。ところがこれは政府がこれを了承した関係上できたことと思われるのであります。実は解散以前の国会、特に衆議院におきまして、実は当時の野党側から、これも膨大なるところの予算の修正意見が出たわけであります。その際にも会期切迫等の時間的関係等のために、技術的には何ら勝ち目のないところの修正案というものができなかつたように聞いているのであります。従つてさようなものに対しまして、国会事務当局として、委員会等には専門員その他専門職員もあることでありましようが、やはりさような予算編成上の技術につきましては、相当習熟を要する、短時間に膨大なる修正を補助する能力というようなものは、相当欠如するのではないかと思うのでありますが、さような際に対処する国会の事務当局としてのお考えについて、その後何かおありでありますれば承りたいと存じます。

○答　それは今お尋ねのように国会では手薄で、予算編成というものは、やはりなかなかむずかしいものでありますから、一朝一夕にはできかねるんじやないかと思います。従いまして事務当局としては完全なる予算の修正案でなければ、受付けないというのが建前であります。従いまして今までに完全なる修正案が出て来ないで、たいてい組替え動議の形式で行われるのも、理由はそこにあるのであります。

〇**茨城**　補助的役割として、やはり国会職員が、議員の要望に対して、その要求に応じるという義務もあるのではないかと思われるのでありますが、単に完璧ならざるがゆえに、これを受理できないということであつては、どうも議院職員の在り方として、どうかという感じも持たれますが。……

〇**答**　それは今申し上げましたように、予算というものは、今高知県がおつしやつたように、ほんとうの全部の基礎がわかつていなければわからん。しかも通り抜け勘定もございまして、特別会計との間の差引きがどういうふうになつているかということは、よほどその衝に当つている者でなければわからない。わからずにやつて一朝誤りができた場合には、やはり国政に支障を来しますから、小さい一箇所くらいの修正でありますならば、事務局でもできましようけれども、予算を構成している項の約三分の二以上の修正にわたつた場合には、とうてい一日や二日では応じかねる。それは大蔵当局そのものさえも、一週間やそこらではできかねるんですから、いわんやいろいろの事務をやりながら、片手間に二人や三人の者の間で、今専門員は二人しかおりませんが、そういう者の間でできるかということは、少し無理かと思います。やるならばしつかりした専門の予算局みたいなものを置きまして、それに専門にかかつているならば、別であります。

〇**栃木**　私の聞き漏らしかと思いますが、修正案の議長の採決の方法、何か原案について採決しないで済む方法をとられたと、おつしやられたようでありますが、もう一遍そのことをお教え願いたい。

〇**答**　原案はどんなものでも採決しなければならんわけです。ところが御承知のように修正案は原案より先に採決しろということになる。まず普通のケースからいえば、「たれたれ君提出の修正案に賛成の方の御起立を願います。」と言いまして、修正案を先に採決する。そうしてそれが可決されれば、今度はその修正案を除く原案を採決するのが順序であります。ところが今度のはどこが修正の箇所かわからないわけです。それですから、それじや困りますので、「本案を修正案の通り議決するに御異議ありませんか。」と言つて、修正案を先に採決しなかつたということを申し上げたのであります。

八　会期中の議員逮捕の許諾に関する諸問題

一　議員は、憲法第五十条及び国会法第三十三条の規定により、会期中その院の許諾がなければ逮捕されない。すなわち、法律に定める場合を除いては、その院の許諾なしに議員は会期中においては、如何なる場合であろうと逮捕されない。これが先ず根本原則である。

而して、この議院の許諾権の行使については、憲法、国会法に何らの制限もないのであるから、許諾を与えることも、また許諾を与えないことも、全くその自由な認定に任せられているものといわなければならない。従って、その院の許諾に期限を付けることもまた可能であると解することができるので、何月何日からの逮捕を認めるという始期付きの許諾も、何月何日までの逮捕を認めるという終期付きの許諾も、ともに可能であるといわなければならない。この点については、一時、表決に条件を付けることができないという両議院の規則（衆議院規則一四九条、参議院規則一三四条）の誤解から、院の期限付許諾はこの規定に違反するとの論がなされたことがあったが、この規則は、本問題とは何ら関係のないことが現在では明らかになっている（1）。何となれば、規則にいう「表決」は「議決」とは異なるものであって、議決については、その内容において一種の制限を付することは、しばしば行われているところである。例えば、国会法第五十六条の三で、委員会の審査中の事件について中間報告を求めた場合に、委員会の審査に期限を付し、あるいは衆議院規則第百八十二条によって議員の請暇に期限を付しているのがその例である。

二　以下、この問題に対しての若干の議論について検討してみよう。

先ず第一に、逮捕が適法であり、その必要性が明白な場合、国会議員であるからといって、適正な犯罪捜査権あるいは司法権行使に何らかの制限をつけることは不当であるという論についてである。

これについては、政治論はひとまず別として、純法律論として述べてみたい。

先ず、憲法第五十条の保障するものは何かということである。これについては、今さらいうまでもなく、本条の規定するところは議員の不逮捕特権であって、決して議員の逮捕許諾要求権の保障ではない。もし仮に国会法第三十三条及び第三十四条の二（編者注・現在は第三十四条。以下同じ）の規定がないとすれば、如何に逮捕の必要性ないし適法性が存在していても、議員の逮捕を要求することは絶対に不可能なのである。従って、「国会議員だからといって適正な犯罪捜査権あるいは司法権行使を制限しうるものではない」という議論は、憲法上認められている議員の不逮捕特権を、憲法上認められていない逮捕許諾要求権に屈服せしめんとするものであって、正しい解釈とは云い難い。

むしろ、いかに適正なる犯罪捜査権であり司法権の行使であっても、法律で定めた場合を除いては、会期中、議員は逮捕されないことが憲法上の大原則なのである。

次に、これについて、院外における現行犯罪の場合は、議院の許諾なしに逮捕できることを理由とする論がある。しかしながら、新憲法は旧憲法第五十三条と異なり、現行犯罪の除外を「憲法上」規定していないのである。すなわち逮捕許諾についての現行犯罪除外の原則は、憲法上当然にしかるのではなく、国会法第三十三条によってはじめてしかりといい得るのである。また憲法第五十条の規定は、無条件には逮捕を許さない趣旨であり、その条件を法律の規定に譲っていると解するのが通説であり[2]、「法律の定める場合を除いては」と憲法に定めてあれば、いかにこの条件を定めるかは、国会の自律性を尊重して法律に譲ったものと解するのが正当である。而して、議院の許諾の意思決定は、憲法第五十条に規定する「法律の定める場合」に該当する意思決定であるから、法律に替る意思決定であるといわなければならない。たとえ一院の議決であっても、法律がその意思決定を以て法律に替るものとした場合には、その意思決定が法律と同価値を持つものであることは理の当然であろう。しかも国会法第三十三条並びに第三十四条の二が、刑事訴訟法に優先する規定であることは、憲法第五十条に「法律に定めた場合」の法律であり、また国会法は国会議員の身分に関しては、刑事訴訟法の特別法たるの性格を有することからして当然である。しからば、その第三十三条の規定に基づく「許諾の議決」は、憲法第五十条のいわゆる「法律に定めた場合」に該当し、前述の如く「法律に替る意思」であるから、これが刑事訴訟法に優先することもまた議論の余地がないのである。

次に、議院は、適法にして、かつ、必要な逮捕であると認める限り「無条件に」これを許諾しなければならぬとする議論である。この議論に対しては、既に一で述べたように、憲法は、許諾について何らの規定を設けておらず、法律の定めるところに挙げて任せており、その法律がすなわち国会法であり、国会法第三十三条には、許諾の条件について規定することができるにもかかわらず、それらの点については挙げて一院限りの議決に任せているのである。国会法は、「無条件で」許諾すべきことを規定していない。よって「無条件でこれを許諾しなければならない」との断定は独断であって、むしろ刑事訴訟法を以て議院の議決権を制約せんとする議論であるということができよう。従って、期限を付けることも自由であって、許諾に際して始期又は終期付き許諾は許されるものと解すべきことは、既に一の原則で述べたとおりである。

三　この外にも種々の議論があるが(3)、すべて以上に述べた憲法上の根本原則の無理解に基づくもので、その詳細に立ち至って論ずることは避ける。

以上述べたように、議院における議員の逮捕許諾権は、逮捕を許諾するか拒否するかの二者択一の権能ではなく、それに期限を付することも何ら憲法及び法律に抵触するところがないといわなければならない。

よって、付した期間の長短について、妥当であったか否かの点については議論がなされても、それが許諾権の本質に反していないことは勿論、法律的に期限付許諾は有効なるものであるといわなければならぬ。

而して、憲法第七十六条には、すべて裁判官はその良心に従い独立してその職権を行い、この憲法及び法律にのみ拘束される、とあるが、法律に替る意思は、法律と同じ効果を持つものであるから、この議院の意思にも拘束されるのが当然であろう。

(1) 宮沢俊義『日本国憲法』三六八頁、拙著『国会運営の理論』二二三頁
(2) 『註解日本国憲法・中巻』七八頁
(3) 昭和二九、三、六　東京地裁決定理由　参照、佐藤達夫「期限付逮捕許諾について」(自治研究　第三〇巻　第四号)　参照

(覚書　一)

議員有田二郎君の逮捕許諾の件をめぐる諸問題について

一　各議員は、憲法第五十条及び国会法第三十三条によって、会期中その院の許諾がなければ逮捕されないことになっている。

二　衆議院は、議員有田二郎君に対する逮捕許諾については、去る二月二十三日に「来る三月三日まで逮捕することを許諾する」旨議決した。

三　そこで期限付許諾は有効なりや、無効なりやが問題となり、期限付許諾は期限なかりしものと解し、ただその期限については、希望決議と同様に解すべきであるとの論がなされるに至った。新聞の論説は、おおむねこれに同調した。

四　なお、この説によると、衆議院規則第百四十九条を引き合いに出して、表決には条件を付せられないではないかと主張している。

五　ここに誤解の原因があると思われる。

何となれば、期限付議決は当然に有効であって、一点の疑いを容れる余地がないのである。憲法は、第五十九条その他の条文に「国会の休会中の期間を除いて」と規定しており、また、国会法第十五条は、各議院限りの休会の議決を認めている。これらは期限付議決を認めるものである。また、国会法第五十六条の三には、委員会の審査中の事件について中間報告を求めた場合に、委員会の審査に期限を付けることを、あるいは衆議院規則第百八十二条には、議員の請暇に期限を付することを認めている。

これらの点からいって、期限付の議決は有効であって、その間に一点の疑義をさしはさむ余地がないのである。

而して、その期限は議決の内容であって、決して条件でないことに注意せねばならない。

六　なお、表決と議決とは全くその意義が異なるのであって、表決は、個々の議員が議題に対して行う賛否の表明であって、議決は、議決機関の意思決定である。而して、このたびの期限は、個々の議員の表決に際して付せられたものではなくして、議決の内容をなしているものであるから、その点をはっきりと認識しなければならない。

七　しかし、それが表決の場合であろうと、議決の内容をなす場合であろうと、条件と期限とは、法律的には明らかに異なるものであることはいうまでもない。

八　条件は、その効果の発生、消滅が、将来の不確定な事実にかかるものであり、

九　期限は、その効果の発生、消滅が、将来に到来することの確実な事実にかかっているものである。

十　また、期限と期間とは、ともにある時間的な長さを持つ観念ではあるが、その違いは、期間は、その始期と

終期との間の一定の時間的長さであるのに対し、期限は、始期以後または終期以前における不定の時間的ひろがりを持つ点にあるとされている（法令用語辞典　九四頁）。例えば、「一月一日から同月三十一日までに」といえば期間であるが、単に「一月一日から」または「一月三十一日までに」といえば期限であるといわれる。

十一　そこで、今回の衆議院における有田君に対する許諾の議決については、何ら欠けるところがなく、有効なものといわなければならない。

何となれば、左の議決要件を充足しているからである。

1　定足数の原則

2　過半数の原則

3　議決事項が、その権限内の事項たること

4　議事が、国会法並びに規則に違反していないこと

十二　しかるにもかかわらず、なお、期限についての議決が無効であるといわれる所以のものは何であろうか。

1　それは憲法第五十条によって、無期限あるいは無条件の許諾を求めたのであるから、許諾の議決は有効であっても、期限を付した部分は憲法の精神に反するから当然無効の議決であるというのである。

しかし、この議論は、なお検討しなければならない。

憲法第五十条には、「法律の定める場合を除いては、国会の会期中逮捕されず」と規定されているだけであるから、議員は会期中は逮捕されないのを原則としている。従って、直接憲法からは逮捕の許諾要求権が生まれては来ないわけである。

しかるに、国会法第三十三条に「各議院の議員は、院外における現行犯罪の場合を除いては、会期中その院の許諾がなければ逮捕されない」と規定されたので、初めてここに「その院の許諾があれば逮捕できる」ことになったわけである。

而して、国会法はただ単にその院の許諾があれば逮捕できることを規定しただけで、その許諾に期限を付けるのがいいか悪いか、条件を付けるのがいいか悪いかについては、何ら触れていないのであるから、これは国会あるいは議院の意思決定の一般原則に従って決定されるべきものであることは当然であろう。

そうとすれば、先ほどから述べているように、国会でも各議院でも、他の問題については期限付議決をいくらでもやっているのであるから、有田君の許諾に期限を付けても無効ではないといわなければならない。

2　しかるに、新聞等の論調によるときは、衆議院のかかる議決は、裁判所または検察庁を何ら拘束するものではないということであり、その根拠としては、裁判官は法律以外には拘束されないから、一院の議決には従うを要しないし、検察庁側においても、刑事訴訟法以外には何ら拘束されない、のみならず、法律は両院の議決によるが、許諾は一院の議決でないか、一院の意思で法律を変更できないではないか、というのがその論拠のようであるが、これにはにわかに賛成しかねる。

何となれば、若し衆議院が許諾せずと決したときは、それに従わずに院議を無視して逮捕はできないであろう。そのときも、その議院の意思は一院限りのものではないか。しかるに、期限付許諾のときだけが一院限りの意思であるからそれに従わなくてもよいとは、論理の矛盾ではないか。しかも、先述したように、許諾の内容が国会法に何ら制限されていない以上は期限は議決の内容であり、単なる希望事項ではないのであるから、この有効な議決に拘束されるのが当然ではなかろうか。

また、憲法あるいは法律に反した議決は無効であるというが、憲法と法律のどの条項に違反したのであろうか。

国会法の許諾に制限が付せられていない以上は、その議決の内容は、国会法なり規則なりによって有効、無効が決せらるべきではないのか。

しかも、論者が、憲法に期限を付してよい旨の規定がないのであるからそれは無効である、というに至っては、何をかいわんやである。

憲法に規定がない限りは、国会なり議院は自主的にその権限を行使してさしつかえないのであって、それが憲法違反であるというなら、これまでの議決の多くが憲法に違反したことになるのではなかろうか。例えば、旧憲法時代には、議会の休会については何らの規定もなかったのであるが、年末年始の休会を議決していたではないか。新憲法では国会の休会は認めているが、一院限りの休会については何らの規定もないから、この点について規定した国会法第十五条は、無効であるといわなければならぬ。また、議院は各種の決議案を上程議決しているが、憲法に定めてある内閣不信任又は信任の決議案以外の決議案を上程議決することは、憲法違反といわなければならなくなる。

次に、衆議院の期限付議決は有効とするも、それによって、刑事訴訟法は変改されないのではないかとする議論があるが、これもまことにおかしな議論である。何となれば、最初から一院の意思を求め、その意思によって、無期限の許諾があれば、そのときから一般の刑事訴訟法上の手続が進行するのであり、全く許諾がなければ逮捕されないことになるのであって、許諾に期限が付けば、その期限内に限り刑事訴訟法上の手続が進行し、あとは停止されることは、これまた当然ではなかろうか。これを要するに、初めから憲法第五十条は、議院がいかなる意思を決定するかは、議院の自由意志に委ねたものと解さねばならぬ。しかるとすれば、その議院の意思に反することこそ、憲法の精神に反するものといわなければならない。憲法第七十六条は、「すべて裁判官は、その良心に従い独立してその職権を行い、この憲法及び法律にのみ拘束される」と定めているが、ここにいう法律は、何も刑事訴訟法だけを指すものではなかろう。

国会法第三十三条は、憲法第五十条を受けての規定であって、国会法第三十三条には許諾に期限を付してはならないとはなく、全くの自由意思に任せられていて、これは前述した如く、一般の法則に従って決せられるべきである。しかるときは、内閣が国会法第三十四条の二の規定によって、議院の許諾を求めた場合に、国会法第三十三条の規定に従って議院がその意思を決したにもかかわらず、検察側がその意思を尊重しないことは、とりもなおさず、憲法第五十条の精神に反し、また国会法第三十三条に反したものといわなければならず、裁判所こそ、その違反行為を無効と断ずべきものではなかろうか。従って、かかる議院の意思が、刑事訴訟法に優先することは当然であり、その結果として、刑事訴訟法の規定は議院の意思によって制限を受けることは致し方がないのではなかろうか。

3　また、かかる期限付許諾は司法権に一つの制限を加えるものであって怪しからぬという議論がなされているが、国会になってから会期は自主的に決定されるのであり、その長きは一会期二〇〇日を超えることもあり、例えば二〇四日（第一回国会）、二〇九日（第二回国会）、二三五日（第一三回国会）のごときである。かかる長期間、許諾か許諾しないかの二つのケースを選ぶしかないよりも、その間において国会審議の事情の許す限りは期限付きで許諾を与えることこそ、司法権を尊重し、かつ、協力したことになるのではなかろうか。

十三　かく考えてくると、期限付許諾は、合憲的議決であるといわねばならない。

これに付随して、次のような問題が残されている。

1　それは、期限の更新の問題である。

議院が許諾に期限を付したときは、その事件の審議の状況により、内閣からさらに逮捕期間の延長を申し出ることは許されないことであろうか。

現行法では、期限に関する規定は何もなく、それは全く議院の自由意思に任されているのであるから、その期間の延長もまた全く議院の自由意思に任されているといわなければならない。

従って、検察庁側か裁判所側から、その期間の延長を申し出たときは、内閣は、議員有田二郎君の逮捕の期間の延長について許諾を求めるの件として、これを衆議院に提出して、その許諾を求めることができるものと解される。この場合の取扱いは、一事不再議の原則に抵触しないことはいうまでもない。
その場合に、あらかじめその延長の期間を明示して許諾を求めるべきか、単に期間の延長の許諾を求めて、その認定は一に議院に任すべきかについては議論があろう。しかしそのいずれにしても、結局は議院の自由なる意思によるのであるから、本質的にはさしたる違いはないように思われるが、その延長の必要性を一応疏明すべき義務ありと見て、その期間を明示して、許諾を求めるのが妥当のように思われる。勿論、議院はその期間について諾否を決定するだけではなく、その期間を短縮して許諾を与えることも、もとより可能と解される。

而して、若しその期間の延長が許されないときは、先の期限の満限のときをもって、釈放しなければならないものと思われる。

2　内閣から期間の延長を求めるべき規定がないのに、かかることができるかについては、国会法第三十四条の二を類推して、一応はできるものと解さねばならぬ。

何となれば、期限付の許諾を与えるときに「ただし、期限後においても、なお逮捕を継続する必要ありと認めるときは、その期間の延長を申し出ることができる」というごとき議決をもなし得るので、期限を付すときに暗黙のうちにかかる延長の申出を認めたものと解することができるからである。

なお、逮捕の許諾後における国会の審議の情況や事情の変更も認められる場合には、司法権をなるべく尊重する建前から、期間の延長の申出を受け付けることは、何ら議院の自主性と尊厳との冒涜にはならない。

3　なお、期間延長について許諾を求めることは、逮捕の許諾とは全くその性質を異にすることに注意しなければならない。逮捕の許諾は、まだ逮捕されていない者について、その許諾を求めるのであって、期間の延長の許諾は、既に逮捕されている者に対して逮捕期間の延長の諾否を求めるものであるからである。

4　その他の問題について

一つは、逮捕を許諾した議員について、議院は同一会期中にその釈放を要求できるかについては、憲法第五十条が釈放の要求を「会期前に逮捕された議員」と定めていることから、できないものと解さねばならぬ。

その二つは、一つの会期と次の会期とが接続している場合に、前の会期で逮捕に許諾を与えた議員を、次の会期にその釈放を要求することができるかの問題であるが、これは憲法の趣旨からいうときは、釈放を要求できるものと解さねばならぬ。何となれば、一つには会期不継続の原則によって、いかに会期が接続していても、それは同一会期とはいえないからであり、二つには、国会法第三十三条の規定から見ても逮捕の許諾の期間は会期中であるからである。

その三は、前の会期中に逮捕の許諾を求めた事件について、その次の会期まで引続き逮捕していた場合には、その会期に改めて逮捕の許諾を求めねばならないかについては、その必要がないと解さねばならない。何となれば、閉会中に逮捕した議員について、次の会期にその逮捕について許諾を求むべしとの規定がないからである。従って、この場合に許諾を求める必要がないからといって、議院の側において釈放の要求ができないことはなく、当然釈放の要求ができることはいうまでもない。

十四　以上の見地に立って、このたびの有田君の逮捕許諾にかかる問題を処理するには、立法権、司法権等の権威維持からみて、また憲法の精神からいって、許諾には期限が付せられることと、その期間の延長を申し出ることができることとして、円満裡にその解釈を図ることが最上の方策であると思われる。

（昭和二九、三、一）

三月六日の東京地方裁判所における有田二郎君の期限付逮捕許諾に対する関谷裁判長の決定理由についての反駁論

一 決定の理由には、「逮捕が適法にしてその必要性の明白な場合でも、なお、国会議員だからといって適正な犯罪捜査権、あるいは司法権行使を制限しうるものではない」と断じているが、これは明らかに政治論であって法律論ではない。

何となれば、憲法第五十条には、逮捕の要求権が保障されていないからである。もし仮に、国会法第三十三条及び同三十四条の二の規定がないとすれば、それでもなお、逮捕の必要性と適法性を以て、議員の逮捕を要求することが可能であろうか。

思うにこの点については、何人も憲法第五十条から、直ちに議員の逮捕要求権が生まれてくるものとは主張するものはなかろう。否、むしろ異口同音に、この条文は議員の不逮捕特権を規定したものであるというであろう。

しからば、憲法そのものが、国会が国家構造の上において、国権の最高機関として、また国の唯一の立法機関として占める地位を重要視して、立法権の重要性と司法権のそれとが衝突した場合には、立法権に重点を置き、その構成員たる議員に不逮捕特権を認めることによって、犯罪捜査権あるいは司法権の行使に初めからある程度の制限を加えて、その解決を図ったものといわなければならない。

従って、決定の理由に「国会議員だからといって適正な犯罪捜査権あるいは司法権行使を制限しうるものではない」といっていることは、憲法上認められた議員の不逮捕特権を、憲法上認められていない逮捕許諾要求権に屈服せしめんとするものであって、正しい解釈とはいいがたい。

むしろ、いかに適正なる犯罪捜査権であり司法権の行使であっても、会期中議員は逮捕されないことが憲法上の大原則なのである。

二　さらに、上述の決定理由を正当づけるために「このことは院外における現行犯罪の場合には、議院の許諾なくして逮捕しうるものとしていることによって明らかである」と述べているが、これは正当な理由づけとはいえないばかりでなく、却ってその反対理由となるものである。

何となれば、憲法はすべての根源であって、いかに法律であっても憲法に反するものはすべてその効力を有しないことは、憲法第九十八条によって明らかである。新憲法には旧憲法第五十三条の如く、憲法中に「現行犯罪を除いて」とは規定されていない。

それにも拘らず、決定理由において、現行犯罪については院の許諾なくして逮捕できることは、とりもなおさず正当なる犯罪捜査権なり、司法権の行使に制限を付し得ない結果であるから、それに制限を付けることは「逮捕許諾権の本質を誤り刑訴法を無視した法的措置を要求するものであって無効である」と結んでいるのは、全くその本末を転倒したもので、正当なる決定であるとはいえない。

刑訴法といえども憲法の条規に反するものは無効たることは、上述の憲法第九十八条に照らして明らかなことであるから、まず憲法第五十条の趣旨解明から論じられなければならないはずである。しかもその第五十条では、現行犯罪を除外していないのみでなく、逆に、会期前に逮捕された議員については、現行犯罪によるものでも釈放を要求できることになっているので、いわば無制限なる釈放要求権を議院に与えたものといわなければならぬ。

これらの点から見て「現行犯罪の場合には、議院の許諾なくして逮捕しうるものとしていることによって明らかである」と断じていることは、憲法上当然にしかるのではなく、国会法第三十三条のみを基準にして結論づけているものといわなければならない。

しかも、また、議院の逮捕許諾権については、憲法には旧憲法とは異なって、現行犯罪に関すると同様に、何ら規定するところがないことは前述の如くである。

三　そこで、はじめて国会法第三十三条の条規が問題になってくるのである。

国会法第三十三条は「各議院の議員は、院外における現行犯罪の場合を除いては、会期中その院の許諾がなければ逮捕されない」と定めている。

この規定は、憲法違反の疑いがないでもないという学者もいる。その理由としては、憲法が「法律の定める場合を除いては」と規定しているのは、現行犯罪とか、内乱罪、騒擾罪、外患罪とかいう特定の犯罪を指しているのであって、それ以上に一般の許諾権を認めたものではなく、法律で定めた特定の場合以外には絶対的に逮捕を許さないこと、従って、逮捕の許諾権を認めたものではないからであるといっている。もしそうだとすれば、国会法第三十三条にいう許諾権も、また、同第三十四条の二にいう許諾権も、憲法に反するものといわなければならない。

しかしこれに対しては、通説では「議院の許諾による逮捕を禁じていると解するのは恐らく正しくないであろう。憲法の規定は無条件には逮捕を許さない趣旨であって、その条件を法律の規定に譲っているものと解するのが適切であろう」（『註解日本国憲法・中巻』七八頁）といっている。

これは、むしろ旧憲法では、議会は天皇の立法権に対する協賛機関に過ぎなかったから、議院の許諾権を憲法に規定してあったが、新憲法では、国会は国の唯一の立法機関となったので、「法律の定める場合」と憲法に規定してあれば、いかにこれを定めるかは、国会の自主性に譲ったものと解すべきである。これが憲法の精神に合致した解釈であろう。

四　国会法第三十三条は、現行犯罪の場合を除く他の犯罪については、各院に、その都度自由なる判断の下に許諾を決定すべき権能を与えた。

この許諾権が、憲法第五十条にその淵源を有するものであることは、検事の要求並びに裁判官の要求書が、その権源規定として憲法第五十条を引用していることから見ても判る。

五　しかりとすれば、議院の許諾の意思決定は、憲法第五十条に規定する「法律に定める場合」に該当する意思決定であるから、法律に替る意思決定であるといわなければならない。

六　一院の議決であっても、法律が、その意思決定を以て法律に替るものとした場合には、その意思決定が法律と同価値を持つことは当然であろう。

七　しかも、国会法第三十三条並びに同三十四条の二が、刑訴法に優先する規定であることは、憲法第五十条の「法律の定める場合」の法律であり、のみならず、既にその逮捕許諾要求の権源規定として引用したるところよりも疑問の余地がない。

八　しからば、その第三十三条の規定に基づく「許諾の議決」は、憲法第五十条にいわゆる「法律の定める場合」に該当するものであり、いわば「法律に替る意思」であるから、その意思が刑訴法に優先することも、また議論の余地がない。

九　ただ、残る問題は、その議院の許諾の議決に期限を付することができるかどうかの一点に限られなければならない。

十　憲法は、許諾については何ら規定することなく、挙げて法律に任せており、国会法第三十三条は、各院にその許諾権を認めたのみで、許諾には期限を付けることができない旨を定めてはいないので、これは各院の自由なる意思に任せたものといわなければならない。

そうだとすれば、それは、国会法及び規則に従って決せらるべきもので、他の機関による解釈が介入すべき余地はない。

国会法及び一院の議決のうちには、期限を付しているものが幾多ある。また憲法第八十七条による予備費支出については、事後に国会の承諾を得なければならないことになっているが、これについては、承諾か、不承諾かの二者択一ではなく、その議決の対象が可分のものであれば、一部承諾の議決をしている。のみならず、その他の承諾を求むる案件についても、また同様である。

十一　従って、有田君の逮捕許諾について、期限を付けたその期間が妥当な期間であったかどうかは別として、期限を付けるそのことは、法律的には何ら問題となる余地はなく、憲法に違反しないものであり、有効なるものといわねばならない。

十二　かくの如く期限付議決が有効なる場合に、その議決の内容が、もし刑訴法に背反するものがあるときは、既に上述したように、憲法第五十条が、立法権の意思と司法権の意思とが衝突したときは、立法権の意思決定を優先せしめる趣旨であることと、議院の許諾の意思は、法律に替る意思であること等からして、それは刑訴法に優先するものであることは間違いない。

そうだとすれば、憲法第九十八条に、「この憲法は、国の最高法規であって、その条規に反する法律、命令、詔勅及び国務に関するその他の行為の全部又は一部は、その効力を有しない」と定めてあることから類推しても、当然に期限付の許諾の議決に抵触する刑訴法の部分は、効力を有しないものとして解釈されねばならない。にもかかわらず、決定理由に「逮捕を許諾しながらその期限を制限するが如きは、逮捕許諾権の本質を無視した不法な処置といわなければならない」といっているのは、全く議院の許諾権の本質を解せず、憲法第五十条の精神に反する決定といわなければならない。

十三　従って、決定理由に「適法にしてかつ必要な逮捕と認める限り、無条件にこれを許諾しなければならない」と断じていることは、不当である。

前述したように、憲法は、許諾について何らの規定をも設けておらず、法律の定めるところに任せており、その法律がすなわち国会法である。その国会法第三十三条には、許諾の条件について規定することができるにもかかわらず、それらの点については、挙げて一院限りの議決に任せているのである。国会法は、いずれの場合にも無条件で許諾すべきことを規定していない。それにもかかわらず「無条件にこれを許諾しなければならない」と断定しているのは独断であり、むしろ刑訴法を以て議院の議決権を掣肘せんとするものであって、憲法第五十条に定める立法権に対する司法権の譲渡を無視するものであり、憲法第九十八条に反する決定といわなければならない。

十四　また、決定理由には「正当なる逮捕であることを承認する場合に国会審議の重要性から逮捕期間の制限を認めるならば、院外における現行犯罪においても、なおその逮捕を拒否し、またはこれに制限を加えてもよいわけであるが法律はこれを認めていない。以上の理由から逮捕を許諾しながらその逮捕の期間を制限することは違法である」と断じている。これに対してはその前提に誤りがある。

第一に「逮捕期間の制限を認めるならば、院外における現行犯罪においても、なおその逮捕を拒否し、またこれに制限を加えてもよいわけであるが法律はこれを認めていない」というが、法律よりも高位の憲法では、既に上述したように、現行犯罪について、旧憲法のように無条件逮捕を保障していない、のみならず、むしろ会期前に現行犯罪で逮捕された議員を、会期が始まってからは、議院の要求があれば釈放しなければならないことを規定している。

これを以て見るも、憲法上においては、度々述べてきたように、旧憲法とは異なって、現行犯罪であるとその他の犯罪であるとに拘わらず、同様の取り扱いをしているのである。

従って憲法上の原則としては、いかなる犯罪の場合であろうと、会期中議員は逮捕されないことが保障されていて、ただその例外として、法律で逮捕される場合を定めてもよいと規定しているに過ぎないのである。

そこで、国会法第三十三条は、院外における現行犯罪の場合には院の許諾なく逮捕してよいが、しかしその他の犯罪の場合には、院の許諾によらなければならないと定めたのであり、この場合の院の許諾は、法律に替る意思決定であることも、しばしば述べたところである。

しかるに、決定は、有田君の場合は現行犯罪ではなくその他の犯罪であること、その他の犯罪は議院の許諾によるべきこと、而してその許諾は全く議院の自由意思によって決せらるべきことの原理を忘れている。しかも、その第二の理由としては、「会期中に院外における現行犯罪についてもその逮捕を拒否し、またはこれに期限を付してもよいわけではないか」と述べているが、これほど矛盾した論理はない。何となれば、しばしば述べたように、憲法上は、現行犯罪については何らの規定がないから、もし国会法第三十三条の「現行犯罪の場合を除いて」の部分が削除されたら、現行犯罪についても逮捕できないのが原則となろう。そのときは、現行犯罪についても院の許諾を求めなければならなくなり、その許諾要求に対して院は拒否もできれば、また期限を付することもできることは、けだし論理の当然であろう。

しかるに現行国会法は、現行犯罪の場合にはその許諾を求めなくともよいと規定したに過ぎないのであるから、憲法上からは現行犯罪はその本質から見て許諾権の問題とは何の関連もないのではなかろうか。しかもその上に、これに制限を加えてもよいではないかとは、一体どうした論理なのであろうか。

有田君の場合における許諾の期限は、これを厳密に法律的に解釈すれば、国会法第三十三条の許諾権に基づく許諾という意思表示の附款であり、従って期限付許諾ということになる。意思表示の附款については、法律的に条件と期限とが異なることは、ここに説明するまでもあるまい。

現行法上、現行犯罪の場合には院の許諾を要しないのに、換言すれば、何ら法律的な意思表示を必要としないのに、法律上の意思表示の主たる内容に付加して、その効果にある制限を加える附款、すなわち、期限に関する意思表示の議決だけができるであろうか。こんな矛盾した論理はどこにもあるまい。それは、あたかも、一度無条件に許諾したものに、あとになって期限に関する議決をしたり、あるいは釈放の議決をするのと同じ矛盾であろう。

しかし、会期前に逮捕されたものについて、期限付の釈放要求ができることは当然であると思うが、かかる決定の理由からするならば、その期限付釈放要求の議決もまた無効とならなければならないであろう。

かかることからして、逮捕の期間を制限することは違法であるというその決定の理由が、全く理を尽くさざるものであり、不当な決定であるといわねばならない。

十五　また、決定理由には「逮捕許諾権はそのようにほしいままに行使できるものではない。憲法第五十条及び国会法第三十三条などによる逮捕、拘引、勾留はすべて憲法及び法律の規定に基づいて施行されなければならないことはいうまでもない。法定の期間を超えてこれを勾留することはもとより、法定期間を短縮して拘禁を解くことも許されない。立法機関である国会が法律で勾留の期間を変更することは可能であるが、特定議員を勾留する場合に法律の規定を無視してその拘留期間を変更、制限することはできない。即ち逮捕許諾権は逮捕を許諾するか拒否するかを決定する権能であって、逮捕勾留などに関する憲法や法律の規定を無視して施行すべきことを要求する権能ではない」と断じている。しかし、これも独断であって、賛成することはできない。

何となれば、第一に「逮捕許諾権はそのようにほしいままに行使できるものではない」といっているが、議院の逮捕許諾権は、法律によって認められたものであって、その意思決定は、その院が自主的に決定できるものであることは、憲法第五十八条に、両議院は各々その会議その他の手続及び内部の規律に関する規則を定めることができる旨の規定があることからしても明らかであろう。しからば国会法第三十三条の規定によって、議員の逮捕許諾権はその院に任されたのであるから、極端にいえば、その院の規則によって、逮捕の許諾には期限を付することができると規定することもまた可能でなければならない。このことは、憲法第五十条に規定する議員の釈放権についてもいえることである。

憲法は、その議院の要求があればこれを釈放しなければならないと、釈放権も一院限りの権能として認めており、そうであるからには、その釈放の議決に期限を付けることができると規則に定めてもよいからである。

かく解してくると、一院限りの権能の行使は、すべて憲法及び国会法に特別の規定がない限りは、その自由なる意思決定に任されているといわなければならない。

従って、刑訴法が法律であり両院の議決を経たものであっても、何らその規定に拘束されるものではない。一院の権限が憲法に淵源する限りにおいては、その権限の行使に関する意思決定は、当然に法律に替る意思決定であるから、法律に優先するものであり、もしその意思決定が法律と抵触するならば、その抵触する限度においては、法律の効力は停止されたものと解さねばならないのである。

それにも拘らず、刑訴法を議院の許諾に関する意思よりも優位にあるものと解することは、憲法の精神を不当に歪めて解釈するものであって、正当なる法の解釈とは云い難い。

議院の期限付許諾は、その院の意思決定の正規の方法に従ったものであって、決してほしいままな決定をしたものではない。これをほしいままなる許諾権の行使であるとしているのは、独断であることが明らかである。

第二には、「特定議員を勾留する場合に法律の規定を無視してその期間を変更、制限することはできない」と述べているが、これは、逮捕、拘禁、勾留等を一般的に、憲法と刑訴法に従って区別した議論であって、国会法第三十三条の許諾の対象は個々の特定議員に対する逮捕であり、憲法第五十条にいう逮捕と同意義のものでなければならない。憲法第五十条の逮捕には、いわゆる狭義の逮捕ばかりでなく、拘禁、勾留も含まれているものと解さねばならない。先般の議院運営委員会においての井本刑事局長の答弁も、またそうであった。もしそうでないとすれば、憲法第五十条に、会期前に逮捕された議員とあるのは、拘禁、勾留中の者を含まないものとなって、その法益は全くなくなってしまうことになる。

許諾に期限を付することは、何も刑事に関する一般法規たる刑訴法の拘留の期間に関する規定を恒久的に変改するものではなく、憲法に淵源して、しかも刑訴法に優先する国会法第三十三条に基づく意思、すなわち許諾の議決が、具体的事件に対してその議決の内容に抵触する限度において、刑訴法の効力を一時停止するに過ぎないのである。

それは、会期前に逮捕された議員の釈放要求が議決された場合に、刑訴法による勾留の期間の如何に拘わらず釈放しなければならないのと同じ効果である。

従って、「議院の逮捕許諾権は逮捕を許諾するか、拒否するかを決定する権能である」と論断していること自体が、議院の独立自主の意思決定を否認するものであって、憲法及び国会法をよく理解していない結果であり、司法権の独立とその優位を主張する余り、憲法が立法権と司法権とが衝突する場合には立法権の優位を認めた特別の例外をなす一つの場合（もう一つは憲法第五十一条の発言に対する免責特権である）たる議員の不逮捕特権を、過小評価するものといわなければならない。

十六　以上述べたように、議院の逮捕許諾権は、逮捕を許諾するか拒否するかの二者択一の権能ではなく、それに期限を付することも何ら憲法及び法律に抵触するところがないといわなければならない。

よって、その付した期間が妥当であったかどうかの点については議論がなされても、それが許諾権の本質に反していないことは勿論、法律的に、期限付許諾は有効なるものといわなければならない。

而して、憲法第七十六条は、すべて裁判官はその良心に従い独立してその職権を行い、この憲法及び法律にのみ拘束されると定めているが、法律に替る意思は、法律と同じ効果を持つものであるから、この意思にも拘束されることが当然であろう。

（昭和二九、三、八）

九　国会における条約の承認権をめぐる諸問題について

第一節　国会の条約承認権の根拠

わが新憲法は、第七十三条第三号において、内閣は「条約を締結すること。但し、事前に、時宜によっては事後に、国会の承認を経ることを必要とする」と定めて、条約の締結権は内閣に、そして、その承認権は国会にあることを明定している。

これによって内閣の条約締結権は制限を受けて、国会の承認がなければ憲法上の要件を充足しないことになって、国会は国権の最高機関すなわち国家意思の形成の上において最高の機関として、国家作用たる対外政策について主導的役割を果しているものと言わなければならない。

もとより旧憲法にあっては、宣戦、講和、条約の締結は、天皇の大権とされていて、議会の関与は許されていなかった（旧憲法一三条）。

しかるに、権力分立原理を基底とする現代立憲主義国家においては、漸次国民代表の立法権を保護する目的を以って、国会を条約締結作用に関与させるようになった。

わが憲法も、また、その前文において、そもそも国政は国民の厳粛な信託によるものであって、その権威は国民に由来し、その権力は国民の代表者が行使し、その権利は国民がこれを享受することが人類普遍の原理であり、憲法はこの原理に基づくものであることを宣言している。

わが憲法は、民主憲法の建前から、第一に、国会に国権の最高機関であって国の唯一の立法機関たる地位を与え（憲法四一条）、第二に、内閣は行政権の行使について、国会に対し連帯して責任を負う（憲法六六条三項）と定めて、三権分立の原理を基底としながらも立法権優位の国家体制をとるに至った。

このことが、国会に条約承認権を認める根本的思想であり、法的根拠でもある。換言すれば、国会こそは国民を代表する最高の機関であり、条約は、国家機関及び国民を拘束するものであるから、法律と同様に立法権の作用として、また対外作用を国会意思に統合する意味から言っても、国会が最終的に条約内容について国家意思を形成すべきものと解するものである。

第二節　条約承認権の性質

国会の条約承認権は、前述のように、国会が国権の最高機関であり、また国の唯一の立法機関たる性質に鑑みて意義づけられなければならない。

国会の条約承認権は、立法権を保護する目的を以って生まれ、対外作用の民主的統制、国民主権の防衛という意義を持ち、立法権、行政権協働の国家活動としての条約締結作用において実質的な国家意思を形成する行為たる性質を持つものである。而してこの承認権の本質こそは、憲法が、条約の締結権を内閣に認めながら（憲法七三条三号）、最終的には、国会の承認ということにかからしめて、実質的な国家意思の形成を国会に留保した点にあると思うのである。換言すれば、承認は単なる同意又は承諾ではなく、内容の確立に参画する行為であり、国家意思の形成に国権の最高機関として関与する行為であると解すべきである。従ってわが憲法の解釈としても、条約の締結には立法作用も含むと解されるので、国会が条約の内容に対して実質的最終最高の意思形成権をもつことを規定したものと見るべきであろう。

国会の条約承認権が、条約内容に対する実質的最終最高の国家意思の形成権であるとすれば、事前に、国会がその条約に対して承認権を行使できることが望ましい。憲法は、事前に国会の承認をうることを原則としているのも蓋し当然といわなければならぬ。

国際公法上、批准は、元来確認という意味で、署名された条約について、国の元首または政府が再検討し、これを確認することであると言われている。而して、署名、調印の効果は条約の内容の確定にあるとされている。即ち条約は署名調印によってその内容が確定するものであり、署名、調印後は一方的に変更することはできないものとされている。もとより条約が署名調印と批准によって成立するものについては、批准によって効力は発生するが、条約の内容は署名調印によって確定し、批准はそのまま行われなければならないものとされている。

従って内容の一部だけについて批准したり、内容の一部を変更して批准することは許されないとされている。

条約の締結について批准を必要とする理由については、横田喜三郎氏によれば、大体二つの理由を挙げている[1]。

第一に、国家が条約の内容を精密に審査するためである。条約の交渉は、普通に当事国の一方の領土で行われ、他方の当事国から見れば遠方の土地で行われるから、交渉の間は、大体内容が秘密にされているので、署名のときに、他方の当事国が正確な内容を知らなかったり、条約の成文を手にしないことがある。古い時代には、通信機関が発達していないために、特にそうであった。そこで、最終的に同意を確定する前に条約の内容を精密に審査する必要がある。この審査を行い、最終的に同意を確定することが批准である。ここに批准の必要な理由があるが、この理由は、古い時代には特に必要であった。現在では通信機関が発達し、当事国は正確な内容を容易に知ることができるから、余り重要でない。

第二には、条約の成立に議会を参加させるためである。現在の多くの国では、民主政治が行われ、法律の制定に国民の代表である議会を参加させる。条約は法的拘束力を持つ規則を定めるもので、その点で法律と同じであるから、条約の成立にも議会を参加させる必要があるとして、そこで条約を確定的に成立させる前に、これを議会に提出し、その承認を求めることが必要とされる。この理由は民主政治の国では非常に重要なものである。

これを以って見るも、批准は国会の承認があった後においてなされることが正しい。殊に、批准は条約が憲法上の要件を充たしたことを最終的に確定する行為であるばかりでなく、批准は署名後といえども義務でないとすれば、署名後に国会の承認を求めた場合に、その承認を得られないときは、批准をしなくとも国際信用を失うことはない。しかし批准後に国会の承認を求めた場合に、もし承認を得られないときは、却って国の信用を失墜することになるわけである。

第三節　承認権の対象

次に承認権に関連する問題として論じられなければならないことは、その対象は何かということである。つまり条約そのものが承認権の対象、すなわち議案であるかどうかという問題である。

この点について、下田政府委員は国会において、法律案はそれ自体が案件であるが、条約については、このテキストは単なる資料にしかすぎない。何々条約を締結するについて承認を求めるという一枚の大きな活字で印刷して出るのがあるが、あれ自体が案件である。つまり法律案に相当するのはあの一枚のぺらぺらの何々条約を締結するについて承認を求めるの件というのが案件である、と答弁して(2)今日に至っている。

これを実際に徴して見ると、例を「日本国とアメリカ合衆国との間の相互協力及び安全保障条約」についてとれば、まず、内閣総理大臣名をもってする提出文が添付されていて、次に、「日本国とアメリカ合衆国との間の相互協力及び安全保障条約の締結について承認を求めるの件」と書いてある表紙があり、その次の頁に、表紙と同様の件名が書いてあって、行を分けて、「日本国とアメリカ合衆国との間の相互協力及び安全保障条約の締結について、日本国憲法第七十三条第三号但し書の規定に基づき、国会の承認を求める。」と書かれていて、更にその次の頁に理由が書かれてある本文があり、条約は別紙でこれらに添付される形式がとられている。政府は、議案の場合は理由書が最後についているのに、条約の場合は、理由書は条約文の前、すなわち、何々条約の締結について承認を求めるの件のすぐ後についていることを以って、条約そのものは議案ではないと説明している。しかし、国会においては、第一回国会から本文と条約、また条約と不可分関係にある交換公文はこれを一体として議題に供し、これについて審議し、承認するかどうかの議決をしている。従って、条約そのものが議案として取扱われていると言わなければならない。

これが今や国会の条約審議の慣行である。この点について、第三十四回国会の衆議院日米安全保障条約等特別委員会において政府は漸く、国会の審議の実際に合致する答弁をするに至った。すなわち高橋政府委員（条約局長）は「ただいま問題となりました、締結の承認の対象になっているかどうかということで、締結の承認の対象になっていないのは、参考という文字を押したわけでございます」と答えた。(3) 而して政府は、「日本国とアメリカ合衆国との間の相互協力及び安全保障条約」及び「日本国とアメリカ合衆国との間の相互協力及び安全保障条約第六条に基づく施設及び区域並びに日本国における合衆国軍隊の地位に関する協定」には、参考資料とも、附属印刷物とも、附属書とも書いてないので、この二つが議案であることを明白にした。なお、その際配付された議事録と往復書簡、交換公文には「参考」と印刷されている。

これを要するに、国会としては、議案を広義に解して、国会または一院の議決の対象となるもの（議決を要するもの）で案を具えたものは、すべて議案と称しているのである。また国会において、国会または一院の議決を要するものを案件と称している場合があるが、これは議案より更に広義で議案のように案を具えないものも含んだ観念である（国会法八三条）。

国会法第五十六条第二項には、「議案が発議又は提出されたときは、議長は、これを適当の委員会に付託し、その審査を経て会議に付する」とあるから、本条の適用あるものはすべて議案であると言わなければならないし、また、国会法第五十八条には、「内閣は、一の議院に議案を提出したときは、予備審査のため、提出の日から五日以内に他の議院に同一の案を送付しなければならない」とあるし、衆議院規則第二十九条には、「第二十八条の議案のうち国会の議決を要するものについては、議長は、その配付とともにこれを予備審査のため参議院に送付する」とあり、参議院規則第二十五条にも同様のことが規定されていることからすれば、第一次には、議案は委員会に原則として付託される性質のものであるかどうかによって決せられ、また、第二次には、それが国会の議決を要するものであれば、予備審査のため他院に送付されるかどうかによって決せられると言わなければならない。

条約文が純粋の参考文書であり、単なる資料であれば、それは委員会に付託されることもなければ、他院に予備審査のために送付されることもない筈であり、また、付託したり送付することは法規違反でさえあると言わなければならない。

内閣は、一の議院に条約の承認を求める際、必ず他院に条約文そのものを予備審査のために送付している事実は、添付書類といい、あるいは参考資料と称しようが、それは議案としての取扱いであると言わなければならない。参考資料に一々内閣総理大臣の提出文を附ける必要はないことである。

第四節　承認権行使の態様

国会の条約承認権というも、実質的には条約に対する国会の意思、換言すれば最高最終の国家意思を決定する議決権に外ならないのである。

従って承認権行使の態様も、普通の議決権行使の一般的原則によって審議を受け議決を経なければならない。

而して一般的には議決権のうちには可決、否決の外に修正議決を含むのであるから、承認権のうちにも承認、不承認の議決の外に修正承認も含まれると解さねばならぬ。

しかし、国会法規上修正というのは、原案つまり議決の対象となっているものについて、新たに追加したり、あるいは削除したり、または変更する等、原案に手をつけてこれを直すことである。而して修正の範囲について規定するものはないが、

1　案文の字句、内容を改めること

2　案文を追加し削除すること

3　議案の表題を変更すること

4　一つの議案を分割すること

5　数個の議案を併合して一案とすること

等は先例上修正の範囲とされている。

しかし修正は、原案の内容を変更するものであるから、その議題となっている、換言すれば議決の対象となっている内容が、国会または一院の議決で変更しうるものでなければならないことは自明の理でなければならない。

修正のできないものでも、それが議決の対象となるものであれば議案と称して差し支えなく、修正の可能、不可能を基準として議案であるかどうかを定むべきものではないが、いやしくも修正のできるものは、必ず議決によってその内容を変更しうるものでなければならない。従って議案であっても、その内容が既に確定していて、内容が変更し得ないものは修正はできないと解さねばならぬ。例えば、決算、予備金支出の事後承諾、参議院の緊急集会で採られた措置についての衆議院の同意等については修正はできない。また請願は国民から各議院に提出されるもので、議院は、ただこれを採択するかどうかを決するものであって、その内容を変更しうべき性質のものでないから、これまた修正はできないものである。

このように修正の限界は、一般的には、議決によってその内容が変更できるか否かを標準として決せらるべきで

あって、発案権の有無によって修正の限界を論ずべきでない。

従来予算については、国会に発案権のないことに基づいて、その修正権も当然に限定せられ、政府の原案よりも支出金額を増額し、または新たなる款項を追加修正することはできないとの説が多かったが、憲法が、国の財政を処理する権限は、国会の議決に基づいてこれを行使することを原則としたこと、財政法第十九条の趣旨、及び地方自治法第九十七条は予算の提出権は地方公共団体の長にあるにも拘らず、議会の増額修正権を認めている点等から、現在では提案権のいかんにかかわりなく、国会は予算に対して修正議決することができるものとされるに至った。

これは、予算は見積であるので、その内容が修正可能なることと、国会が財政を処理する最終且つ最高の権限を有していることに淵源するものである。

しからば、条約についても、内閣に締結権があって国会には発案権がないから修正権はないと簡単に片附けることができるであろうか。この点については、先に述べたように、議決権の一般原則すなわち第一次には国会が議決案件について最高の意思決定権をもっているかどうか、第二次には、その議決案件の内容が、修正を可能とするものかどうかによって決せられなければならない。

思うに、条約の承認については、第一次には国会が国権の最高機関で唯一の立法機関たる性質から当然に国家意思の最高の決定機関と言わねばならぬ。

しかし次に、その議決の対象である条約そのものが、内容に変化を加えることを許すかどうかによって決せられなければならないので、国会に承認を求めるときの条約内容の確定状態によって当然に国会の承認権の態様も異なってくるものと言わねばならない。

内閣が、過去において国会に条約の承認を求めた時期を基準とすれば、大よそ三つに分けることができる。一つは、批准後に承認を求めた場合であり、二つには、署名調印後批准前に承認を求めた場合であり、三つには、署名調印前に承認を求めた場合である。

(1)　条約の批准後に国会の承認を求めた場合

この場合は、先述したように国会は国権の最高機関として国家の最高意思すなわち条約そのものの成立を認めるかどうかを決定する権限はあるが、しかし、その条約は署名調印ばかりでなく批准という条約締結行為の最終段階がすんでいるので、国会は修正を加えて、その条約の内容を変更できないものと解さねばならぬ。従ってこの場合は典型的な事後承認の場合であって、国会は、これを承認するか承認しないか、を議決する外はないものと言わねばならぬ。また、署名、調印だけで批准を要しない条約にあって、署名、調印後に国会の承認を求めた場合も、既に条約行為の最終段階がすんでいるので、批准後の場合と同様に修正議決はできないものと解さねばならない。

(2)　署名、調印後批准前に国会の承認を求めた場合

この場合でも政府は、これを事前の承認であるというが、しかし、署名、調印はいかなる意義と価値を持つかは、既に述べたところであり、国際法上は、もはや、内容は確定されたものとして合意に達しているので、更にこれが内容を変更するには新たな外交交渉が必要であるとされている。つまり別個の条約の締結交渉が開始されるものと解されるので、国会の議決は、批准を要しない署名後の場合と同様に、換言すれば、批准後の承認の場合のように、修正はできないものとして、承認か、不承認の議決をする外はないものと解することが妥当と信ずる。何となれば、よし内容に修正を加えたとしても、その結果、政府は国会の議決に従って新たな交渉を開始しなければならないからである。

(3)　署名、調印前に国会の承認を求めた場合

政府は、先の(2)の場合と同様に、この場合も事前の承認であるというが、果して両者の場合に国会の承認の態様について異なるところがないであろうか。条約は署名、調印によって、その内容が確定し合意に達することは、学者間に異論がない。故に、署名、調印後は、批准前であろうと内容が確定しているから、批准後のものと同様に、

その条約の内容に変更を加えることは出来ないものとして、かかる場合には、国会において修正できないものと解するを妥当とするが、しかし、これに反して署名、調印前の条約について、国会の承認を求められた場合は、その条約の内容がいまだ確定されていないことから見て、当然に内容に変更を加える修正ができるものと言わなければならない。

また、修正によって条約の内容に変更を来しても、政府は、新たに別個な外交交渉を開始する要はなく、交渉を継続すれば足り、却って、かかる場合には、国会の意思、換言すれば国民の意思が条約に反映して、最も条約承認権の行使が意義あるものになると言うことができよう。従って、かかる場合には修正出来るものと解さねばならぬ。

また、署名、調印前に提出された形式を見るに、条約文には案という字がついているのみならず、その理由書も他の場合とは異なっている(4)。

以上は条約の承認権の態様として、承認、不承認、修正承認の三つの場合についてこれを述べたのであるが、これに関連して、次の三つの問題について論じてみよう。

(一)　いわゆる条件附承認

内閣から国会に、署名、調印前に、承認を求めてきた条約の内容に、条件が附せられてない場合に、国会がその内容に条件を附することは、これは内容を変更するものと見て、これを修正と解し、先に述べた修正承認の態様の一種であって、ここにいわゆる条件附承認とは別個のものである。

しかし、ここにいわゆる条件附承認という場合の条件は、内容そのものに条件を附するものではなくて、議決に際して附せられる普通に希望条件を附して賛成するという場合の条件を意味するものと解して説明する。

元来、表決には条件を附することはできない（衆規一四九条、参規一三四条）ことになっている。これは議決の効果を将来発生することあるべき未確定の事実にかからしめることは、その議決を重からしめる所以でないからである。ここで、条約の内容そのものに条件を附するということと、表決に条件を附することとは、全く別のことであることに注意せねばならぬ。両者ともに、その効果を将来発生することあるべき未確定の事実にかからしめている点は同じであるが、そのかからしめている効果は前者は議決の対象たる内容そのものの効果であり、後者は議決そのものの効果で、その対象の内容とは全く無関係である点に相異がある。而して、いわゆる条件附承認といっても、その条件は内容の意思表示に関する附款でない限り、単なる希望意見であって、別に議決の対象となるものではない。従って、法的には何らの意味もないものと言わなければならない。

(二) 留保附承認

国会が条約を承認するにあたって、そのうちの或る条項に留保を附して承認することができるか。この点に関して、政府は、理論的には不可能とは言えないが、ただ、極めて不明確な事態が生ずることになるので、実際問題として困るだけであると答弁している。(5) また、学者のうちにも、留保、解釈等の条件附承認ができると解するものもある。(6)

しかし、議決の対象の一部を留保することは、議事手続上どういう意味であろうか。常に議決の対象は議題に供せられたもの全部でなければならない筈である。両院規則には、議長が表決を採ろうとするときは、表決に付する問題を宣告しなければならない（衆規一五〇条、参規一三六条）とされていて、場合によっては、問題をいくつにも分けて表決に付することもあるが、しかし、かかる場合でも最後は必ず議題に供した案件そのもの（全部）を問題として採決しているので、その一部を議決の対象から除いて、換言すれば、その部分を留保のまま全体を議決することができるであろうか。議決は、議決を要する案件全体に対する採決の結果であって、その一部に対するものではない。従って、議案例えば法律案中の一条項について一院が、もしその部分について採決しないで可否を留保して他院に送付した場合には、一体どうなるであろうか。言うまでもなく、他院における議決の対象言い換えれば議題に供せられるものは、送付案であって、政府提出の原案や議員の発議案ではない。従って、一院が修正したときは、修正部分についてはその修正されたままのものが議決の対象となるのであって、修正される前のものではない。

故に、一院において可否を留保した部分については、いまだ先議の院の意思が不明であるので、その部分は否決されたものとしてこれを取り除いて取扱うことも出来ず、可決されたものとして議決の対象として取扱うわけにもいかないことになる。

かかることは無意味の論議であって、条約の承認の場合においても同じであり、条約中部分的に国会の意思の決定しないもの、言い換えれば、承認のないものを批准できる道理はないわけである。

これは要するに、条約の内容そのものに条件を附けることと（これは修正承認であることは前に述べた）、採決の際一部を留保すること（一部について採決しないこと）との観念の混同からきた議論であると言わなければならぬ。

従って、採決の一部を留保（議案の一部について可否を留保すること）するということは、議事手続上は全部（議決対象全体）について留保するということと同一結果である。

条約中の条項については、内容を修正しない限り採決によってこれを留保するということはあり得ないことであって、それは手続上瑕疵ある議決として無効であり、不承認ということと同じ結果である。

また、ここにいう留保附承認と、承認の議決をする際別個に決議案を上程し、その条約に対する議院としての意思表明をして、政府に新たなる外交交渉なり措置を促すこととは、これまた全く別個の問題であり、この方は、条約そのものの承認の上に直接に法的効果をもたらすものでないことは言うまでもない。

㈢　**附帯決議**

本会議ではないが、よく委員会においては、付託された本案に附帯してなされる決議、すなわち附帯決議なるものがあるが、もとより本案議決の条件ではなく、本案とは別個に議決されるもので、それは本案とともに本会議に報告されても、これは本会議の議決の対象とはならない。従って、本会議でなされるときは、附帯決議ではなく、独立の決議としてなされなければならないが、しかし、それはあくまでも一院の意思の表明であって、現行法規上は、両院で内容同一の決議をしても、それは国会の決議とはならないから、別途の議決案によって、国会の意思を表明する外はない。

第五節　条約の審議過程

もとより議決というのは機関たる会議体の意思を決定することであり、表決はその構成員たる委員又は議員の個々の意思で、議決は表決の結果であっても、その個々の意思とは全く別の会議体としての意思である。

条約審議に関する過程を国会法規上からこれを見ると、

㈠　憲法上、条約の承認を国会に求めるにあたって、内閣は、衆参両院のいずれに先に提出するも差し支えない。それは、内閣の自由である。

㈡　しかし憲法は、条約の締結に必要な国会の審議については、予算に関する憲法第六十条第二項の規定を準用しているので、衆議院先議の条約は、参議院先議の条約よりも内閣にとって有利に取扱われている（憲法六一条）。これは、衆議院の優越性ということが考慮されていることは勿論であるが、憲法改正の際、条約の審議については、条約締結のもつ立法的性質から法律案審議に関する第五十九条を準用すべきではないかとの論議がなされた(7)のであるが、条約の特殊性に鑑みて、予算と同様になるべく速やかに確定する方法によるべきであるとの理由から第六十条が準用されたのであって、そのため、予算と同様に、条約について参議院で衆議院と異なった議決をした場合に、法律で定めるところにより、両議院の協議会を開いても意見が一致しないとき、又は衆議院の可決した予算を受け取った後、国会休会中の期間を除いて三十日以内に議決しないときは、衆議院の議決をもって国会の議決としている（憲法六〇条二項）。

㈢　衆議院先議の条約については、

1　衆議院で条約を不承認と議決したときは、否決の場合と同様に、国会法上は、それによって国会としては不承認と決定してしまうことになり、衆議院は不承認ということを参議院に通知するのみで、議案（条約）は送付しない（国会法八三条一項）。この場合に、参議院は両院協議会を求める方法がない。

2　衆議院が承認し、又は前述したように署名、調印前の場合に修正したときは、これを参議院に送付する（国会法八三条一項）。この場合は送付することによって憲法第六十条第二項の規定が準用されて、参議院が送付案を受け取った後、国会休会中の期間を除いて三十日以内に議決しないときは、衆議院の議決が国会の議決となる。

3　参議院がこの送付案に同意したときは、これを衆議院に通知しただけで、国会としての承認があったことになる（国会法八三条二項前段）。

4　参議院が衆議院からの送付案を否決したとき、つまり条約を不承認と議決したときは、その旨を衆議院に通知するとともに議案たる条約を衆議院に返付しなければならない（国会法八三条二項後段、国会法八三条の二―三項前段）。

5　衆議院はその通知があれば両院協議会を求めなければならない（国会法八五条）。この場合に、憲法第六十条第二項の規定が準用されて、両院協議会を開いても意見が一致しなければ、直ちに、衆議院の議決が国会の議決となるから、衆議院が全部承認であれば全部承認、修正承認（一部不承認の場合も含まれる）であれば修正承認、ということになるわけである。

6　参議院が衆議院の送付案を修正したときは、これを衆議院に回付しなければならない（国会法八三条三項）。

7　衆議院がこの参議院からの回付案に同意したときは、そこで、国会として承認が決定するわけであるが、この場合は、修正承認の場合に限られる。

衆議院は同意した旨を参議院に通知する（国会法八三条四項前段）。

8　衆議院が参議院からの回付案に同意しないときは、その旨を参議院に通知するとともに（国会法八三条四項後段）、第八十五条第一項の規定によって、両院協議会を求めなければならない。これは先の場合と同様義務規定であって、憲法第六十条の規定が準用され、意見が一致したときは勿論、一致しなくとも承認の議決があったことになる。

(四)　参議院先議の条約の場合、

1　参議院が先議の条約について不承認と議決したときは、衆議院先議の場合と同様に、国会としては不承認と確定する。而して、国会法第八十三条第一項によって、その旨を衆議院に通知すればよい。議案（条約）は送付しない。勿論、国会法はこの場合、両院協議会を開くことを認めていない。

2　参議院が先議の条約を承認又は、署名・調印前の条約を修正承認したときは、これを衆議院に送付する（国会法八三条一項）。

3　衆議院がこの送付案に同意すれば国会としての承認が確定し、衆議院はその旨を参議院に通知すればよい（国会法八三条二項前段）。

4　衆議院が参議院からの送付案を否決したときは、その旨を参議院に通知するとともに、条約を参議院に返付しなければならない（国会法八三条第二項後段、国会法八三条の二―三項後段）。

5　参議院はその通知があれば、両院協議会を求めなければならない（国会法八五条二項）。

両院協議会で成案が成立してそれを両院で承認すれば国会の承認は確定する（この場合は修正承認）が、成案が不成立の場合、憲法第六十条の準用によって、衆議院の議決が国会の議決となる。

6　衆議院が参議院の送付案を修正したときは、これを参議院に回付しなければならない（国会法八三条三項）。

7　参議院が衆議院の回付案に同意したときは、国会の承認が確定する。この場合は但し修正承認の場合に限られる（国会法八三条四項前段）。

8　参議院が衆議院の回付案に同意しないときは、その旨を衆議院に通知するとともに、両議院協議会を求めなければならない（国会法八三条四項後段、国会法八五条二項）。この場合も前述の5の場合と同様である。

これを要するに、条約の審議過程について、憲法第六十一条は、前条第二項を準用することを規定しているので、条約の審議過程における両院関係については、先ず第一には、参議院が衆議院と異なった議決をした場合には、法律の定めるところによって、両院協議会を開かなければならないこと、第二には、両院協議会を開いても意見が一致しないとき、第三には、衆議院から送付した条約を受けとった後、国会の休会中の期間を除いて三十日以内に参議院が議決しないときは、衆議院の議決が国会の議決になることになっている。憲法第六十条に、法律の定めるところによりとあるは、すなわち、国会法第八十三条以下の両議院関係を定めたところによることである。而して、国会法第八十五条の規定は前述したように、条約の修正承認の場合を予想して規定されたものであることは言うまでもない。

第六節　承認権行使の効果

憲法は、条約を締結するについては、国会の承認を経ることを必要とすることを第七十三条に定めているから、国会の承認は条約締結のための法定成立要件ということができよう。換言すれば、国会の承認がなければ条約は有効に成立しないということになる。この点については、条約締結権を承認権より重く見るか、国会の条約承認権を締結権よりも重く見るかによって、全く対照的立場に立つことになる。

しかし、前述したように、わが憲法は国会を国権の最高機関と定め、且つ、唯一の立法機関として内閣より優位なる国家体制を採ったこと、並びに条約承認権は立法上の権限とも考えられることから、内閣の条約締結権より国会の承認権を重く考えねばならないことは当然であろう。

そうだとすれば、国会の承認こそは、条約の有効成立要件であると解することが妥当である。いま、国会の承認の態様についてその効果を論じてみよう。

1　承認の場合

(イ)　署名調印前の承認を求めた場合に国会の承認があれば、内閣はその後の締結の手続を完了すれば、それで条約は有効に成立する。

ただ問題は、国会の事前の承認を得た条約について、その後、締結の完了行為をしないときはどうなるかの問題であるが（例えば条約に署名調印しないとか）、かかる場合は、何ら法律問題は起らなくて、場合によって政治問題が起ることがあるに過ぎない。

条約は、国際情勢の変転や、相手国もあることであるから、法律のように、成立したものに対してその公布を義務づけるように（国会法六六条）、内閣に締結を義務づけるわけにはいかない。

なお、修正承認もここにいう承認のうちに含まれるのであるから、効果も承認の場合と同じである。

(ロ)　批准を要する条約で署名後批准前に国会の承認を求めた場合には、前述したように署名をもって条約の内容は確定しているので、修正承認はできない。この場合国会の承認があれば、条約手続を続行できる。批准を要するものは批准ができて、その条約は有効に成立する。

(ハ)　署名だけで成立する条約について、その署名後、また批准を要する条約にあってその批准後に承認を求めた場合には、国会において修正できないことは、(ロ)の場合と同じである。この場合の承認は、事後の追認（subsequent ratification）と解するより外はないが、条約の承認権の性質から見て、批准後又は署名だけで成立する条約を署名後に国会に承認を求めることは、真に已むを得ざる場合に限るべきである。

2　不承認の場合

(イ)　署名調印前に国会の承認を求めた場合に、国会において不承認の議決があったときは、内閣はそれ以上締結の行為を続行することはできない。もし、それにも拘らず、署名、調印、あるいは批准の手続をとったとしても、それは国会の承認がないので不成立となるものであるから、その後の手続を重ねてもその条約は無効であるばかりでなく、却って内閣の責任が問題となろう。

(ロ)　署名、調印後批准前に（但し署名、調印で効力を発生するものを除く）承認を求めた場合に、署名、調印で条約の内容は確定しているものの、国会の承認を得られなかったことでは(イ)の場合と同じであるから、批准できないことは勿論で、この場合もその条約は不成立となる。

(ハ)　署名調印で効力が発生する条約が署名調印後に、また、批准を要する条約が批准後に、国会の承認を求めた場合に、いずれも国会の承認を得られなかったときの効果については、二説がある。

一つは条約の効力は署名調印または批准によって確定するので、条約の成立後に国会の承認が得られなくとも、その条約の効力には何等の影響もないとする説で、仮りに不承認となったとするも、内閣の責任問題が起るだけで、条約の成立については、何の法的効果も及ぼさないというのである。なお、この点については、昭和二十五年十一月一日の衆議院の外務委員会において、佐々木盛雄委員の質疑に対して、西村説明員は同様の答弁をしている。(8)

勿論、この説は、憲法制定当時の金森国務大臣の答弁(9)以来、内閣の一貫した見解であって、これは内閣の条約締結権を国会の条約承認権より重しとする説である。

これに対するもう一つは、条約の締結は国会の承認を得て初めて有効に成立するものとなす説であって、事前に国会に付議された場合に、国会の承認が得られなければ、内閣がその条約を署名または批准することが出来ないことは前述の通りであるが（この点は両説とも同じ）、事後に国会の承認を得られない場合も、その署名または批准は効力を失うと解するのが当然であるとするものである。この点については、美濃部博士は、もし承認をえられないときは、条約の締結を取消さねばならぬと言われているが[10]、一方的取消もどうかと思われるので、無効として不成立と解することが妥当である。

この点に関して宮沢俊義教授は、わが憲法のもとでは、内閣によってなされる署名又は批准は、つねに国会の承認を法定条件としているから、たとえ、事後において国会の承認を求めた場合にも、それが得られなければ、先に内閣においてなされた署名調印又は批准は、効力を失うと解しているが[11]、これは、国際法学者の多数説でもあるようである。

勿論これらは、国会の条約承認権を内閣の条約締結権より重しとなす説である。

3　その他の場合

(イ)　条件附承認

条約承認の議決に、条件附承認ということは議事法上あり得ないことについては、既にこれを説明した。議決に際して附せられたそれは単なる希望意見と解する外なく、別に法的効果を伴うものではない。

(ロ)　留保附承認

これも現行の議事手続では、議決の方法がないことは(イ)と同様である。従って、留保附承認と言っても、これまた単なる希望意見に止まるだけで何等の法的価値はもちえない。

(ハ)　附帯決議

これも既に解明してあるので、再びここに繰り返さないが、これまた、一院の意思を表明する手段として本会議で議決するとしても、本案の議決とは別の議決たることに注意せねばならぬ。

勿論、政府としては、院議を尊重すべきであることは憲法の建前から当然であるが、それは政治的拘束を与えるだけで、法律的でないことは言うまでもない。

（1）横田喜三郎『国際法Ⅱ』（法律学全集）二七四～五頁。
（2）第一六回国会、衆議院外務委員会議録二二号（昭二八、七、二九）一七頁。
（3）第三四回国会、衆議院日米安全保障条約等特別委員会議録二号（昭三五、二、一九）二七頁。
（4）調印前に国会の承認を求めた条約の例としては、次のようなものがあるが、これらは条約文の表題に「案」の字が記されている。
○日本国との平和条約第十五条(a)に基いて生ずる紛争の解決に関する協定の締結について承認を求めるの件（第一三回国会、条約第六号）
○国際連合の特権及び免除に関する国際連合と日本国との間の協定の締結について承認を求めるの件（第一三回国会、条約第一一号）
○奄美群島に関する日本国とアメリカ合衆国との間の協定の締結について承認を求めるの件（第一九回国会、条約第一号）（理由書についても、通常「協定」とある部分が「協定案」と記されている以外、特に異なったところはない。）
（5）第一六回国会、衆議院外務委員会議録二二号（昭二八、七、二九）二〇頁。
（6）法学協会『註解日本国憲法（下巻）』九四一頁。
（7）清水伸　編『逐条日本国憲法審議録第三巻』二四六頁。
（8）第八回国会（閉会中）、衆議院外務委員会議録七号（昭二五、一一、一）一三頁。
（9）前掲・清水　三七六～八頁。
（10）美濃部達吉『新憲法逐条解説』一一五頁。
（11）宮沢俊義『日本国憲法』五六三頁。

◆Ⅲ◆会議録について

十　国会の会議録について

まえがき

普通に会議録とは、会議であればいかなる会議であろうとその会議の記録を指して云うのであるが、本稿では、とくに法規に準拠して作成された会議の公的記録を意味し、しかもそれは、国会の会議録とその周辺の問題について論及しようとするものである。

一　会議録の性質

国会の会議録は、日本国憲法、国会法と議院規則に準拠して作成される会議の公的記録である。

明治憲法では、議会の会議録について何等規定するところがなかったのに反して、新憲法では、とくに一条を設けて（憲法五七条）両議院の会議録について規定したのは、一は国会が国権の最高機関たる地位と権限を有するに至ったからであり、二には民主政治との関連において、国会の公開主義の原則を徹底せしめて、会議の内容を明らかにするとともに、政治を国民の監視の下に公正に行わせることを目的としているからでもあろうが、もう一つには、アメリカ憲法の影響でもあろう（2）。

かくの如く、法規に準拠して作成される会議録は、その記載事項が多少の差こそあれ法定されているのが普通である。

衆議院においては、その規則（衆規二〇〇条）に十八項目にわたって記載事項が掲げてある。すなわち、開議、休憩、散会及び延会の年月日時刻とか、議事日程、召集に応じた議員の氏名、開会式に関する事項、それから議員の異動とか、議席の指定及び変更、要求書の受領並びに通知書の発送及び受領、奏上に関する事項、あるいはまた、議案の発議、提出、付託、送付、回付及び撤回、また出席した国務大臣とか政府委員の氏名、会議に付された事件及びその内容、それから委員会の報告書及びその少数意見書、あるいは議長の報告、議事、質問主意書及びその答弁書、それから選挙及び記名投票の投票者の氏名、あるいは議員の発言の補足書、その他議院または議長において必要と認めた事項というように規定されている。もちろんこれは本会議録についての規定であるが、委員会の会議録についてもまた同様に列挙主義によって規定されている(3)（衆規六一条）。

しかし、参議院にあっては、本会議も委員会もともに国会法に特別の規定があるもの、とくに議院の議決を経たもの及び議長において必要と認めたものは、これを会議録に掲載することになっていて（参規一五七条、五九条）、個別的列挙主義は採っていない(4)。

また、これを地方議会の例に見ても、地方自治法第百二十三条第一項には、「議長は、事務局長又は書記長（書記長を置かない町村においては書記）をして会議録を調製し、会議の次第及び出席議員の氏名を記載させなければならない」とあり、その第二項には「会議録には、議長及び議会において定めた二人以上の議員が署名しなければならない」とあるから、これもまた記載事項の最少限を規定したものということができよう(5)。

しかして、ここで注意しなければならないことは、わが国では帝国議会の当初は、議事録と決議録と議事速記録の三本建で会議の記録が作られていたのが(6)中頃からは決議録がなくなって議事録と議事速記録の二本建となり、国会になってからは、更に議事速記録がなくなって会議録の一本建となった。しかして議事速記録は会議録に吸収されて、議事に関する事項は会議録の記載事項中の一項目となったが、しかしそれは速記法によって速記しなければならないことにおいては帝国議会のときと変りはない（衆規二〇一条、参規一五六条）。従って、録音をもって速記にかえることはできない。

この会議録の一本化が果して善かったか悪かったかは、今後の運営を見てからでなければにわかに論断することはできないが、法律的問題を少なからず惹起する原因をつくっているということだけは云いうるだろう。

これは憲法第五十七条に会議録とあることに、あまり気をとられ過ぎた結果かもしれない。

何となれば、英、米の議会においても会議録については、帝国議会の末期におけるように、議事録と議事速記録の二本建を採っているからである。すなわち、米国の議会では会議録として、わが帝国議会時代の議事録に相当する Journal と議事速記録に当る Congressional Record の二つがあって、議事録（Journal）は、議事速記録（Congressional Record）よりも、議院において起った事柄に関しては証拠としては優先的に裁判所その他において取扱われていること[7]、また、議事に関しては公的 official のものであること[8]、而してリディックは、〈その記載内容については、現在では慣例（custom）によって定まっているが、議事録は議事（proceedings）についての記事であって意見についての記録ではない。また行為の説明であって行為の理由の説明ではない。また事実の記録であって、事実の説明ではない〉と述べている[9]。

また、英国の議会でも、米国の議会と同様に会議録としては、議事録に相当する The Votes and Proceedings と議事速記録に当る Parliamentary Debates（Hansard）との二つがあるが、The Votes and Proceedings（議事録）は、毎会期の始めに決定される sessional order（会期中の規則）にもとづいてその前日に行われた議院の議事の記録を印刷したもので、一六八〇年から今日まで行われているがその記載事項は事務総長の責任において議事部が編集するものである。而してそれには議院のなした又はなしたものと見做されるすべての事項を記載するが、喋ったことはとくに記載を命ぜられない限りは記載しないことになっている[10]。しかし英国ではこの The Votes and Pro-

ceedings のほかに、更に公的な議事録（official Record）として、Journal が発刊されている。
Journal は、毎日の議事録（The Votes and Proceedings）から編集された議院の議事に関する公的記録であって、いわゆる the minute Books として常に事務総長のテーブルの上に備えつけておかれるものである。(11) しかしてこれは普通は一会期の記録として一冊に編集されるのであるが、もし一年のうちに会期が二つにまたがることがあれば、二回目の会期の分も併せて一冊にまとめられて出版される。その記載の仕方は、毎日の議事録（The Votes and Proceedings）と異なって物語風（narrative style）の書き方になっており、また、それは、伝聞証拠の唯一の記録（a record only of res gestae）であると云われている。(12) 従って議事録（Journal）が、議事速記録（Hansard）よりも証拠力において優っていることは米国の議事録と同じである。

二　会議録の編集

国会の会議録の編集は、両院の事務分掌規程によると両院ともに、記録部所管の事務になっている。しかし更にさかのぼってみると、議院事務局法第二条に「事務総長は、議長の監督の下に、局中一切の事務を統理し、所属職員を監督する」とあるから、その最高の監督者は両院の議長であるということができよう。(13)

また、地方議会にあっては、その会議録の作成者又は編集監督者は、地方自治法に明らかに「議長は、事務局長又は書記長をして」とあるから議長であり、株式会社にあっては、取締役に会議録の作成並にそれを備置するの義務があることは云うまでもなかろう。

ただ、ここで問題となるのは、もし会議録に記載すべき事項が法定されている場合に、その定められている事項について記載がなかったときは、その会議体の会議自体が無効となるかという点であるが、これは会議自体の有効、無効というものは、会議録とは別個に考えられるべき問題であって、それは飽くまで憲法とか国会法とか議事規則に照らして論じられるべきであろう。

国会の会議が有効なるがための一般的基本要件とも云うべきものは、次の五つである。

まず第一に、その会議は会期中に開かれることを要する。

憲法、国会法には、会期に関する幾多の規定があるが、会期とは国会が有効に活動しうる期間を意味する限りにおいてこの期間外においてなした会議の議決は無効であることは当然である。

第二に、その開かれた会議は、法規に従って召集権者たる議長の召集したものでなければならない。召集権者たる議長以外の者が召集した会議であれば、その会議は無効であることはこれまた当然である。これは憲法第七条によって天皇が召集したものでない国会が無効であると同様である。

第三に、会議の定足数が定められている場合には、その要件が満たされなければならない。

憲法は国会については「両議院は、各〻その総議員の三分の一以上の出席がなければ、議事を開き議決することができない」と定めているから、出席議員がこの議事能力を生ずるに必要な定数に達しないときは、会議を開くことはできないのみならず、もし敢えて開いたとしても無効であることは云うまでもない。国会においては定足数の算定には、いかなる場合でも法定議員数を基準としてなされている(14)。

第四に、その会議の議決が有効であるためには、憲法に特別の定めある場合を除いて、出席議員の過半数の賛成があることを要する。すなわち議決能力を生ずるに必要な定数に達しないときは、その議決は議決にならない。

第五に、議長が議員に対して賛否の意見を問う場合には、まずその表決に付するところの問題を宣告しなければならない。もし問題を宣告しないで表決に付した場合には、その表決は無効となる。

以上のような一般原則によって会議なり議決なりの有効、無効が決せられるわけであるが、具体的な場合にはその個々的規定との関連において、一層綿密周到に検討されなければならない。

しかし会議録はつねに会議の正確な記録でなければならないので、会議の実体と異なるわけはないのであるが、それにも拘らず異なる場合があるとすれば、そこに会議録の訂正、追補の問題が起ることになる。

三　会議録の訂正、追補

会議録に記載した事項については、両院ともに訂正ができることになっている。[15]

しかして、その訂正は議員からの申出によってなし、正誤は事務局側においてする。

しかしてその訂正に対して、議員は異議を申立てることができ、その異議の申立てがあるときは、議長は、討論を用いないで議院に諮って、これを決することになっている。[16]米国では、議事録（Journal）は朗読して議院の承認をえることになっているので、その承認の前であれば訂正は許される。議事速記録（Congressional Record）についても、速記のコピーが関係議員に配られて、その訂正が許されている。[17]また、英国では議事速記録（The Votes and Proceedings（Hansard））については、言葉の訂正（verbal correction）は許されるが、演説の全体の意味を変更することは許されないとしている。しかして、その訂正の許される時期は、前にも述べたように一冊（bound volume）の議事録（Journal）に編修されるまでと解される。[18]

わが国の両院においても、演説した議員は、会議録配付の日の翌日の午後五時までに、その字句の訂正を求めることができるが、但し演説の趣旨を変更することはできないとされている。国務大臣、政府委員その他会議において発言した者についてもまた同様に取扱われている。[19]

ここで問題となるのは、演説した議員の会議録の訂正に対しては、時間的制限があるが、会議録の記載事項に対する異議の申立てとか、あるいは、会議録の訂正に対する異議の申立てについては、何等の制限が附されていない。しかしこれとて無制限に異議の申立てが許さるべきでないことは当然である。ことに会期不継続を原則としているわが国会では、会期を越えて次の国会での異議の申立ては許さるべきでない。なお、両院の規則は異議の申立てがあるときは、討論を用いないで議院に諮って決すると定めているところを見ても、その会期中に決すべきであり、しかも米国のように積極的に議院のアプルーバルを必要としていないところから、むしろわが国の場合には、演説者の場合と同様に会議録配付の翌日の午後五時までに会議録に対する異議の申立てがなかったときは、その会議録は承認されたものとして、一応は正しいものと見做されて、その後における異議の申立てはこれを許されないものと解すべきではなかろうか。[20]

衆議院では、表決の結果の議長宣告に対する異議の申立ては、次の議題の宣告前でなければならない。また記名投票による表決の結果に対しては異議を申立てることができない先例である。[21]

会議録の訂正に関連して、ここで会議録の追補（補正）の問題を論じなければならない。

何となれば、前述したように国会になってからは、議事録と議事速記録を一本にして会議録としたのみならず、その編集をあげて記録部の所管とした結果、会議録の記載事項について完璧を期し難くなったので、そこにその不備を補う作用が必要となり、その補正の作用を衆議院公報をもってするようになったからである。[22]従って、衆議院公報は今やさきの議事録のごとき作用をしていると云っても過言でない。

速記は、元来、言葉の写真であると云われたくらいであるから、逐語的（verbatim）に書いて、耳から入ったものを目で読むものに換えて（transcribe）ゆくのが原則である。しかるに今日の速記者の仕事は、耳から目への仕事の外に、更に目から目への仕事までその所管とするに至った。

すなわち、従来の議事速記録は、（今日はそれは会議録の記載事項の十四号の議事に該当し、それは規則によって、速記法によって速記するが、単独の速記録として発行されるのではなく、会議録の一構成分子に過ぎない。それを従来と同じように考えているところに間違いがある）文字通り、耳から目への逐語的記録であったが、いまの会議録は、この部分にあたるものの外に、以前の議事録（しかもそれは速記者の編集するものではなかった）に相当する目から目への議決の結果や、その他前述したように議長において必要と認めた事項を記載せねばならないのである。耳から目への仕事は、色彩なくやれても、目から目への仕事は、認定や判断が必要であるから、それは最早事務屋の職域であって、速記者の職域を脱しているように思われるのである。さればこそ英国では、議長は議院の目（Official Eye of the House）で速記者は議院の耳（Official Ear of the House）と云われるゆえんであり、従って議事速記録には色づけというものは厳禁されているとのことである。「アワー・ハンサード」の著者ウィリアム・ロー氏は「ハンサード」には喝采（applause）とか、笑声（laughter）とかいう文字さえ挿入することは一切禁止されているといっている。なぜかといえば、その拍手喝采が大きかろうが、あるいは皮肉的であろうが、それは全く意見の問題で、速記者個人の感覚でそういうふうに書くのであるから、実際には拍手してもそれをどういう意味で受け入れるかということになれば、一人一人の速記者によって違ってくるから、もしこういういずれかの形容詞を入れると、その結果、読む人の心に影響を与えずにはおかない。また、あの議員の演説は他の議員のよりも巧かったという、速記者個人の意見によるアンフェア（不公平）な摩擦を与える結果になるからだと云われている。(23)

かくの如く速記録には自己の判断を附加すべきでないが、また一方においては騒音のために聴きとれないでブランクになるところも出てくる。これも自然的現象として已むをえないことであろう。さればこそ帝国議会の第一回議会の当初において、議長は「各議員の発言を速記録に記載するは、議長其の発言を許可したるもの及び議長其の発言を許可したるも議場整粛にして言論を速記し得たるものに限ること」と告げているのである。(24)

しかるに昨年（昭和二十九年）六月三日の国会の会期延長の問題に関連して、はしなくも会議録の補正が問題となった。もとより本稿は、会期延長の議決の有効、無効を論じたり、(25)また、会議録の補正が文書偽造といかなる関係があるかを説明するのが目的ではないから、その点は控えるとして、ただここでは、当日の会議録には、〈午後四時三十一分休憩――休憩後、午後十時三十五分電鈴、議長（堤康次郎君）議場に入ったが、議場騒然、議長席に着くことができず、会議を開くに至らなかった、――午後十一時五十五分電鈴があった後の議事は、議場混乱と騒擾のため聴取不能であった〉と書いてあっただけで、(26)議決の結果は速記されてなかった。そこで、これが従来のような議事だけの速記録であれば問題はないのであるが、前述したように、国会になってからは会議録には議事の速記の外に、規則に定められている記載事項、すなわち会議に付された案件とその結果について、記載しなければならないことになっているので、参照として、〈衆議院公報第百三十二号（三）（昭和二十九年六月三日）に掲載された休憩後の議事経過は次の通りである。開会午後十一時五十六分――明四日から二日間、国会の会期延長の件（議長発議）――右件は可決した――散会午後十一時五十七分〉と転載したことが問題となったのであるが、このことが、会議録は公文書であるから不実記載の罪すなわち文書偽造罪を構成するかどうかは別として、規則上からは書かないことが却って問題となるのであって、また、参照としたことが善いか悪いかということは別として、会議録の補正としてこれを見るときは、少しも法律上は問題とならないと思われる。しかもかかるやり方は、この時に始まったのではなく、一昨年（昭和二十八年）の第十六回国会の七月三十一日に国会の会期を延長したときも議長の宣告が不明で、議場騒然として速記は聴取不能のためブランクであったので、やはり衆議院公報に掲載されてある議事経過を参照として載せてあるのである。[27]

これらはすべて会議録の補正として解決せらるべきものであろう。

四　会議録の署名と保存

会議録には両院ともに、議長又は当日の会議を整理した副議長若しくは仮議長と、事務総長又はその代理者がこれに署名して議院に保存することになっている。[28]

もちろんこれは、保存される原本に署名するのであって、一般に頒布されるものには署名はされてない。また署名すると云っても、それは毎会議録に自署するのではなく、会議録原本第一号と末号に自署しその他は記名である。[29]しからば自署でなく記名した会議録又は署名なき会議録の効力はどうかと云えば、これがために証拠力を失うものでないと解すべきであろう。[30] 裁判所の請求にはいつも一般に頒布される署名のない会議録を提出している。また、署名についてのもう一つの問題は、会議の中途から議長に替って副議長が議事を整理した場合に、その副議長も署名するかと云えば、署名はしないのである。副議長が会議録に署名する場合は、議長に故障があって会議の初めから副議長が会議を主宰したときだけである。次に署名に関連して起る問題は、会議録に署名すべき者が、その署名を拒むことができるかということである。国会の場合にはそういうことはあり得ないし、またできないものと思われる。何となれば、署名者たる議長は、一面において会議録の最高の指揮監督者であり、いわば作成権者でもあるからである。前述したように会議録には議長が必要と認めた事項はすべて記載することになっているので、自分が記載すべきことを命じておいて、その署名を拒むことは自己矛盾である。しかもその記載事項は議長の指揮に従うべきものであるから議長が自分で記載事項に納得できない場合には、再調査を命じて、訂正あるいは補正の上に署名すべきものである。事務総長もまた同様に拒むことはできないものと解される。

しかし地方議会の場合には、国会と少しく趣きを異にしている。なぜかと云えば、会議録の署名は議長と事務局長または書記長だけではなく、議会が決定した二人以上の議員が署名することになっているので、その署名すべき議員が、会議録が事実と相違していると考えるときは会議録が訂正されるまでその署名を拒むことができるものと考えられる。

五　会議録の公表、頒布

会議録は、前述したように憲法第五十七条の規定によって、秘密会の記録の中でとくに秘密を要するもの以外は、これを公表し、且つ一般に頒布しなければならないことになっている。

会議録の公表については、衆議院は、官報に掲載する方法によることを明文を以て規定しているが、[31] 参議院には明文はないが、しかし衆議院と同じく官報に掲載して公表している。

しかし、両院ともに公表する会議録すなわち官報に掲載する会議録には、秘密会の記録の中でとくに秘密を要すると議決した部分と、議長が取消を命じた発言、又は議員、国務大臣、政府委員が、自ら取消した言辞は掲載しないことになっている。[32]

但し会議録原本には、取消した言辞も記載している。[33]なお、新憲法は秘密会議でも記録を作成するのを原則としているので、秘密会議の議事についても速記を附しているが、その速記は反文浄書の上密封保存しているので、会議録の原本には記載されていない。しかし密封保存されている反文浄書の部分も原本の一部と見れば、必ずしも会議録に記載してなくても、憲法に反するものとは云えない。

また、官報に掲載した会議録は、これを各議員に配付するとともに、一般に頒布されることになっている。[35]なお、議員は会議において、意見書又は理由書は朗読することができないが、引証又は報告のためには朗読することを許されるので、その際演説した議員が議長より許可を得た参考書、理由書等は、会議録に掲載することになっている。[36]

最後に一点注意しなければならないことは、憲法第五十七条第三項に「出席議員の五分の一以上の要求があれば、各議員の表決は、これを会議録に記載しなければならない」とあるが、これは、議員に表決について記名投票権を認めたものであるから、両議院で、選挙について一般の表決の場合の規定を準用している以上は、出席議員の五分の一以上の要求があれば、選挙の場合にも記名投票を行うべきであるとの説もあるが、[37]表決の投票と選挙の投票とは、その性質が全く異なるから、[38]選挙の場合には特別の規定がない限りは、出席議員の五分の一以上の要求があっても、当然には無記名投票を記名投票にかえることができないということである。

あとがき

本稿は、昨年（昭和二十九年十月二十日）虎の門共済会館講堂において、第六回全国議事記録員研修会で講演したもののうちから、速記を主体とした部分を除いたものであることを附言しておく。(39)

（1）註解日本国憲法下巻(1)八七二頁。
（2）米国憲法第一条第五項の四には次の規定がある。
「各議院は、それぞれその議院の議事録（Journal）を保存し各議院において特に秘密を要すると認めた部分を除くの外、これと同一のものを随時発表しなければならない。各議員の賛否は、議題の如何を問わず、出席議員の五分の一の要求がある場合には、これを議事録（Journal）に記載しなければならない」

これは、わが憲法第五十七条と全く同一文体であることが判る。
（3）拙著、国会運営の理論四一一頁。
（4）第二十二回国会における規則の改正の際に、衆議院と同じように「議長において必要と認めたもの」との字句を挿入したものである。
（5）会社については、商法第二四四条に「株式会社ノ総会ノ議事ニ付テハ議事録ヲ作ルコトヲ要ス」「議事録ニハ議事ノ経過ノ要領及其ノ結果ヲ記載シ議長並ニ出席シタル取締役之ニ署名スルコトヲ要ス」と定めてあり、又同法第二六〇条の三には取締役会の議事についても総会の場合と同様の規定が設けてある。
（6）議事録は、議員議事録と云われているところのものであって、法定事項を手記により記載したものであり決議録は決議を記載するものであり議事速記録は速記法によって議事を記載したものである。しかして議事録と決議録には、議長又は当日の会議を整理した副議長若くは仮議長及び書記官長又はその代理者たる書記官が署名したが、議事速記録には署名することを要しなかった。
（7）Floyed M. Riddick, The U.S.Congress Organization and Procedure, 1949, p. 325
（8）House Manual, 1951, p.26

（9）Riddick, op.cit., p.326
（10）Sir Thomas Erskine May's Parliamentary Practice, 15th ed., 1950, p.240
（11）これは永久的な公的記録（Permanent official record）であって、この印刷されたコピーは、一八四五年の証拠法の第三条によって、裁判所で証拠として採用されている（Campion, op.cit., p.91）。
（12）May, op.cit., pp.249-253 Sir Gilbert Campion, An Introduction to the Procedure of the House of Commons, 1950, p.91
（13）米国でも、コングレッショナル・レコードの編集人は議長の監督下にある（House Manual, op.cit., p.480）。また、英国においても、ボーツ・アンド・プロシーデングスは事務総長の責任のもとに編集されるものである（May, op.cit., p.249）。
（14）衆議院先例集（昭和三十年二月版）一七五頁。
（15）衆規、第二〇四条。参規、第一五八条第二項。
（16）前掲、衆、参規則参照。
（17）Riddick, op.cit., pp.325-6 House Manual, op.cit., p.481
（18）May, op.cit., p.255 なお、メイ氏は The Votes and Proceedings（Hansard）を Official Report と書いている。
（19）前掲、衆規、参規、参照。
（20）西ドイツ連邦議会議院規則第一二一条には「議長は現に職務を行う理事と共に決議の記録《プロトコール》の作成に当る。プロトコールは次の会議中閲覧に供せられ、その会議終了までに異議の申立てがない場合には承認されたものとみなされる」とある（レファレンス第三十五号所載による）。商法第二六六条第三項は「決議ニ参加シタル取締役ニシテ議事録ニ異議ヲ止メザリシ者ハ其ノ決議ニ賛成シタルモノト推定ス」と規定して、反証をあげない限り一応は積極的推定をしている。
（21）前掲、衆議院先例集、二六九頁。
（22）前掲、衆議院先例集、三八七―八頁。
（23）William Law, Our Hansard, or the True Mirror of Parliament, 1959, p.5
（24）衆議院議事録第一巻第四、六三頁。
第一回帝国議会衆議院議事速記録号外（明治二十三年十二月一日）一頁。
（25）この点については、田中二郎教授、国会幕切の法律問題（国家学会雑誌第六八巻第三・四号）、延長国会をめぐる法律問題（ジュリスト第六一号）。
（26）官報号外、第十九回国会衆議院会議録第六十一号九頁（昭和二十九年六月三日）。

(27) 官報号外、第十六回国会衆議院会議録第三十三号及び第三十三号追録（昭和二十八年七月三十一日）、第十六回国会衆議院公報第六十七号（昭和二十八年八月一日）一四六三頁。

(28) 衆規、第二〇五条。参規、第一五九条。

保存は、規則上は、衆議院にあっては議院、参議院にあっては事務局にと定めてあるが、これは形式と実体との相異に過ぎない。また、保存のために副本として二部作成されている。

(29) 前掲、衆議院先例集、三九一頁。

(30) 美濃部博士、類集評論続行政法判例、七一―二頁。

(31) 衆規、第二〇六条。

(32) 衆規、第二〇六条。参規、第一六一条。前掲、衆議院先例集、三九二頁。

(33) 前掲、衆議院先例集、三九二頁。

(34) 前掲、衆議院先例集、三六五頁。

(35) 衆規、第二〇七条。参規、第一六〇条。

なお、議員には無料で配付される。英国でも無料である（May, op. cit., p. 255）。

(36) 衆規、第二〇二条。前掲、衆議院先例集、三八九頁。

(37) 註解日本国憲法下巻(1)八七九頁。

(38) 拙著、国会運営の理論、二二五頁。

(39) 各国の議会の速記に関してはイスラエルの議会の事務総長ロセット（MM. Moshe Rosette）氏のリポート on the Organization and Administration of Parliaments（Inter-Parliamentary Union Constitutional and Parliamentary Information, November 1st, 1951, pp.187-189）によった。

十一　秘密会議の会議録の公開問題について

既に新聞にも発表されている通り、去る十月十九日に憲法調査会長の高柳賢三氏から益谷衆議院議長に宛てて、「貴院の第九十回帝国議会衆議院帝国憲法改正案（政府提出）委員小委員会速記録は、日本国憲法の制定の経過を明かにし、その意義を明瞭ならしむる上において重要な資料とみられるので、これを復写して（複の誤であろう）憲法調査会の委員に配布しそれを資料として憲法調査会の公開の会議においても審議ができるよう便宜を供され度い」との要請があつた。衆議院における憲法改正案委員小委員会は旧憲法下の法規のもとに秘密会とされ、その秘密会議の記録は、当時はもちろん、今日にいたるまで全然公表されていない。さればこそ、今回の憲法調査会の要請ともなつたのである。この要請は要するに旧憲法下の法規のもとに議院の秘密会議の記録として保存されたものの公表を求めているわけであるが、新憲法下の法規のもとで果してそれが許されるであろうか。

この点について一、二の法律家から院議でもつてすれば公表してもよいとの公開論が新聞紙上に現われていたが、その論拠は、著しく人情論的あるいは政治論的であり、又は法律論的に見て甚しく明確を欠いているように思う。以下、事務当局として、旧憲法のもとで刊行を禁止されていた会議録を新憲法のもとで公表することができるかという叙上の問題を法律的に解明してみよう。

一、旧憲法では（第四十八条）、両議院の会議は公開が原則であるが、例外として、政府の要求とその院の決議があれば、秘密会とすることができるものとされていた。而して、議院法第三十七条はこれを受けて、各議院の会議は左の場合において公開を停むることができるものとした。

1　議長又ハ議員十人以上ノ発議ニ由リ議院之ヲ可決シタルトキ
2　政府ヨリ要求ヲ受ケタルトキ

そして、議院法第三十九条に「秘密会議ハ刊行スルコトヲ許サズ」と規定してあつた。従つて、衆議院の先例では、刊行することが許されないので、「秘密会議には速記を附し、之を密封して保存す」ることになつていた（昭和十七年十二月改訂衆議院先例彙纂上巻五七三頁）。

次に、かかる旧憲法時代の規定が、新憲法になつてからどう変化したかを見よう。

憲法第五十七条は、第一項で両議院の会議は公開を原則とすると定め、その例外として、但し出席議員三分の二以上の多数で議決したときは秘密会を開くことができるとした。

旧憲法と比較してみて変つた点は、政府の要求があつても当然には秘密会とならないばかりでなく、必ず院議によるとしても、旧憲法時代は単なる過半数でよかつたものが、こんどは出席議員の三分の二以上の多数の議決を要することになつた。

而して、同条の第二項前段には、両議院は各々その院の会議録を保存する権利と義務とがあることを規定した。これは旧憲法時代には、各院の規則に定められていたことであつた。

而してその後段として、秘密会の記録でもこれを公表し、且つ一般に頒布しなければならないとの原則を定め、但し特に秘密を要すると認めたものは、一般に公表し、頒布しなくともよいとの例外を認めた。

この憲法の条項を受けて、国会法第六十三条は「秘密会議の記録中、特に秘密を要するものとその院において議決した部分はこれを公表しないことができる」と定めたわけである。

更に、この国会法の条文を受けて委員会議録については衆議院規則第六十三条に「委員会議録は、これを印刷して各議員に配付する。但し、秘密会議の記録中特に秘密を要するものと委員会で決議した部分についてはこの限りでない」と定めているので、その部分について公表、つまり印刷したり配付したりすることはできないことになつている。

また、本会議については衆議院規則第二百六条に「会議録は、官報に掲載する。但し、国会法第六十三条の規定により秘密を要するものと議決した部分は、これを掲載しない」と明定している。

従つて以上の諸規定から要約すれば、各院の本会議又は委員会の秘密会の会議録中、特に秘密を要するものと議決した部分は、これを会議録に掲載してはならないことになつている。而して、公表する場合は必ず会議録によるのであるから、特に秘密を要するものと議決された部分の会議録の公開ということはあり得ないのである。従つて現行法規の下では、これを公開する手段は許されていないと解すべきである。

旧憲法時代には議院法によつて秘密会議は刊行することを許されなかつたから、従つて公表もできなかつたことは既に述べた通りである。そこで、旧憲法時代の秘密会議の記録も新憲法になつてからの秘密会の記録中特に秘密を要するものと議決した部分も、ともに公表できないことは同様である。それにも拘らず、この秘密会議の記録を公表する方法ありやというのが問題点なのである。

そこで、旧憲法は今や効力がないのであるから白紙にかえつて公表してもよいのではないかという議論が出たり、秘密というものは十余年の歳月を閲すれば公開しても大した害はないと言えるから公開してもよいのではないかとの政治的論議となるのかも知れないが、法律的に見て、旧憲法時代に定められたものが、旧憲法が効力がなくなつたからと言つて当然にすべてが無効となつたとは言いかねるのではなかろうか。また秘密は何年位たつたら秘密でなくなるのかも、これとて一概には決め難い問題であろう。

秘密はその影響力がある間は、その秘密性があるものと見るのが妥当であろう。秘密会議録が公表された結果、何等かの点について影響力があるとすれば、なおさら公表すべきものではないのではなかろうか。

国会には法規と同様に尊重され遵守されている先例というものがある。直接適用されるべき法規がないならば、その先例に従うべきであろう。而して先例については、国会になつてからも「帝国議会における先例で憲法、国会法に反しないものは、なお効力を有する」ものと昭和二十二年五月十六日の各派交渉会で決定されており（昭和三十年二月版衆議院先例集四四五頁）、旧帝国議会時代の先例と同様に、国会になつてからの先例も、また、「会議録には、秘密会議の記録の中で特に秘密を要するものと議決した部分はこれを掲載しない」（衆議院先例集三九二頁）こととなつている。

従つて、公開論者は、ただ公開せよと言うだけでなく、これら関係諸法規を考慮に容れつつ、具体的に、これこれの法規的根拠によつて公開できるのであると主張すべきである。論者の言うが如くただ院議でやればよいとか、議院運営委員会で決定すればよいとかだけでは、関係法規上納得できないのである。

旧憲法時代のものは新憲法に反しない限り有効と解するのが法解釈の建前であり、何も準拠すべきものがないならば、新憲法のもとにおける諸法規に照し、またこれまでの先例に則つて解釈を下すのが至当のように思われるのである。そうだとすると、さきに憲法調査会から要請のあつた「これを複写して憲法調査会の委員に配布」するということは、議員にすら配付しないことになつているものを配付することになるし、また複写して配付することは衆議院規則第五十八条に「何人も会議録を議院の外に持ち出すことはできない」とあるのに抵触するように思われる。

なお、「それを資料として憲法調査会の公開の会議で審議ができるように」許可することは、公表してはならない秘密会の会議録を公表したことになつて、これまた正面から許可することはできないものと思われるのである。しかも参議院規則第二百三十六条には「国会法第六十三条により公表しないものを他に漏した者に対しては、議長は、これを懲罰事犯として、懲罰委員会に付託する」と定められてあるので、これとの関係をも考慮しなければならないであろう。

さきに、憲法調査会法案が国会に提出された際に、衆参両院の内閣委員会においても、この秘密会における会議録の公開が問題となつて、その結果、昭和三十一年五月十日の議院運営委員会において、「第九十回帝国議会衆議院帝国憲法改正案（政府提出）委員小委員会速記録閲覧に関する件」として次の通りの決定を見たのである。（昭和三十一年五月十日衆議院公報第百五号）

1　小委員会速記録の閲覧は、国会議員に限り、議長においてこれを許可する。削除した速記録の閲覧もこれを許可する。

2　閲覧者は速記録の複写、公表又は頒布等をしてはならない。

3　閲覧は、議長が指示する場所でこれをなすものである。

これは、国会議員に対する閲覧の許可は一般公衆に対するのとは異なり、国会を構成する特定人に対するものであるから、公表にはならないと考えられたからである。但し、複写したり、公表することは、法規に抵触するので、これを禁じてある。

二、次にこの秘密会の会議録の公表について、更に問題となる一点がある。前に説明したように秘密会の議事録の公開については法律上問題があるが、そのことは別として、敢えて院議によつてそれを公開したと仮定して、そこには更に別の問題が伏在している。すなわち秘密会の記録中外部に提出する関係から、その重要な部分が不穏当な言辞として削除されているのであるが、果してその部分まで公表することができるかという問題である。旧衆議院規則第百四十四条には「議長が取消を命じたる発言は速記録に記載せず」とあり、また現衆議院規則第二百六条にも、「議長が取消させた発言は、これを会議録に掲載しない」と規定してある。而して旧帝国議会当時は、議員の発言で議長が不穏当と認めたものについては、取消を命じ、速記録からこれを削除しており（昭和十七年十二月衆議院先例彙纂二八〇―二八二頁）、また、法令により掲載若しくは発売頒布を禁ぜられた事項又は秘密会の内容にわたる事項に関する発言は、これを速記録に記載せざるのが先例であつて（同上六二五―六二八頁）第一回国会以来の先例もこれと同様に、議員の発言で不穏当と認める言辞があるときは、議長はその取消を命ずるか、又は速記録を調査の上不穏当の言辞があれば適当に処置する旨を宣告し、調査の結果不穏当の言辞があつたときは、会議録より削除している（衆議院先例集二三七―八頁）。

ことに、終戦後の帝国議会及び国会になつてからも、平和条約が締結発効するまでの間は、時の内閣書記官長から、本院の書記官長に宛てた昭和二十一年一月二十四日付の「日本ノ遵守スベキ出版準則ニ関スル聯合軍最高司令部覚書ニ関スル件」という通牒により、これに抵触する発言は、議長の職権によつて削除されたのである。而して昭和二十七年四月二十八日講和条約発効以後、このプレスコードが消滅して、その後の不穏当な発言の取扱については、同年五月八日の議院運営委員会において次の通り協議決定され、爾来その例によつている（衆議院先例集二二八頁）。

すなわち、「本会議における議員の発言が、議院の品位を傷つけ、又は余りにも事実と相背馳し、ために議員の発言の権威を失墜するものと認めたときは、議長は、その発言の取消を命ずるか、又は速記録を取調べた上適当な措置をなす旨を宣告し、この宣告に対して当日中に異議の申出がないときは、議長において不穏当な部分を削除する。もし異議の申出があつたときは、議長は次回の議院運営委員会に諮問し、削除するかどうかを決定する」ことになつている。

これをもつてみれば、旧帝国議会時代であろうと国会になつてからであろうと、不穏当な言辞の削除は議長の職権によつて行われているのである。その根拠は昔も今も変りはなく、要するに議院法又は国会法という法律に基づくものである。

すなわち、国会法第十九条には、「各議院の議長は、その議院の秩序を保持し、議事を整理し、議院の事務を監督し、議院を代表する」とあり、同じく国会法第百十六条には「会議中議員がこの法律又は議事規則に違いその他議場の秩序をみだし又は議院の品位を傷けるときは、議長は、これを警戒し、又は制止し、又は発言を取消させる。命に従わないときは、議長は、当日の会議を終るまで発言を禁止し、又は議場の外に退去させることができる」と定めて、発言の取消を議長の職権として認めているわけである。而して何が不穏当な言辞であるかは、議長の認定に任してあるわけで、一たび議長が不穏当な言辞と認めたものは、前に述べた秘密会の記録中特に秘密を要すると認めた部分と同様に、すべて「会議録に掲載しない」と衆議院規則第二百六条をもってはっきりと定めてある。従つて、終戦後内閣からの通牒により、プレスコードに抵触するものは議長の職権ですべてこれを削除して、会議録には掲載してないのである。

議長が法規に基づいて、その職権を行使して削除した部分を、あとで院議によつてこれを覆えすことができるであろうか。これは特別の法規がない限りはできないと解するのが正当ではなかろうか。いわんや議院運営委員会の決議をもつてしても、できないことは言うまでもないことである。

こう考えて来ると、憲法改正の小委員会の秘密会議録の公表が、よし公開論者の言うが如く院議でもつてすれば可能だとしても、議長が職権をもつて削除した部分を復元できるかという点については、法律上不可能なことは疑問の余地がない。たとえ、他の部分が公表されたとしても、この削除された部分が公表されなければ公表の意義は大半失われるかも知れないのであつて、さればこそ、さきに衆議院の議院運営委員会においても、この削除の部分が閲覧できなければ意味がないということで、国会議員に限りその閲覧を許した場合に、法律的には既に削除されて会議録にはない部分についても、参考までにその閲覧を許可すると、念入りに付け加えてある所以なのである。

憲法調査会の議長への要請は、この議長の職権行使によつて削除された部分をも、院議によつて復元して会議録に掲載し、複写なり印刷なりして各委員に配付し且つまた公開の席で審議できるようにして貰いたいと言うのであろうか。議長に専属する権限による宣告なり、処置は、議長本人の取消以外に、特別の法律の定めある場合を除いて、院議によつてするも覆えすことはできないのが一般法理ではなかろうか。院議で決めたことは、また院議で覆えすことができるのではなかろうかと言う論者に対しては、議員の不穏当なる言辞の取消又は会議録よりの削除は、議長の権限によるものであるから、院議でもできないことは前述の通りで、もしそれができるとすればこれまでの法体系は覆えり、議長の権威などいずこにありやと聞きたい。

去る昭和三十一年十二月十二日に、自民・社会の両党は、二大政党下の国会運営につき、過去を反省し、国会運営の能率的正常化をはかるため、第一に議長の権威を高めるための措置を講ずることを申合せ、また、最近における参議院運営の正常化に関する申合せを見ても、その中に議長の権威を尊重し、民主的な会議運営に相協力することという一項目が挙げられている。しからば、議長の権威を高め、あるいはその権威を尊重するには如何にすべきか。議長の職権行使に従うのが第一である。それをしも院議で覆えすというならば、何をか言わんやである。

三、今日の世論の中には、衆議院側がいたずらに会議録を秘密にしているとして、公開論に賛成している向きもあるかも知れない。しかし、公開論者の言うようなことができる法規になつておるか、さもなければ秘密会議に関する法規がないならばとにかく、それは、これまでるる説明したように、現行法規のもとでは公表の道がないのである。わが国は法治国であり、法規を越えて公表することはできないのが当然と思われる。

前述のプレスコードはたとえそれが連合軍の命令であろうと、国内的には政府が各官庁に通牒した命令であつて、それを守るのは当然のことである。日本国に発せられた命令は、日本の国家機関がそれを守るのは当然であり、国民もまたそれに従うべきものであろう。占領当時、議長の職権でプレスコードに該当する言辞を削除したものが、会議録として連合軍には提出されているのである。今、その削除された部分を復元して小委員会の会議録として公表せんか、わが国の国際的信用はどうなるであろうか。

更に言うならば、国会は話し合いの場であり、言論の府である。言論の府においては、各人の言論が尊重されることが第一でなければならない。さればこそ憲法は、両議院の議員が、議院で行つた演説、討論、又は表決について院外において責を問われないと保障しているのである。しかも憲法で、秘密会で特に秘密を要すると認めたものは、公表も頒布もしないでよいと保障しているのである。その保障あるが故に、議員は秘密会において安心して秘密に属することでも話せるのである。それをあとになつて公表するようなことになれば、秘密会において真実の意見を述べる者はなくなるかも知れないのである。

また、秘密ということに関して言えば、わが国における法体系は、概ねその職務上知り得た秘密はこれを守る義務を負わせている。国家公務員法の第百条では「職員は、職務上知ることのできた秘密を漏らしてはならない。その職を退いた後といえども同様とする」と規定して、これに違反した者には一年以下の懲役、又は三万円以下の罰金を科している。国防会議の構成等に関する法律第五条にも「議長及び議員並びに議長及び議員であつたものは、その職務に関して知ることのできた秘密を他に漏してはならない」と定められてあるが、この秘密厳守には年数の制限が定めてない。

これらの場合を見ても明らかなように、年数によつて秘密であるとかそうでないとかを決めるべきではなく、仮に永久秘密ということは是認できないとしても、前述した通り少くともそれが他に影響力を持つ間は秘密と解すべきであろう。刑法その他の法律にも秘密に関する規定があるが、それらをも併せ考慮する必要があろう。

旧憲法時代には、よく重要な外交、軍事等に関して秘密会が開かれたが、全部が全部その記録が存していないのは、議院法に「秘密会議ハ刊行スルコトヲ許サズ」との規定があつても、速記をつけることにより萬一にも外部へ漏れて、後に問題の証拠となることを虞れた結果、速記を付けなかつたからである。戦前、物資動員に関する政府の説明に速記録がなかつたのもそのためであろう。

かかることが慣例となつては、言論に責任がなくなり、権威が失われてくる。ここにおいてか、新憲法は、国権の最高機関たる国会における会議は、公開であろうと秘密会であろうと、すべて会議録を作成して、公表、頒布することを原則としたことは、先に述べた通りである。しかし秘密会で特に秘密と議決した部分は、これを公表したり頒布したりしなくてもよいとの例外を認めた。これは秘密会を認める限りは、ことの性質上当然そうあるべきであつて、さもなければ秘密会を開いても、その会議録を公表頒布するなら秘密会を開く意味がなくなるからである。

かくの如く、秘密会を開いたときは、話を聞いた上でもし特に秘密とする必要がなければ、別段の議決をしないでそのままその会議録を公表すればよく、また特に秘密とする必要がある場合には、特に秘密を要するとの議決をすればその部分は公表もせず、印刷頒布もしないというのが、憲法第五十七条の規定であることは、さきに述べた通りである。

こう考えて来ると、削除した部分まで公表せよと言うのが無理なことは明らかであつて、従つて憲法調査会の要請に対する答も、また自ら出てくるであろう。

Ⅳ 国立国会図書館長として

十二　欧米の図書館をめぐって

I

アメリカの議会図書館長マムフォード氏や、アメリカ図書館協会、ロックフェラー財団等からの招きを機会に、欧米の主要なる図書館を見て廻ろうと思って、去る四月二十五日鈴木平八郎国際課長を帯同して羽田を発った。約二ヵ月の旅ではあったが、たいへんに勉強になった。

いうまでもなく私にとっては、図書館界は未知の世界であったので、現在のわが国立国会図書館の在り方については、果してこのままで運営してよいのであろうかということが、館長に就任して以来、私の念頭を離れない課題であった。もちろん幹部諸君の懸命の努力によって新館に移転してからは、見違える程に日を追うてすべての点に改善が加えられてはいたが、しかし世界における主要図書館を見た上で、もう一度ふり返ってわが図書館を見て、その上でこの懸案の課題と取り組みたいというのが私の出発前の心構えであった。

＊　＊

ユネスコの一九六一年度の統計によると、今や世界中で年間三十一万七千種余の本が出版されているという。これに雑誌や新聞類の発行も加えるとおそらく膨大な数になろう。年々歳々その数は増すとも減らないのである。いかなる図書館といえども無限にその書庫を拡大したり、人件費や図書購入費を増すことは不可能であろう。貨幣は自ら管理せずといわれているが、図書もまた同じではなかろうか。死蔵された図書は、死蔵された貨幣の如く図書としての価値は全く白紙に等しく、図書は読まれてこそ、換言すればそれが利用されてこそ価値があるのではなかろうか。

図書館の価値は、その図書資料の迅速なる処理による利用度のいかんによって決せられるといっても過言でない。資料が迅速に利用されていってこそ不備な点が改善されて立派に、便宜になってゆくのである。

科学文明が、おそかれ早かれ全世界に普及されるであろうが、われわれは天賦の潜在可能力を遺憾なく発揮しつつ最善の、しかも新しい図書館サービスを目途に絶えざる努力を続けて、わが国の文化の向上と世界の平和に寄与しようとするのが念願である。

＊　＊

以上のような心構えと念願とをもって、米、英、独、仏、西、伊の主要な図書館合わせて六十数館を見て廻った。主要な図書館といっても、わが図書館が国会に付置された図書館であるので、議会図書館（parliamentary library）を第一目標とし、アメリカの議会図書館長のマムフォード氏を初めとして、英、独、仏、伊、各国の議会図書館長に会って、その管理運営面に関するいろいろの問題について隔意なき意見の交換をした。また次は各国の国立図書館（national library）を見た。これは、わが図書館がわが国唯一の国立である関係上、大いに参考にしようと思ったからである。それから大学図書館（university library）を視察し、公共図書館（public library）を見たので、それらについての感想を次回から述べて諸君の参考に供しようと思う。

Ⅱ

議会図書館 (一)

まえにも述べたように、今回の私の旅行はアメリカの議会図書館長のマムフォード氏からの招きを機会に、欧米の主要なる図書館を見て廻ろうとするのがその狙いであった。

なかんづく議会図書館がその中心であったことはいうまでもない。

ことに、わが国立国会図書館は、新憲法制定後の第一回国会において昭和二十二年（一九四七）七月に両院議長からGHQに対し、国会図書館設立準備顧問として、米国議会図書館、その他から図書館運営の専門家の招へいを依頼したので、同年十二月米国議会図書館副館長ヴァーナー・W・クラップ（Verner W. Clapp）と米国図書館協会東洋部委員会委員長チャールズ・H・ブラウン（Charles H. Brown）の両氏が来朝して、図書館の組織、機能、運営等についていろいろと勧告されたので、それを参考として現在の図書館の基本的構想が出来上った（議会制度七十年史、資料編、六七四頁以下参照）関係もあるので、米国議会図書館の機能、活動状況等についてはつぶさに視察したかった。それは両氏の報告書にも書かれてある通り、館長に就任後はなるべく早い機会に他国の図書館、ことに国立図書館を視ることを切望していたし、米国議会図書館はその代表ともいうべきものであるばかりでなく、わが図書館の母型ともなったものであるからである。

わたくしは、ここでどうしても一言しておきたいことがある。

それは、今の国立国会図書館が終戦後、言い換えれば新憲法になってから、忽然としてアメリカの図書館使節の勧告によって設立されたのではないということである。

その構想は遠く今より七十年も前に、帝国議会の開設当時から芽生えていて、その実現については、議会側から不断の努力が続けられてきたのであるが、政府側における議会の機能に対する認識の不足と、民主的立憲政治は畢竟するに議会政治の確立にあることの国民意識がなかったために、その実現が七十年も遅れたのである。

議会が設けられて、議員の調査研究に資するための機関である議会図書館の設置の必要を認めないということは逆説的に言えば議会には斬新な知識は不必要であり、また国政に対する調査研究も必要がない。若しやるなら自分でやるがよい。要はただ、政府の提出した議案に rubber stamp（めくら判）を押して賛成していればよい、というに等しい。

これでは、どうして国の繁栄や、国民の幸福の増進ということが期待出来ようか。わたくしは、帝国議会開設当時の両議院の書記官長（今の事務総長）は偉かったと思う。貴族院の書記官長は金子堅太郎氏（金子氏についてはここで改めて書くまでもないが、当時としては、明治憲法の制定にあたり、井上毅、伊東巳代治とともに伊藤博文を助けた一人で、後、各国の議会制度を調査するため、中橋徳五郎（農商務書記官）、水上浩躬（法制局参事官試補）、太田峰三郎（法制局参事官試補）、木内重四郎（帝国大学大学院学生）を随えて欧米各国に差遣され帰朝後、貴族院書記官長となった。また、中橋、水上は、衆議院書記官となり、太田、木内の二人は貴族院書記官となる）、衆議院の書記官長は曾禰荒助氏（後に大蔵大臣となる）であったが、二人は、連名で明治二十四年（一八九一）九月十七日に議会図書館の必要欠くべからざることを、時の内閣総理大臣松方正義宛に稟申書を提出しているのである。

思うに、議会制度創設の期に当って敢然として、議会図書館の必要を、しかも、今日においても、これ以上はその必要を力説できまいと思われるほどに要を得て意をつくしているのである。

感心するというか、その達見には驚嘆せざるをえない。参考までにその要旨を述べれば、「議会に図書館を設くるの必要は各議員をして、立法の事務に参与し併せて行政監督の責を全ふせしむるが為め広く内外各国の事情に通じ審かに古今の変遷を明かにし及現今の法令と其の沿革とを審査考量せしむるに在り、就中議案の起草及調査を為すに当り最も其の要を見る」と云い、また、これなくして内閣記録局に一々図書の貸付を乞うときは、議案の起草及び調査等を渋滞せしめ又事至急を要する場合には終にその用をなすこと能わずと云って「按ずるに泰西各国苟も議院制度の設けある国に於て未だ曾て議院所属の図書館なきものあらず、殊に英米独仏伊白諸国の如きは各院或は両院相合して何れも議院独立の図書館として整頓し居らざるものなし是れ皆な其の必要より生じたる結果にして勢ひ然らざるを得ず」と述べ、更に語をついで、「我国の如き議院制度の創設に際し此等参考書を備へんが為に別に独立の図書館を設くるの必要あるは無論のことなりと思考す加之ならず已に議会に参考書の必要ありとすれば将来も亦益々議会をして以上の必要に応ずる準備をなさざるべからず而して之れが準備をなさんが為めには内外各国の新著述若くは編纂に係るもの其の必要を認むるに於て従て購ひ従て備へ浩瀚図書の取扱上又能く其の整頓保管の責と閲覧貸附の秩序とを保たしめざるを得ず是に於て乎勢ひ益々我が帝国議会に一の独立図書館を設置し議会必要の参考に供するは蓋し今日の急務と称するも不可なかるべし」と結んでいるのである。

金子書記官長の卓見というか、制度の将来の発展についての見透しの適切正確なることに驚くばかりである。事を創むるに際し、その局に当る者は、常に私を去って、国の将来を稽えて事にあたるべきを教えて余りあると思う。当時の内閣の公文書を見るに、金子、曾禰両氏のこの稟申に対して、記録局長なるものが、総理大臣に「議会図書館設置の件は詮議に及び難し」という指令案まで具して、反対しているのである。その理由を見るに、そもそも内閣に文庫を設けたのは、各別に図書館を設けて図書を蒐むるの冗費を省き、有用の図書を具備して官庁の便宜に供するの主旨であるから、何も議会に独立の図書館を設ける必要がない。若し図書館の設立を許すときは、之が建築の経費も要るし、また図書蒐集及び保存の経費も必要だし、図書の出納官員にかかる費用もいることであるから、それよりは、両院で必要な図書は、内閣の文庫から貸付けるし、また各庁に貸付けてある図書も、今後購買するものをも、流用するようにすれば、経費は省けるし、使用上においても一層便宜を受けると思うから、内閣の管理を離れ、独立の議会図書館を設置する必要はないというのである。今日においてこの理由を是認する人は幾人あるであろうか。むしろ一笑に付されるであろう。今日においても、かかるセクト主義というか、国家、国民を忘れての便宜論がないであろうか。国にわざわいするものは、常にこのような理由であり、短見である。局にあたるものが常につつしまなければならない所以であろう。

なお、序でながら参考までにこれに関連して想起すべきことは、金子氏がいかに伊藤さんの秘蔵子であっても、自分が国家の為是なりと信ずる所は、臆するところなく云うべきは云ったということである。

それは、憲法が発布せられた翌々日（二月十二日）に伊藤さんが（枢密院議長）地方長官を浜離宮に招いて、内閣は政党に超然たるべきことを訓示した。その祝宴が終った後で、伊藤さんが、井上、伊東、金子の三人をよんでもう一度、シャンペンを抜いて、その労を慰めながらもう一度憲法の発布について祝意を表そうとした際に、金子さんは井上らとともに、敢然と、内閣の御高説は拝聴したが、しかし超然内閣なるものは憲法政治と相伴わぬように考えらるる。抑々憲法政治は議会において政府が多数の賛成をえぬ限りは、法律案並びに予算案をはじめとし、いかなる議案といえども通過せぬものである。政府が政党に関係せず、超然として議会に立つも、賛成者一人も有せざるときは憲法政治は円満に行なわるるものでないことを力説したということである（金子堅太郎自叙伝参照）。

これまた常に人に助言を与うべき地位にあるものの心得るべきことがらと思う。

Ⅲ

議会図書館（二）

さきに述べたような経緯のもとに、わが国立国会図書館は創設されたものであるが、その根拠法ともいうべきものは、国会法であって、国立国会図書館法そのものでないことはいうまでもない。

国会法にはその第百三十条に、「議員の調査研究に資するため、別に定める法律により、国会に国立国会図書館を置く」とあるから、国立国会図書館法はすなわち国会法にいわゆる別に定める法律に該当するわけである。

しかして、国立国会図書館法第二条には、「国立国会図書館は、図書及びその他の図書館資料を蒐集し、国会議員の職務の遂行に資するとともに、行政及び司法の各部門に対し、更に日本国民に対し、この法律に規定する図書館奉仕を提供することを目的とする」と規定してあるので、最初に、この法律ではどんな図書館奉仕を定めているかをみよう。それによって国会図書館の性質が決まるからである。

まず、第一に国会に対する図書館サービスとして調査及び立法考査局を設けて、議員からの要求に応じ提出された議案の問題点の分析、検討、それから国政審議上必要な内外の諸問題、外国の制度や立法例の研究、調査などはもちろん、ひとつの問題に関する論議の調査、文献目録の作成、その他議案起草の奉仕もすべきことを定めている。これらの調査業務は館内外の文献資料に拠っておこなわれるのが基本ではあるが、場合によっては実態調査によることもあり、また館外の専門の学者や調査研究機関と連絡してその意見を紹介することもある。

こうしてみると、国会図書館はもはや旧来の図書館のように、たんに図書を保管したり閲覧に供する場所ではなく、それに加うるに積極的に学術研究や国政調査のための資料提供の中心としていわゆる調査図書館の機能を有しているということができよう。

次に、同法は国会図書館は、行政及び司法の各部門にも奉仕する図書館であると規定し、しかもそのために、政府各省庁及び最高裁判所の図書館を、支部図書館として、国会図書館の組織の中に組み入れているのである。世界広しといえども、一つの図書館で、立法、司法、行政の三部門に対して法制上当然に図書館奉仕を提供することになっているのは、わが国会図書館だけであろう、全くユニークな図書館といわなければならない。またそれだけに当館としては誇りもあれば、責任の重さも感ずるものである。

さらに、図書館法第二十一条には一般国民に対する奉仕の提供について、「国立国会図書館の奉仕及び蒐集資料は、直接に又は公立その他の図書館を経由して、両議院、委員会及び議員並びに行政及び司法の各部門からの要求を妨げない限り、日本国民にこれを最大限に利用させる」と定めているのである。

これをもって見れば、国会図書館は財政的面からは国立図書館（national library）であるが、その所属と奉仕の対象から見れば議会図書館（parliamentary library）の性質をおびるとともに、官庁図書館（Government library）と公共図書館（public library）の性質をも併せおびているということができる。

しかも調査及び立法考査局を規定した同法第十五条の第四号に、「両議院、委員会及び議員の必要が妨げられない範囲において行政及び司法の各部門又は一般公衆に蒐集資料を提供して利用させること」と、さきに述べた第二十一条と同じような規定があるのは、一見重複のような感じがするが、これは一般公衆の図書の利用の方法は、館内閲覧、複写、貸出、参考調査（レファレンス）に限られているので、ここでいう参考調査は、さきにのべた調査及び立法考査局のおこなうものまで包含するかどうかが問題となるといけないので、行政及び司法の各機関も、それから一般国民も、国会の必要を妨げない限りは利用できることを明らかにしたと解すべきであろう。またこれであってこそ初めて国会図書館が、国立の一大調査図書館（research library）であるということもできよう。

今でも、一般国民は利用できるかと聞く人があるのをみると、この点については、国内ですらあまりよく理解されていないようである。いわんや外国にいる日本人の間では、こんなに立派な図書館が自国にあることも、その利用方法も知らない人が多いのは情けない限りである。われわれのP・Rも足りないのかもしれない。

さて、わたくしは、このような性質と機能をもつわが国会図書館とアメリカの議会図書館（Library of Congress）を比較して、その及ばざる点を学ぼうとして、まだ見ぬとはいわないまでも、よく知らぬ親図書館のイメージに胸をおどらせながらワシントンの飛行場に着いたのは、五月十一日（金曜日）で、それは快く晴れ上がった初夏の感じさえする午後であった。議会図書館からは、副館長のロジャース氏と清水君が、また大使館からは赤谷参事官が出迎えていてくれた。

挨拶を交わしてから宿舎《ホテル》に案内されたが、何んとそれはウィラードというホテルで、その昔（一八六〇）日本からの最初の遣米使節団である新見豊前守正興（正使）、村松淡路守範正（副使）、小栗豊後守忠順（監察）ら一行の泊った由緒ある宿舎であった。部屋のテーブルの上には、The Willard と題する分厚な菊判の本がそなえてあった。早速にページをめくると、巻頭から新見豊前守一行がフィラデルフィアからワシントンに乗り込んでくる模様がデカデカと書いてあった。

わたくしは、ここのホテルの窓から朝となく夕となく、ワシントンの記念塔を見ながら十日間すごしたのであった。ここに駄句あり。

華府の月塔にかかれる薄暑かな

議会図書館からのスケジュールを見ると、明日は土曜日でフリーとなっているが、十三日の日曜日には、コスモス・クラブで、議会図書館長マムフォード氏主催の歓迎午餐会があるとのことであった。聞くところによると、ワシントンには有名なクラブは三つあって、一つは、メトロポリタン・クラブといって、金持の実業家の集りであり、一つは軍人のクラブであり、そして、もう一つは、このコスモス・クラブであるという。このクラブは、いわば知識人や文化人の集りであって、クラブの内規によれば(a)科学、芸術分野で顕著な業績をのこしたもの(b)これらの分野の職業は持っていないが、この分野の学識経験者と認められているもの(c)学術部門または政府機関ですぐれていると認められたもの、が会員となれることになっている。そして政治家がこの会員になっていないことと、会員は必ず男性に限っていることがその特徴でもある。

おもしろいことには、レディファストの国でありながらここの正玄関（Main Entrance）は男性に限って出入りできるが、ご婦人は側《わき》の入口（Side Entrance）でなければ出入りできないことである。御ていねいに、そこには婦人入口（Lady's Entrance）と書いてあった。

さてこの会には、館長のマムフォード氏夫妻をはじめ、副館長のロジャース氏夫妻、それからわが図書館の創設の際の図書館使節の一人クラップ氏夫妻、モハート氏夫妻（国立農業図書館長）アドキンソン氏（アメリカ科学財団科学情報部長）、バネット氏夫妻（アメリカ陸軍省図書館長）、議会図書館からモーシュ女史（副館長代理）、エリンジャー氏（整理部法律分類主任）、ビール氏夫妻（中国課長）、清水氏（日本課長）、ボール女史（ＵＳＢＥ所長）、クレテック女史（アメリカ図書館協会ワシントン駐在員）等が出席された。

マムフォード氏の挨拶に次いで、クラップ氏からも挨拶があって、その後に、わたくしは御礼の挨拶をした。わが図書館を代表したものであるので、わたくしは次のような内容のことを話した。

＊　＊

本日、ここに御列席の各位

このたび、貴国の議会図書館、ロックフェラー財団、及びアメリカ図書館協会等のお招きによりまして、偉大なるアメリカ合衆国を訪問いたし、そのすぐれた図書館施設はもとより、ひろく貴国の文化、風土等に接することが出来るのみならず、かねて敬愛いたして居りまする皆様方に親しくお目にかかる機会をえましたことは、私の最も光栄とし、且つ限りない喜びとするところでありまして、私の終生忘れがたい思い出の一つとなることと存じます。殊に、マムフォード館長の情ある、しかも、めんみつなお計《はから》いによって、本日、わが国立国会図書館ともっともゆかりの深い、しかもアメリカにおける図書館界における主導的立場におられる方々とお会いする機会をお与え下さいましたことに対し先ず第一にお礼を申し上げるものであります。

茲に改めて申し上げるまでもなく、貴国とわが国との関係は、公けには、日本からの最初の使節団である新見豊前守一行が参りました一八六〇年からはじまったとされておりますことは皆様御承知の通りであります。

その後、不幸、太平洋戦争によって、一時その友好関係が中断されましたが、ひとたび国交が回復いたしますや、戦後は却ってその親密さを加え、新しい友好関係が樹立されつつあるように思われるのであります。

特にわが国が、立憲的、あるいは民主的国家体制を確立するに当っては、貴国の貴重なるアドヴァイスを受けて参っておるのであります。この点については、東洋流にいえば、切っても切れない因縁《いんねん》があるように思われるのであります。

例えて申せば、明治憲法の制定に際しては、金子堅太郎伯爵が、一八八九年に渡米して、時の外務大臣であったブレーン（Blain）氏のアドヴァイスを受けており、また新憲法の制定の際のことについては、今更申し上げるまでもありませんし、今回はまた、高柳憲法調査会長が貴国を訪問して、各界の御意見を承わっているのもその例であります。また、一八六〇年、日本からの最初の公的使節が泊ったウィラードホテル（Willard Hotel）に、私が図書館人として、公的のお招きで宿泊するのも何か不思議なめぐり合わせがあるように思われるのであります。

更には、直接私の関係している図書館につきましても、その例に洩れず、一九四七年アメリカからのライブラリー・ミッション（Library Mission）として、本日ここに御列席いただいておりまするクラップ氏や今は亡きブラウン氏、それに先日、シカゴで親しくお目にかかって、つぶさにお礼を申し上げて参りましたダウンズ氏が来日されてその設立について勧告されたことは、今なお各位の御記憶に新たなるところと存じます。この勧告がわが国立国会図書館の最も大きな導きとなって今日の発展を見るに至ったことはもちろんであります。

従って、いわば、貴国は図書館関係においては、わが母国ともいうべきものであって、今回の私のこうした図書館視察は、図書館巡礼ともいうべきものであります。

もとより今日に至るまでには、ロックフェラー財団、並びに本日ここに御列席に相成っておりまするアメリカ科学財団等からも温かい援助を受けて参りました。そこで私はこの機会に、わが図書館に寄せられました貴国各方面からの物心両面に亘る御援助と御指導に対しこの席を借りて館を代表して厚く御礼を申し上げるものであります。なお、最近日本駐在の文化担当の公使として来日されたファーズ氏の当館に対するなみなみならぬ御好意に対しても忘れることのできないものがあることを付け加えて申し上げておきます。

さて、私は館長に就任以来、この勧告を幾度となく読み返し嚙みしめて、正しい図書館の在り方を摑《つか》もうと努力して参りましたが、最近この勧告の一字一句が、貴国図書館界の長い歴史と伝統との結晶に外ならないことを知り、その深い含蓄に今更のように驚いたのであります。

今回の貴国の議会図書館をはじめ主要図書館の視察が更にその理解を深めるものと確《かた》く信ずるものであります。なお、また私どもの図書館も、世界のすべての大図書館と同様に、年々歳々、増大してゆく多種類の図書館資料の処理に、ようやく困難を感ずるに至りました。ことに、国会サービスを主とするわが図書館におきましては、図書館資料の迅速な処理、迅速な情報撒布と資料検索の方法等につきましても貴国の図書館技術から多くの見聞と示唆をえたいものと考えております。

ともあれ、私は図書館業務にたずさわるようになりましたのは、ここ一年でありますが、ライブラリアンの仕事の尊さについての認識とそのプライドについては、決して人後に落ちない積りであります。何となれば、文化は人間と人間との関係から、また、人間と自然との関係から生まれるものであり、しかも人間をつくるには、日本的表現をもってすれば、蓋し、自然か人かということになり、その自然と人、或いは人と人との関係を文字で表現したものが、すなわち本であると考えているからであります。

日本の諺にも「男子生まれて万巻の書を読まずんば千里を往くべし」とあります。

また、わが国では、本を尊んで、不出一窓視千里、不出一瞬経萬古ともいわれています。

科学文明が、おそかれ、早かれ、全世界に普及されましょうが、私たちは、天賦の潜在可能力（latent possibility）を遺憾なく発揮して、これからの新しい時代に対する新しい図書館の在り方を実現して参りたいと考えております。

日本に帰りましたら、貴国滞在中に得ました貴重なる知識にもとづき、わが図書館はもとより全日本の図書館界に及ばずながら、微力をいたし、皆様方の図書館と手を携えて文化の交流、発展、ひいては、世界の繁栄と平和のために寄与いたしたいと存じておる次第であります。

本日は、日曜日にも拘わらず、貴重なる時間をお割きいただき、まことに有り難うございました。

重ねて、今回貴国への御招待と、今日の各位の温かいお招きに対し心から御礼を申し上げて私の御挨拶といたします。

有り難うございました。

＊　＊

この挨拶の句切り、句切りには非常の拍手があったが、これは通訳した随行の鈴木平八郎課長の英語が非常にうまかったからであろうと思っている。

〈解　説〉

元衆議院議事部副部長　今野　彧男

鈴木隆夫の名は、彼が衆議院事務総長の職を退いて以来、既に半世紀以上が過ぎ、その死からさえ三十余年を経た今日でも、衆参両議院の事務局・法制局職員の間では、広く知られている。それは、彼が昭和二十八（一九五三）年に刊行した著書『国会運営の理論』によるものである。この書物は、旧憲法下の帝国議会が本会議中心の読会制度を採用していたのに対し、現行憲法下の国会では委員会中心の審議形態に改められたことを踏まえて、新制度の詳細とその運営の実際とを体系的に解説した理論書であり、両院の議事に携わる実務者にとって、現在もなお必読の文献とされている。

鈴木隆夫は、昭和六（一九三一）年の末に衆議院事務局に入り、最初は守衛副長として警務課に配置されたが、在籍三年にして早くも「議院警察論」と題する論稿をまとめるほどの意欲的な理論家であった。昭和十二（一九三七）年書記官に昇進して、幹部職員に加えられる。当時の衆議院事務局は、勅任官である書記官長の下、七名前後の書記官が高等官として在任し、幹部を構成していた。書記官たちは、それぞれ議事課、委員課、警務課、庶務課等の各課長として配置されていたが、同時に組織本来の中心的な業務が議院における会議の運営であるところから、その本会議に直接携わる集団の一員としての責務を課されていた。

書記官には彼らのみが利用し得る書記官室が用意され、各自の所管課に特段の用務のない時間は、その部屋に屯して過ごすことが多かった。当然そこでは、日常的に相互の情報交換や意見交換が行われていた。このため、議事課長、委員課長以外の書記官たちも、議事運営に関する法規・先例について一定の知識と見解を共有していた。

鈴木は書記官就任と同時に速記課長となり、次いで秘書課長に任ぜられ、以後約十年間、その職にあったが、その間に議会制度に関する多数の原稿を書き残している。当時の衆議院では、昭和七（一九三二）年に作成された「議会振粛要綱」に基づく議院法規の改正が重要な課題と認識されており、書記官たちの議会改革についての関心も、専らそこに掲げられていた項目に集中する傾向があった。しかし、鈴木は「貴衆両院議長論」と題するユニークな論稿などを書く一方で、議会振粛要綱では触れられていなかった調査組織の整備や、決算審査権の確立等についても考察の筆を進めており、早くから議会の権限拡大のための理論を準備していた（後掲「鈴木隆夫関係文書」の目録、一八、一九頁参照）。

昭和二十（一九四五）年八月の敗戦により、わが国は天皇大権に基づく統治体制から、主権在民の民主国家へと大変革を遂げることになるが、翌九月に鈴木は早くも「議会制度改革論攷」と題した一文を書いている。そこでは新たな議会制度の方向として、政府優先制度の見直し、行政監督のための調査機能の充実、両院平等主義の打破等、その後の憲法改正とそれに伴う国会法規の制定によって実現された諸項目が記述されていた。

同年十月、鈴木は委員課長となり、委員会運営の責任を担うと同時に、議院法規の整備に直接関与する立場に就く。昭和二十一（一九四六）年八月に設置された議院法規調査委員会では幹事を命じられ、制度改正の具体的な案文作成に携わっている。昭和二十二年五月の新国会発足以後は、委員部長として大池事務総長、西沢事務次長と共に新たな体制の下での国会運営をリードして行くが、特に法律専門誌等の外部からの要請に応えて新制度紹介の論文を寄稿するのは彼の仕事となり、事務局における理論面のスポークスマン的な役割を果すようになった。

その後、前述のように『国会運営の理論』を著述し、昭和三十（一九五五）年十一月には衆議院事務総長に選出され、第一次安保騒動に代表される激動の時代の議院運営に手腕を発揮する。昭和三十五（一九六〇）年事務総長を辞任し、翌年，国立国会図書館長に任ぜられた後も、衆議院在職中には多忙のため執筆できなかった国会法改正についての論稿を残す等、終始、国会運営の理論面の整備には関心を持ち続けていた。

昭和五十五（一九八〇）年十二月、彼は七十六才で他界したが、あとに多数の文書資料が残されていた。それらは遺族により国立国会図書館の憲政資料室に寄贈され、「鈴木隆夫関係文書」として公開保存されている。

本書は、それらの遺稿の中から、新国会発足当初に雑誌に発表された論文と講演記録に加え、未公表の原稿のうち今後の国会運営にも参考とすべきものを併せて編集したものである。

国会法は制定以来、数次の改正が行われているが、議事運営のルールに関する改正は昭和三十年代にほぼ終了しており、その後の改正は常任委員会の増減や政治倫理に関するもの、あるいは参議院の調査会についての規定等、概ね組織の変更にかかわるものと言ってよい。従って、本書に収録した鈴木の国会法に関する論文四篇を通覧すれば、初期国会以来のこの法律の運用の基本理念を把握することができよう。

鈴木隆夫は、国会の法規・先例に精通していて、文字通り会議運営のエキスパートであったが、同時に日頃から自らを議会至上主義者と称しており、健全な議会制度の確立を願う使徒とも言える生き方を貫いていた。『国会運営の理論』には彼自身による「まえがき」が記載されているが、その冒頭部分で、明治憲法には帝国議会の権能として民意上達のための上奏権が規定されていたが、議会では国家の大事にあたってこれを行使せず、その運営を誤ったのは遺憾に堪えない、との記述がある。続けて、議会においては「機構よりも運営の大切なることは言うまでもなく、運営は常にその筋道によるべきこともまた当然である」とも記している。すなわち、今日の国会においても、日本国憲法によって与えられている権能を精確に認識し、それを十全に発揮することによってのみ、議会制民主主義は実現され、国民の信頼を保つことができるのであり、従って、国会の関係者は常に法理を尊び、その筋道に従った運営を心がけなければならないというのが、彼の一貫した執務姿勢、ひいては執筆活動を支える考えであった。

本書に収録した各篇は、国会関係法規の理念と運用を解説したものであるが、これを国会運営の技術書としてのみ見るのではなく、各篇の根底に鈴木隆夫の使命感と、国会の健全な発展に賭けた熱い想いが流れていることを読者が感得されるなら、編者としてこれに過ぎる喜びはない。

＊　＊　＊

以下、各篇について執筆前後の事情などを紹介することにしたい。

一　国会法解説

国会法は、日本国憲法の附属法として、旧憲法下の最後の帝国議会である第九十二回議会で成立した。この議会は、昭和二十一（一九四六）年の年末に召集され、翌二十二年三月三十一日の衆議院解散を以て幕を閉じたが、貴族院の回付案に衆議院が同意する形で国会法が成立したのは、三月十九日であった。公布は四月三十日であり、施行は新憲法と同日の五月三日である。そして、新制度最初の第一回国会の召集は、同月二十日であった。

この論文は、「法律時報」誌の昭和二十二年五・六月号（六月一日発行）に掲載された。同誌はこの号を「第九二議会の新法律解説」の特集号とし、「裁判所法解説」、「刑事新立法について」、「民法応急措置法」等十篇の中にこの論文を加えている。従って、雑誌社から執筆依頼が来たのは、議会終了前後の頃であったと推定される。

この年の四月は、翌五月の新国会発足を前にして、二十日に第一回参議院議員通常選挙が、二十五日に第二十二回衆議院議員総選挙が実施された。国家体制が一新されての最初の議会であるから、事務局は諸準備にさぞ忙殺されていたに違いないと想像するが、論文の末尾に「新憲法実施の日を迎えて」と記されているところから、鈴木は、激務の傍らこれを書き上げたのであろう。

戦後の改革の中で、議会制度の改革は主要なものの一つであったから、憲法改正案の成立前後から、識者によって新国会についての概説はいくつか発表されていた（蝋山政道「新憲法と議会制度」）（中央公論）、金森徳次郎『国会論』、森戸辰男「新国会の性格」（法律新報）など）が、法規・運営の細部にわたってまで詳細に紹介したのは、この鈴木論文が最初のものであった。本稿が第一回国会召集後、僅か十日余りのうちに世に出たことは、新議員をはじめとする国会関係者にとって、甚だ時宜を得たものであったと思う。今、改めてこれを読むと、多年にわたって願望してきた議会改革が実現したことによる高揚感と、新国会の発足を前にして運営の細部に至るまで万全を期した、当時の事務局幹部の決意の程が窺えて興味深い。

なお末尾に、亡父を偲びながら、との一行が付記されているが、鈴木家は代々伊達藩の重職に仕える医家であり、厳父も郷里で医院を営んでいた。このため、厳父の没後、東洋医学に関する多数の木版刷りの和本が鈴木の手元に残された。鈴木はこれを愛蔵していたが、遺族が彼の遺稿類を国立国会図書館に寄贈する際、それらの和書も一括して納入した。憲政資料室に保管されている「鈴木隆夫関係文書」の中に、通常の憲政資料とは異質の和本の医書が含まれているのは、この故である。

二　国会法の三大特色

この論文は、前掲の「国会法解説」とほぼ同時期に書かれている。「法律新報」誌の昭和二十二年六・七月合併号（七月一日発行）に掲載された。末尾に、「来る五月三日を期して」新制度が発足するという趣旨の記述があるので、この方が先の執筆であるかのようにも思えるが、しかし、内容は「国会法解説」の要約的なものであり、発表も前稿から一ヶ月遅れているので、前稿を踏まえて書かれたものと思われる。

この時期の「法律新報」誌は、毎号新法律解説と題する欄を設け、四、五篇の新法紹介を特集しており、同じ号には「皇室典範・皇室経済法」、「労働基準法」、「人権保護法」についての解説が掲載されている。改めて、憲法改正に伴う法制度の大変動の時代であったことを想起させる。

鈴木はこの論文で、国会法の三大特色を議員尊重主義、衆議院優越主義、国会中心主義の順序で解説している。しかし、前稿の「国会法解説」では、結語の部分で「国会法を貫く基本的精神又はその根本原則とも称すべきものは、国会中心主義であり、衆議院優越主義であり、議員尊重主義であるといっても決して過言ではない」と記しており、三大特色として挙げているものの順序が逆転している。なぜ、わざわざ順序を変えて書いているのか、いささか奇異に思われるが、察するに、五月二十日に召集される第一回国会の早い段階で、新議員たちに制度の趣旨を徹底するには、議員の地位や権能をまず説明するのが適当と考えたからではなかろうか。理論家としてよりも、実務者としての配慮が働いての記述であったように推察する。

本稿の末尾に（岡本兄記念の日）と記してあるが、この岡本兄とは、郷里の中学の同級生・岡本格治氏のことである。同氏は鉄道のポイント製造で広いシェアを持つ会社の経営者であったが、鈴木とは生涯にわたって、正に刎頚の友とも呼べる交わりを重ねていた。鈴木は新国会の門出を前に、多年にわたって支え励ましてくれた盟友への感謝の意を篭めて、これを付記したものと思われる。

三　自粛国会はどう運営されるか ―― 国会法改正の主要点 ――

国会法は、第二十一回国会の昭和三十（一九五五）年一月に、全条文百三十三条のうちの半数近くに及ぶ大改正が施された。本稿は、その時の改正内容を解説したものである。

タイトルに「自粛国会はどう運営されるか」とあるが、これは前年、昭和二十九年の第十九回国会で与野党激突の大混乱が繰り返され、特に衆議院では、会期延長の際に警察官を導入するという異常事態を招いたこと等を反省し、会期終了直後に全員協議会を開いて自粛決議を行ったことに因んだものである。ただし、このときの法改正は、その自粛決議に直接関わるものではなく、それ以前から検討されてきたものを集成した改正であった。

昭和二十七（一九五二）年四月の独立回復後、公職追放を解除された戦前からの政治家たちが、衆参両院で相当数議席を回復していた。彼らは旧議会の慣行に馴染んでおり、新制度のうち、とりわけ委員会中心の運営形式には違和感を抱き、本会議中心の読会制度への復帰を望む者が少なくなかった。これに対し、両院事務局は、国会が国の唯一の立法機関となり、議案の件数が急増している事情を挙げ、審議の能率化には常任委員会制による部門別、専門化の体制が不可欠として、旧制度への回帰志向を抑える一方、ＧＨＱ（連合国軍総司令部）の指示に従い制度化したもののうち、活用度が低下していた自由討議制や両院法規委員会については廃止することにした。また、鈴木が議員尊重主義の代表例として挙げていた議案の発議権についても、旧制度に準ずる制約を復活させた。

このように、昭和三十年の改正は、古参議員の復古意識に配慮しながら、新制度の不備を補い、より充実した審議体制を整備しようとしたものであり、これにより戦後の国会運営の基本形態が固められたということができる。

この改正案は、昭和三十年一月二十四日に成立し、同日、衆議院は解散された。この解散は、前年十二月初めに吉田内閣が倒れ、代わって誕生した鳩山内閣が民意を問うために行ったもので、「予告解散」と呼ばれた。本稿はその解散中に、内閣法制局次長の高辻正巳氏から事務次長であった鈴木に直接依頼があって執筆したもので、「時の法令」誌の二月二十三日号（一六二号）に掲載された。

四　その後（第二十一回国会昭和三十年以後）における国会法の改正の要点について

昭和三十年十月、それまで左右両派に分裂していた社会党が統一して日本社会党となり、これに対抗して翌十一月には、保守系の日本民主党と自由党が合同して自由民主党を結成した。これにより、後に五十五年体制と呼ばれる保革二大政党の時代に入った。この機に衆議院では大池事務総長が辞職し、鈴木が後任の事務総長に選任された。

国会法には先に大改正が施されていたが、衆参両院間には未調整の問題がまだ残っていた。そこで鈴木の事務総長就任の直後から、議院運営委員会には国会法改正等小委員会が設けられ、更なる検討が進められた。その結果、在任中の昭和三十三（一九五八）年の第二十八回国会で、会期延長の回数制限や、懲罰事犯の継続審査等、運営面での新たな改正が加えられた。当時は保革激突の時代であり、国会は終始緊張状態にあり、事務総長は日々の職務に忙殺されて、これらの改正についての文章を書く暇がなかった。

昭和三十五（一九六〇）年に鈴木は事務総長の職を辞し、翌年、国立国会図書館長に任命された。当初は新任務に集中していたが、仕事に余裕が出てきた頃、衆議院時代の最後に手がけた国会法改正について、詳細な解説を残しておくことを思い立ち、執筆したのがこの論稿である。

実は、改正点の説明に加えて、この時期の彼には書き留めて置きたい問題点があった。それは、昭和三十三年に行われた総選挙直後の第二十九回特別国会の召集日に、議長の代行として本会議に臨み、会期決定の議事を自分が主宰したことについてである。

選挙後の特別国会では、冒頭に正副議長を選出しなければならないが、その議事は国会法七条に基づいて事務総長が主宰することになっている。だが、この国会では副議長の座をめぐって自社両党が対立し、召集日当日に正副議長の選挙が行えなかったので、特別会、臨時会の会期は召集日に決定する必要があるという衆議院の従来からの理論に従い、事務総長が与野党の合意を取りつけ、その議事を主宰した。これに対し、早速参議院から、国会法に基づく事務総長の議長職務の代行は、正副議長の選挙に限られるべきもので、会期決定を行ったのは越権ではないかとの批判が出、その後も学界から同様の声が挙っていた。

鈴木はかねがね、このときの自分の行動の適法性、合理性を理論化しておくことを考えていて、それをこの論文に書き加えている。この部分を読むと、国会活動の基盤である会期の概念が明確にされ、召集日に会期を決定することの必要性と、併せて、事務総長による議長職務の代行の範囲が具体的に説明され、昭和三十三年当時の鈴木の行動の根拠が理解できる。ただ、この論稿は執筆されたものの、なぜか発表されることはなく、彼の没後まで篋底に埋もれていた。全文が公表されるのは、今回が初めてである。

この論稿が書かれた時期は明らかではないが、事例として第三十九回国会のものが挙げられているので、それ以後の昭和三十七（一九六二）年以降と推測するしかない。

なお、編者は先に、本稿の一部を引用して「議院事務総長による議長職務の代行の範囲」と題する拙稿を発表している（拙著『国会運営の法理――衆議院事務局の視点から――』所収）が、これは鈴木説を敷衍したものであり、参照されれば幸いである。

五　内閣総理大臣の指名手続について

憲法第六十七条には「内閣総理大臣は、国会議員の中から国会の議決でこれを指名する」と定められている。これを受けて、発足当初の衆参両院の規則には「内閣総理大臣の指名は、記名投票で指名される者を定め、その者について議決する」（衆規一八条、参規二〇条）と規定していた。この規定の示すところは、まず選挙手続によって内閣総理大臣を指名し、その指名を院の議決として正式に承認する、という二段行為になる。これは、憲法の規定から、そのまま導き出された議事手続であった。しかし、「指名」と「議決」とを区別して、二回に分けて出席者の意思を問うことにしたため、予期せぬ齟齬が生じた。

第二回国会の昭和二十三年二月二十一日に、衆参両院は片山内閣総辞職のあとを受けて内閣総理大臣の指名を行ったが、参議院では最初の投票で過半数に達した者がおらず、一位の吉田茂と二位の芦田均による決選投票の結果、吉田茂が比較多数で指名された。次いで、この結果について議長が起立採決を行い、一旦は賛成多数と認めたが、これに対し異議申立てがあり、記名投票が行われたところ、今度は反対票が賛成票を上回ってしまった。

ここで、選挙では当選した者が、指名議決では否決されるという矛盾した結果が出たわけである。このため、議長が参議院規則第二百五十一条（当時）の「すべて議院規則の疑義は、議長がこれを決する」との規定に基づき、否決の議事はなかったものとみなす旨を宣告し、選挙結果のとおり吉田茂を指名したとして落着させたという事例がある（このとき、衆議院では芦田均が指名され、両院協議会を経て、芦田の指名が国会の議決となった）。

新しい憲法によって国会に認められた内閣総理大臣の指名手続が、発足早々の時期に早くも混乱を見せたことから、この問題は話題を呼び、恐らく早速、雑誌社から衆議院に解説論文の寄稿依頼が来たものと思われる。鈴木は当時、委員部長であったが、本稿を執筆し、これは「法律時報」誌の同年九月号に掲載された。

ここで鈴木は、国会が内閣総理大臣の指名を行う場合の事由から説き起し、指名される者の資格要件、指名の議決要件、議事運営上の先議要件と、関連する問題のすべてについて委曲を尽くして論じている。今日これを読み返してみて、国会における一つの意思決定手続の背後には、このような理論の集積があることに、改めて強い感銘を覚える。

右に掲げた衆議院規則第十八条、参議院規則第二十条の規定は、その後、昭和三十年の国会法改正に関連する規則改正の際に、投票の過半数を得た者を指名された者とする旨の条文に改められているので、現在では重ねて採決する必要はなくなっている。ただし、衆議院規則の方は「投票の過半数を得た者を、指名する者とし、その者について指名の議決があったものとする」と規定し、飽くまでも「議決」にこだわっている。この点について学説の中には無用の字句と批判するものもある（宮澤俊義『日本国憲法』五一二頁、佐藤功『憲法（下）』八三二頁）が、衆議院では憲法の規定に従う以上、「議決」の二字は不可欠としたものである。

六　わが国の委員会制度と特別委員会の性格

国会の委員会には、常任委員会と特別委員会の二種類がある。常任委員会は文字通り常設のものであり、その数と名称は国会法で定められ、各委員会の所管事項と委員数は、両院それぞれの規則に規定されている。特別委員会は、会期毎に必要に応じて設けられるもので、その目的、名称、委員数は、本会議における議長発議の動議によって議決される。

これらのことはよく知られているが、初期の国会の衆議院では、右のほかに極めて特殊な性格を持つ特別委員会が設置され、活動していた。

昭和二十年の敗戦直後のわが国では、本土決戦に備えて陸海軍が保有していた厖大な軍需物資が存在し、それが各地に隠匿されたり不正に流用されたりして、正常な経済活動を阻害する事態が生じていた。こうした混乱に対処するために、第一回国会で隠退蔵物資等に関する特別委員会が設けられたが、ＧＨＱによる示唆もあって、より強い権限を持つ調査機関の必要が叫ばれ、これに応じて第二回国会に不当財産取引調査特別委員会が設置された。

この特別委員会の設置は、通常のような動議ではなく、決議案の形式で本会議に上程され、目的、活動範囲、経費等数項目の内容とともに議決された。特に、この特別委員会は超党派的に構成するとされたため、委員の選任においても国会法第四十六条の各派の所属員数の比率に基づく方法によらず、本来は割当のない共産党からも一名を選出し、また、決議内容に従い、議長を経由せずに証人を喚問することが可能であり、閉会中審査の議決を要さずに会期中閉会中を問わず活動でき、独立の予算と事務局を持つ等、通常の特別委員会とは異なる権限が認められていた。

不当財産取引調査特別委員会は、第五回国会からは考査特別委員会と名称が変更され、目的に「日本再建に重大な悪影響を与えたものと、その責任の所在を調査する」との項目が追加されて、脱税、供出阻害、労働争議挑発をはじめ汚職の追及にも調査の範囲を拡げ、頻繁に証人喚問を行う等、活発に活動した。その後、第十回国会以降は名称が行政監察特別委員会となり、第二十四回国会で議院の議決により廃止されるまで存続した。

本稿が執筆されたのは、昭和二十五（一九五〇）年の夏頃と推定される。当時は考査特別委員会の時期であり、同年四月、この特別委員会に喚問された証人が、再喚問を怖れて自殺するという事件が起きた。この事件の重大性から、特別委員会の権限、あり方に社会の注目が集まり、委員部長の鈴木に解説文の執筆依頼があったものと思われる。

鈴木は冒頭に委員会制度の概要を述べた上で、特殊な特別委員会の法的性格を詳細に紹介し、更に議院の決議の性質と効力を綿密に解説している。ここで彼は、決議によって特別の権限を与えられた考査特別委員会は議院の予備的審査機関ではなく、議院の権限を代行する機関であるとしているが、この見解は、特殊な特別委員会の独自性を根拠付けるものとして、後に職務権限を問われた議員の裁判の判決にも影響を与えるものとなった（斎藤秀夫『国会と司法権の独立』一六八頁、注6参照）。また、本稿中に記されている国会法と議院規則の関係、決議による規則の一時停止の解釈等についても、これまでに特に反論は見当たらず、その点でも本稿は注目すべき論文ということができる。

七〈講演〉国会の予算修正に関する論争点について――昭和二十八年度予算案をめぐる――

本篇は、昭和二十八（一九五三）年八月二十日に、全国都道府県議長会が主催した地方議会職員のための研修会で、当時、事務次長であった鈴木が行った講演会の速記録である。

昭和二十八年度予算は、本来ならばこの年の三月末には成立していなければならなかったが、二月二十八日の衆議院予算委員会で、吉田首相が「バカヤロー」と呟いたことから混乱が起き、三月十四日に内閣不信任案が可決され、同日、衆議院は解散された。前回の選挙から、僅か半年足らずの解散であった。四月十九日に行われた第二十六回総選挙の結果、政権党であった自由党は第一党の座を保ったものの過半数には達せず、特別国会を前に保守系の野党である改進党との連立を図ったが果せず、結局、少数単独内閣でスタートした。

このため、予算を成立させるためには野党との協力が必要となり、第十六回特別国会において政府・与党は改進党と自由党分党派（鳩山グループ）の要求を容れ、一般行政費と防衛費を節減し、捻出された財源を社会保障、農業、中小企業、教育等に振り向ける修正に応ずることにした。この修正は予算総額においては若干減額されていたが、多数の款項の間で増減が加えられていたので、議会始まって以来の増額修正の事例として話題を呼んだ。

こうして昭和二十八年度予算は七月十七日に衆議院で修正議決され、同月三十一日に参議院で可決され成立した。国会の会期は八月十日に終了したから、この講演はその僅か十日後に行われたことになる。予算修正の問題は、地方議会の職員にとっても関心事であったため、特にこの演題が選ばれたとも考えられるが、鈴木は、衆議院における新たな事例について、直接その処理に携わった経験を踏まえて詳細に語っている。

旧憲法下の帝国議会時代には、議会における予算議定権には様々な制約が課されており、とりわけ増額修正は不可能とされていた。鈴木は、そうした旧議会時代の制度とそれに関連する諸学説から説き起こし、新憲法によって国会中心の財政主義が確立された経緯を述べて、今日における国会の予算審議権の詳細を論じている。更に、実際に予算書に修正個所を記入して参議院に送付する際の事務処理上の苦心談や、その文書形式の特異性に基づく議決の際の諮り方についての工夫まで、具体的に解説している。

その後、国会における予算の増額修正は、第二十二回国会で昭和三十年度予算に対し行われたことがあるのみであるが、今後の参考のためにも、本講演の内容は実務者にとって極めて重要な指針を示しているといえよう。

なお、予算に関する論述として、ジュリスト誌の一九五二（昭和二七）年八月一日号に、執筆者石田博英として「法律と予算の関係について――主として議会主義の立場から――」と題する論文が掲載されている。これは、当時衆議院の議院運営委員長であった石田議員の依頼を受け、委員部長の鈴木隆夫が全文を代筆し寄稿したものである。国会発足以来五年が過ぎ、新制度による運営も次第に定着して来て、議員により予算を伴う法律案が提出されることが珍しくなくなった。一方でこれが成立すると、政府の予算編成権が制約されることになるという批判の声も出て来た。この問題に関して、立法権と行政府の予算編成権との法律上の権限関係を論じたのが、この論文である。

発表の経緯、形態から見て、これを鈴木の著作物とすることは許されまいが、内容はすべて彼の理論を展開したものである。従って、彼の他の遺稿と同様に、国会運営に関する文献資料の一つとして、再認識されることを望みたい。

八　会期中の議員逮捕の許諾に関する諸問題

(覚書　1)　議員有田二郎君の逮捕許諾の件をめぐる諸問題について

(覚書　2)　三月六日の東京地方裁判所における有田君の期限付逮捕許諾に対する関谷裁判長の決定理由についての反駁論

終戦直後，ＧＨＱは占領政策として日本に対し大型外航船舶の建造を禁止していたが、昭和二十四（一九四九）年、中国に共産党政権が樹立されたのを機に、極東戦略を転換してこの禁止を解除した。更に翌年、朝鮮戦争が勃発したため、日本の造船・海運業は一気に回復した。ところが、戦争が終結した昭和二十八（一九五三）年七月以降、需要が激減して再び不況に陥った。

もともと日本の造船業は、戦前の富国強兵政策の下で政府の保護を受けて発展してきた経緯があり、このときも業界は政府に支援を求め、時の自由党政権もまた積極的にこれに応じた。こうした状況下で、財政投融資計画に基づく計画造船の割当や、造船に対する融資利子補給法改正案の成立促進をめぐり、船舶会社から政界・官界に多額の献金や供応が行われた。世に言う造船疑獄である。

東京地検は昭和二十九（一九五四）年一月から捜査を開始し、数社の幹部を逮捕して取り調べたあと、政官界の摘発に着手した。当時は第十九回国会（昭二八、一二、一〇召集）の会期中であり、国会議員の逮捕には議院の許諾が必要である。そこで二月十七日に、自由党副幹事長の有田二郎に対する逮捕許諾請求書が、政府から衆議院に提出された。既にこの国会では、保全経済界事件や陸運疑獄といった不祥事も話題となっており、衆議院としても有田の逮捕許諾はやむを得ないと考えられたが、当時の与党の自由党は単独過半数を僅かながら下回り、安定勢力とは言えなかった。このため同党では、昭和二十九年度予算の採決予定日である三月四日には有田も本会議に出席させる必要があると考え、三月三日までの期限を付して逮捕を許諾することにした。

二月二十三日の議院運営委員会で、自由党委員の提出した期限付許諾の動議は、挙手採決で否決されたが、同党は本会議にも同じ動議を提出し、記名投票の結果、二百九票対二百四票で可決された。これにより、二月二十五日に有田は逮捕されたが、同日、検察当局は適正な犯罪捜査権に対し、衆議院が期限を付けることは不当であり、それは許されないとの見解を発表した。一般に政治家の汚職容疑には世論は厳しい反応を見せるが、当時の新聞も挙ってこの期限付許諾には批判的で、院の議決に条件を付けるのは不当であるとか、また、期限は希望条件に過ぎないから無視することも可能だとする論調が紙面に溢れた。

これに対し、衆議院事務局では当初から議決に期限を付けることは法律的に可能であり、従って期限付の逮捕許諾は有効であって、政府はそれを尊重しなければならないとの解釈をとっていた。しかし、期限の三月三日に至って、検事総長が有田の釈放拒否を表明し、また、東京地裁も有田の弁護人からの勾留執行停止請求を却下したため、結局、衆議院の議決意思は無視され、有田は勾留期限の切れる三月七日まで釈放されなかった。

当時、事務次長であった鈴木は、許諾直後からこの問題の法律上の見解を記述し、それを議院運営委員長に提出していた。これに基づいて、期限が過ぎた翌日の三月四日に菅家議院運営委員長は、期限付許諾の院議は尊重されるべきだという趣旨の記者会見を行っている。また、当初は期限を付けることに反対していた野党各派も、検察側が衆議院の意思を尊重しなかったことに一斉に反撥し、犬養法相や刑事局長を議院運営委員会に呼んで追及し、更に三月六日の本会議では野党による緊急質問の形で、政府側の院議無視を批判、攻撃した。議決内容には反対していた会派も、一旦決定された院議を政府側が無視した際は、結束して反撥した事例として、このときの経緯は記憶されるべきものがある。

〈解　説〉

有田の釈放後もこの事件での捜査は続き、更に数名の議員に逮捕許諾請求が出されたが、その後の許諾に際しては特に期限は付されなかった。四月二十日に至り、検察当局は自由党幹事長の佐藤栄作の逮捕を決定したが、犬養法務大臣が検察庁法十四条による指揮権を発動してそれを承認せず、翌日辞任したことはよく知られている。

本篇は、一連の事態の中で、鈴木が数回にわたって書き残した覚書の中から選んだものである。ここで彼は、まず新憲法五十条が「両議院の議員は、法律の定める場合を除いては、国会の会期中逮捕されず、会期前に逮捕された議員は、その議院の要求があれば、会期中これを釈放しなければならない」とのみ定めていて、旧憲法のように政府の逮捕許諾要求には触れていないことを指摘している。旧憲法五十三条では「両議院ノ議員ハ現行犯罪又ハ内乱外患ニ関ル罪ヲ除ク外会期中其ノ院ノ許諾ナクシテ逮捕セラルルコトナシ」と規定していて、逮捕許諾要求は憲法上も政府に認められた権限であったが、新憲法はそれを排除し、許諾要求の制度を設けるか否かも、国会が定める法律に委ねることにした。

これは、国会が国権の最高機関となり、国の唯一の立法機関と定められたことから、会期中の議員の活動に最大限の保障を与える趣旨であり、つまり議員の不逮捕特権こそが憲法上の大原則なのである。この原則を受けて、国会法三十三条に許諾要求権が定められたものであって、これを憲法上の権限と同等に見ることは出来ない。従って、議院が逮捕の許諾に際して付した期限を政府が無視することは、憲法上の原則である不逮捕特権を、憲法上では認められていない許諾要求権によって屈服させるもので、許されるものではない、というのが鈴木の基本認識であった。

彼は（覚書1）の中で、院議によって付された期限の前に検察庁は有田を釈放すべきであり、もし勾留の継続が必要な場合は事前に期限の延長を要求すればよい、議院はそれについて改めて諾否を決定する、というのが円満な問題処理の方法である、と記している。しかし、前記のように、当時の司法当局は有田を期限前には釈放せず、衆議院はそれに対抗する手段を持たなかったので、院議は無視された形で終った。鈴木の胸中には、新憲法によって国会中心の政治体制が確立されたにも拘らず、司法当局も、また一般世論も、依然として旧憲法下と同様の政府優位の意識に支配されていることに対する怒りと苛立ちがあったことが、これらの遺稿から感じられる。

その後今日まで、会期中の議員逮捕許諾請求の事例は衆参両院で数件あるが、許諾に際して期限が付されたことは一度もない。これを以て、期限付許諾が法律的に不可能であるためと見るのは正しくない。学説的にも、未だに可能説、不可能説が並立しているようである。この問題は、国会運営上の憲法解釈に関わるものであるから、更に検討、究明されるべきであり、本稿はその論議に際して、重要な資料となるものである。

九　国会における条約の承認権をめぐる諸問題について

昭和三十五（一九六〇）年の第三十四回国会（昭和三四、一二、二九召集）ほど、与野党が激しく対立し、審議が紛糾・混乱した国会はない。岸内閣が進めて来た日米安全保障条約と行政協定の改定をめぐって、これを日米関係の不平等性を緩和するものとして賛成する勢力と、米ソ冷戦の下で一方に加担することは平和の脅威になるとして反対する勢力とが対立して国論が二分され、特に労働組合や学生組織を中心とした反対運動は全国的な拡がりを見せた。国会周辺には連日のように数万人規模のデモ隊が押し寄せ、これに呼応する野党は、新条約案件の成立阻止に狂奔した。

日米新安保条約と新行政協定は、同年二月五日に衆議院に提出され、これらを審査するための特別委員会が設置されたが、野党の社会党は、冒頭から審議引き延ばしのため、様々な問題を提起して政府に論戦を挑んだ。その手始めに持ち出したのが、国会における条約修正権問題である。

憲法七十三条は、内閣の事務として「条約を締結すること。但し、事前に、時宜によっては事後に、国会の承認を得ることを必要とする」と定めているが、この場合の「承認」に際して国会側に修正権を認めるか否かは、新憲法制定当初からの論争点であった。政府側は条約の締結が内閣の専権事項であるところから、国会には承認か不承認かの二者択一の権限しかなく、修正は不可能との態度で一貫していた。しかし、学説としては可能説も唱えられており、野党側は学識経験者を参考人として招くなどして、論議の継続を求めた。そこで与党側は、討議の場を議院運営委員会に移すことを考え、二月二十四日に小沢佐重喜特別委員長から荒船議院運営委員長に対し、条約の修正の可否について検討されたい旨の申入れを文書で行った。これを受けた議院運営委員会では、三月一日に条約承認権に関する調査小委員会を設置して協議することにした。

当時の議院運営委員会の会議録を見ると、小委員会では三月二日に最初の会合を開き、必要な資料の作成を事務局に指示している。事務総長の鈴木は、問題の重要性と緊急性に配慮し、一両日の休暇をとって自宅に篭り、本稿を書き上げた。その後の会議録では、三月八日の小委員会で「条約承認権について論議する項目」を決定したことが報告されているが、そこに掲げられた項目は本稿の記述と照応しているので、本稿によって小委員会の論議が進められたことは明らかである。

ここで鈴木は、旧憲法時代には条約の締結について議会の関与は認められなかったが、新憲法によって国会に条約承認権が与えられたのは、偏に民主主義の原理に基づくものであり、国会こそが国家意思を形成する最高機関となったためであると説き起こし、条約承認権の性質、承認権の対象、承認権行使の態様、条約の審議過程、承認権行使の効果等、項目毎に詳細な理論を展開している。その上で、国会には条約に対する修正権があり、但し修正が可能なのは署名・調印前の条約案についてであり、署名・調印後に提出された条約については修正することは不可能であると結論付けている。

この国会に提出された日米新安保条約と新行政協定は、この年の一月十九日に調印されたものであり、つまり調印後、批准前の段階での付議であったから、鈴木説においても修正は認められないものであった。しかし、与党側は政府の意向に配慮して国会としての結論を急がず、野党側も小委員会での論議には熱意を示さなかったので、結局、本稿は将来のための参考資料として残されることに終った。

その後の国会でも、条約案件としては日韓基本条約や沖縄返還協定など、与野党が激しく対立した事例はあるが、条約の修正問題に論議が及ぶことはなかった。従って、今日においても依然として修正権の有無は結論を見ていないが、本稿は単に条約修正の可否についてのみでなく、国会における条約の取扱いの全般について、詳細かつ具体的に解説しており、条約審議のあり方を説く決定版として、貴重な論述というべきである。

十　国会の会議録について

わが国の議会の歴史は明治二十三（一八九〇）年に始まっているが、その発足の当日から、貴衆両議院の会議の模様は速記術によって記録されている。議会創設の最初から出席者の発言が逐語的に記録されているというのは、諸外国には例のないことで、ひとりわが国の誇るべき史実である。

しかし、旧憲法下の帝国議会では、各議院の記録は議事録、決議録、議事速記録と三種類あり、後に決議録は廃止されたが、議事録と議事速記録のうち重要なのは議事録とされていた。それは、議院の記録として永久保存されるべき原本に、議長が署名し書記官長が副署するのは議事録であり、議事速記録にはその必要が認められていなかったことに示されていた（委員会の速記録については、当日の委員長が原本に署名していた）。

ところが新国会発足時に、この点について大きな変更が加えられた。旧憲法は第四十八条に「両議院ノ会議ハ公開ス但シ政府ノ要求又ハ其ノ院ノ決議ニ依リ秘密会ト為スコトヲ得」と規定し、両院の本会議の公開原則を定めていたが、記録については全く触れるところがなかった。これに対し現行憲法では、第五十七条二項に「両議院は、各々その会議の記録を保存し、秘密会の記録の中で特に秘密を要すると認められるもの以外は、これを公表し、且つ一般に頒布しなければならない」と定めた。これは国権の最高機関となった国会において民主政治を推進する上から、両院の会議の公開性を徹底させる趣旨で記録の公表を義務付けたものであるが、文意から見て、この場合の記録は速記録を含むものとなる。そこで、憲法のこの規定を受けて、衆参両院は旧議会時代の議事録と議事速記録とを統合した形のものを「会議録」と称し、速記法によって採録した議事を主体に、必要事項を併載して正式の記録とすることにした。これに議長が署名し、事務総長が副署したものを原本とし、永久保存している。このようにして、現在では各院の会議記録は速記録に重点が置かれているわけであるが、こうした変更が、その後ある種の混乱を招いた。

本稿は「ジュリスト」誌の昭和三十（一九五五）年六月一日号に掲載されたものであるが、執筆の前年、昭和二十九年の第十九回国会で、会期末の迫った六月三日に衆議院では会期延長をめぐって大混乱が起きていた。警察法案を成立させるため会期を二日間延長しようとする与党側と、これを阻止しようとする野党側が衝突し、本会議の開会を妨害する野党議員を議長が警察官を導入して排除し、辛うじて会期を延長した事件である。当日の議事は、当然のことながら速記者にとっては聴取不能で、速記の記載はない。しかし、会議録には議決内容の記載が必要である。そこで事務局としては、会議録の末尾に「参照」として、当日の衆議院公報を転載して、議事経過を記録した。ところが野党側はこれを問題視し、聴取不能であったものを事実として会議録に記載したのは公文書偽造に当たるとして、議長と事務総長を告発する手続をとった。

これが旧議会当時のように議事録と速記録が分離されていた時代であれば、こうした問題は起きなかったはずであるが、統合して会議録としたために、速記部分を重視する野党に疑念を抱かせたわけである（この告発は、その年の十二月末に不起訴処分となり、取り下げられた）。鈴木は本稿の中でもこの経緯に触れ、この場合の扱いは現行制度の下での会議録の補正であり、法律的には何ら問題ないとしているが、同時に「この会議録の一本化が果して善かったか悪かったかは、今後の運営を見てからでなければにわかに論断することはできない」とも記し、検討の必要性を示していた。

国会活動において、会議録の作成と保存は欠くことのできない重要な業務であるが、その仕事の困難さに比べて、一般の関心度は低い。会議録に関する法規上の問題点についても、これを正面から解説したものは極めて稀である。その意味でも、本稿は貴重な論稿というべきであろう。

なお、末尾の「あとがき」に記されているように、これは前年十月に催された第六回全国議事記録員研修会で行った講演内容を文章化したものである。この講演記録も「会議録とその周辺の問題について」と題する小冊子として残されているが、本稿と重複する部分が多いので本書には収録しなかった。

十一　秘密会議の会議録の公開問題について

昭和三十一（一九五六）年の第二十四回国会で、自由民主党が議員立法で提出した憲法調査会法案が成立した。結党以来、憲法改正を重要施策として掲げてきた同党は、この調査会の活動を通して、占領下に制定された現行憲法を見直し、改憲の気運を高めることを狙った。しかし、護憲派の社会党はこれに反対し、国会議員に割り当てられた委員としての参加を拒んだため、調査会の発足は遅れ、翌三十二（一九五七）年八月に至って定員を欠いたまま初会合を開き、漸く活動を開始した。

改憲派の主要目的の一つは、第九条の戦争放棄の規定を改め、独立国に相応しい軍備の保有を憲法上も可能にすることにあった。この第九条は、第九十回帝国議会での憲法改正案の審議の際に、衆議院に設けられた憲法改正案委員小委員会において、芦田小委員長の発議により重要な修正が加えられたと伝えられていた。この小委員会は秘密会で開かれ、速記録は存在するものの、それは旧議院法の規定に基づいて衆議院事務局内に密封保存されていた。憲法調査会では、この速記録を調査のため利用したいと考え、昭和三十二年十月十九日付で高柳会長から益谷衆議院議長宛に、公開を求める要望書を提出した。

実は、この秘密会の速記録は、憲法調査会法案が衆議院内閣委員会で審査されている間に、社会党委員の間から閲覧したいとの要求が出、国会議員に限り一定の条件（複写をせず、内容も公表しない等）の下で閲覧が認められる状態になっていた。社会党では、いわゆる芦田修正に基づいて第九条の内容が確定したのであれば、それはGHQによる押しつけではなく、日本側の自主性によって戦力放棄が選択されたことの傍証になる、との見込みがあったものと思われる。このように、憲法改正案委員小委員会いわゆる芦田委員会の速記録は、既に国会議員には閲覧が可能になっていたので、憲法調査会でもこれを資料として利用することを期待したものである。当時の世論も、この要請に概ね賛意を示し、識者の多くも公開を求める声を新聞に寄せていた。

このような動向に対し、衆議院事務総長の鈴木が、公開に対し否定的な見解をまとめたのが、本稿である。鈴木はここで旧憲法下の帝国議会における秘密会と、新国会での秘密会との相違を説明しながら、しかし、国会においても秘密会の記録中特に秘密を要するものと議決したものは公開できないとされているから、制度は継承されているのであり、従って旧議会時代の密封保存の取扱いは、今日においても有効であると説いている。更に、この小委員会の速記録には、当時の状況下で占領軍に翻訳して提出する際、議長が不穏当と認めて削除した部分が含まれている。この部分はたとえ速記録の公開が可能となった場合でも、非公開とすべきものであり、これを公表する道は現状ではあり得ない、としている。この見解は、当初は非公式のものとされたが、その後印刷したものが内部資料として限られた取材陣にも配布され、一部の新聞がその概要を報道した。

以後、衆議院と憲法調査会との間で交渉が重ねられ、昭和三十三（一九五八）年四月に至り、衆議院側は憲法調査会の調査目的に鑑みて、同調査会の委員に限って、先に国会議員に許可した場合と同一の条件で閲覧させることを議院運営委員会で決定した。そして、この方針を議長発議で本会議に諮り、院議とした上で議長から憲法調査会長に回答した。

このように、昭和三十年代前半の時期では、旧帝国議会時代の秘密会の速記録は依然として非公開を原則とし、例外的に芦田委員会の速記録に限って、特定の範囲の者に閲覧を許可することにしたのである。この判断の背後には、本稿の中で鈴木が記しているように、「現行法規のもとでは公表の道がないのである。わが国は法治国であり、法規を超えて公表することはできない」との認識があった。かくして、旧議会時代の秘密会の速記録は、その後も衆議院の記録はそのまま衆議院が、貴族院の秘密会の記録は貴族院に代わって誕生した参議院が、そのまま引き継いで密封保存して来た。

ところが、平成七（一九九五）年に至って突然情勢が一変した。この時期は、官公庁における交際費の支出や、教育課程での内申書の取り扱いなど、従来は内密に処理されて来た問題に一般の批判が集まり、公的機関の情報公開を求める気運が高まって来ていた。参議院ではかねがね「開かれた国会」を標榜して来た経緯もあり、右のような時代の要請に対応する姿勢を示す方途として、貴族院から引き継いで来た秘密会の速記録を急遽公開することとし、議院運営委員会の協議を経て、議長の決定により、同年六月五日に独自にこれを公刊し、一般にも頒布した。

本来、旧帝国議会時代の秘密会の速記録は、貴衆両院がそれぞれ個別に保存していたとはいえ、同一の法規に基づき、同一の処理をして来たものである。従って、国会になって以後は、貴族院のものは参議院が、衆議院のものは衆議院が別々に保管して来たにせよ、それを公開する際の手続は、両院が協調して同一時期に同一の方法でなすべきであったと考えられる。しかし、このとき参議院は衆議院の意向を問うことなく、むしろ衆議院に先行することが参議院の独自性を示す所以でもあるかのように、公開を急いだ。

これに倣って、衆議院も同様の措置をとることにし、まず最初に世上に関心の深かった右の憲法改正案委員小委員会の速記録を同年九月に分冊発行し、引き続き懲罰事犯に関する速記録を除く他の秘密会議の速記録を、翌平成八（一九九六）年十二月に発行、頒布した。この方針の決定は、第百三十二回国会の平成七年六月十六日の議院運営委員会で行われたが、特に院議に付されることはなかった。

以上のように、昭和三十年代に鈴木隆夫が本稿において慎重な取扱いを主張し、公開には法的措置を考慮する必要があるとした旧議会時代の秘密会速記録は、三十数年後、法規的には何らの措置がとられることなく、いとも容易に公開刊行された。既に公開された秘密はもはや秘密ではなく、開かれた玉手箱同様、元には戻らない。従って、いま改めて公開の手続の良し悪しを論ずることは、無意味かも知れない。

しかし、衆参両議院の事務局における法意識と事務処理の姿勢が、時代の進行と共にどのような方向に変化して来ているか、それを考える一資料として、本稿は再読される必要がある。

十二　欧米の図書館をめぐって

昭和三十五（一九六〇）年七月に衆議院事務総長を辞職した鈴木隆夫は、翌三十六年四月、国立国会図書館長に就任した（国会図書館長就任の経緯については、拙著『国会運営の法理――衆議院事務局の視点から――』三九六～七頁を参照されたい）。

国立国会図書館は、国会法第百三十条の「議員の調査研究に資するため、別に定める法律により、国会に国立国会図書館を置く」との規定に基づいて設置された国会附属の機関である。設立当初は旧赤坂離宮（現在の迎賓館）の一部を借りて庁舎とし、貴衆両院の図書館から引き継いだ衆参両院図書館の蔵書を移管して母胎としたが、これに、既に四十年の歴史を持つ上野の帝国図書館をはじめ、行政及び司法各機関の図書館を支部図書館として編入し、文字通り国の中央図書館として発足した。本格建築の敷地としては、昭和二十三（一九四八）年に議事堂に隣接する現在地とすることに決定していたが、実際に着工されたのは昭和二十九年からであり、昭和三十六年六月に第一期工事が完成した。従って鈴木の館長就任は、本館の竣工直前の時期であり、移転事業とそれに伴う機構整備が館長としての最初の仕事であった。十一月一日に行われた新館披露の式典で、鈴木は館長として、これまで「図書館本来の建物がなかったこと、元の赤坂離宮に置かれた仮庁舎が国会議事堂から遠く離れていたこと、蔵書と職員とを都内数ヶ所に分置せねばならなかったこと、このため国会への奉仕、その他の活動に極めて大きな障害をもたらしたこと」等「心から遺憾に思っていた点」の除かれた喜びを披瀝した（『国立国会図書館三十年史』（昭和五四年発行）「発刊のことば」から）。

本館における運営が軌道に乗った翌昭和三十七年四月、鈴木は欧米の主要な図書館を視察する旅に出た。彼にとって図書館の運営は未知の世界であったので、国の中央図書館の在り方を諸外国の例に学びたいと考えたからである。折しもアメリカの議会図書館長から、招待状が届いていた。これに応ずるとともに、英、独、仏などヨーロッパ諸国の図書館事情を約二ヶ月かけて視察し、六月に帰国した。

本稿は、その旅行記を、部内誌である国立国会図書館月報に連載したものである。この稿の前半で、鈴木はわが国の議会図書館が、帝国議会創設の当初から貴衆両院の書記官長によって設置が提唱され、その必要性が主張されていたにも拘らず、当時の政府の無理解により予算措置が講じられず、敗戦後の占領下まで実現が遅れた経緯を述べ、国会図書館設立の意義を改めて強調している。次いで後半部分には、アメリカ議会図書館を訪問して関係者と会合した際の経験と、そこで述べた自分の挨拶を記載した。

ところが、肝腎の米国議会図書館の運営や業務内容についての印象は、書かれていない。更にこの旅行記は、冒頭に記されているように、英、独、仏等の諸国の図書館についての感想も記述する予定で始められたはずであるが、それも書かれずに終わっている。つまり、本稿は未完の旅行記である。

鈴木は、なぜ筆を続けなかったのか。あるいは、続けることが出来なかったのか。

恐らくそれは、次のような事情に起因している。

国会図書館は発足早々の時期に、GHQを通して、米国イリノイ州立大学図書館長ロバート・B・ダウンズ氏の作成した図書館運営に関する勧告を受けていた。いわゆる「ダウンズ勧告」と称されるもの（『議会制度百年史・資料編』五〇七〜八頁）であるが、この中の技術部面に関する勧告に、「著者名、書名、件名はローマ字で目録カードに入れること」という一項があった。これは同じ勧告の中の別項「主要国と国際的資料交換を即時開始すること」に見合うものであり、国会図書館の業務の一つとして、外国の図書館との交流が重要な仕事と位置付けられていたことを意味する。この勧告に従い、国会図書館では印刷カードと閲覧用目録にローマ字綴りの文字も記入したが、その際、ヘボン式ではなく訓令式の綴りを採用した。これは、敗戦直後の国内情勢の下では、自然な選択と見られた。

しかし、訓令式ローマ字の使用はわが国に固有のもので、諸外国では早くから日本語のローマ字表記はヘボン式が一般化していた。鈴木は欧米諸国の図書館を歴訪した際にこの事実に気付き、帰国早々にこの点の改革方針を打ち出した。外国との文献交換や図書情報の交流を日常的に行っている図書館としては、著者名や書名を表わす文字を国際的に統一させることが、必要不可欠と考えたからである。

だが、この館長の指示は、図書館内に激震を呼んだ。既に国会図書館の蔵書数は百五十万冊に及んでおり、カード数も当然それに相当している。それらを全部書き換えることは、館職員にとって無理難題の押しつけと受け取られた。幹部職員の中には、館長の図書館業務における経験不足を侮り、正面から異を唱える者もいた。しかし鈴木は、将来を見据えた図書館業務を考える時、訓令式に固執することは国際化に背を向けることであり、日本文化の海外普及にも障害になるとして、断固として譲らず、実施を指示し続けた。この間の経緯については、前掲の『国立国会図書館三十年史』二一七〜八頁に記述がある。

鈴木の旅行記執筆が中断されたままに終ったのは、右のような経過の中で執筆を続けることが、却って職員から反撥を受けることになるのを懸念したからではないかと想像される。

この問題についての館長と幹部職員との間の協議は、鈴木の館長在職中を通して繰り返し続けられた。昭和三十九(一九六四)年一月に至って、館はヘボン式を基本とする「国立国会図書館において使用するローマ字のつづり方表について」を館長決定として定め、その実施方針の検討に入った。しかし、これが恐らく担当部署のサボタージュによって、一向に進捗しない。その間に、館長の方針を労働強化として反対する職員組合が、参議院議院運営委員会の図書館運営小委員会に支援を訴えた。当時の小委員長は社会党議員であったから、職員組合は有利な判断が得られると考えたからであろう。小委員会は昭和四十(一九六五)年三月二十四日に至り「職員一体となって処理に当たるよう、十分配慮することが必要」という見解を表明し、事実上、先の館長決定を棚上げする方向を示した。この約一ヵ月後に、鈴木は内々にほぼ四年と定められていた任期を終え、国立国会図書館長を辞任した。

以来、国会図書館におけるローマ字表記は、今日に至るまで訓令式が用いられている。前掲の三十年史は、この問題の経緯とは別の個所に、「内閣訓令のローマ字綴り表にはf、vの文字がないため、外来語の表記にいささか無理な点が生じたことも否めず、このことは現在に至っても閲覧目録利用上の欠点の一つとなっている」と書き加えている（同書二二八頁）。

四十数年前の鈴木館長時代に、訓令式からヘボン式への転換が行われていたならば、右に書かれているような欠点は遥か以前に解消されていたものと思われる。その後、日本の出版界は急速に規模を拡大し、現在では国会図書館の蔵書数は当時の数倍に膨れ上がり、もはや表記の変更は全く不可能であろう。今日、一般市民の日常生活において、日本語のローマ字表記は、鉄道の駅名にしても企業の社名にしても、殆どすべての面でヘボン式が用いられている。こうした時代に国立国会図書館が、その欠点を認識しながら訓令式を墨守していることは、一の奇観とさえ言えるのではなかろうか。

館長としての在職中に示した鈴木の先見の明は、ほかならぬ館職員の抵抗に遭って実現を見なかったが、この一事は、組織に課せられた業務の完璧な遂行を常に追及していた鈴木隆夫の、国会職員としての執務姿勢を物語るものとして、忘れ難い。

*　*　*

本書の刊行は、私にとって三十年来の念願が漸く実現したものである。

鈴木隆夫の没後、遺族から書斎の整理を託された私は、そこに多数の遺稿類と関連する文書資料を見出し、それらを一括して国立国会図書館に寄贈することを遺族に勧めた。冒頭に述べたように、それらは同館の憲政資料室に納められ、以来、「鈴木隆夫関係文書」として、一般研究者の利用に供されている。

この整理に携わっている間に、遺稿の中には今後の国会運営にも参考とするに足る貴重な論考が含まれていることに気付いた。私はこれを何とかして世に紹介できないものかと考えたが、当時は国会の法制度や運営の理論に関する一般の関心度が低く、二、三の出版社に打診してみたものの、興味を示してくれるところがなかった。

しかし近年、学界ではにわかに議会制度に関する調査研究の気運が高まって来て、旧憲法下の帝国議会の法制や諸事例をはじめ、現在の国会運営における種々の問題点についてまで、学術的な探求を試みた論文、研究書が数多く発表されるようになった。特に平成二十（二〇〇八）年からは、京都大学の大石眞教授を中心とした研究グループが組織されて、活発な活動を開始した。このグループは、まず衆議院に所蔵される未公開資料の調査に着手した。

私は、衆議院事務局に在職した経験者として、この調査に側面から協力することになったが、その過程で、調査を進められる九州大学准教授の赤坂幸一氏と京都大学准教授の奈良岡聰智氏のお二人に、鈴木隆夫の業績を詳しく伝える機会を得た。両准教授は強い関心を示され、鈴木の遺稿集についてもその刊行を支援して下さることになった。こうして本書は実現を見たわけである。とりわけ赤坂准教授は、先に鈴木の旧議会時代の論稿に注目して、論文の中でそれを紹介された御経験もあるので、本書についての推薦の辞をお願いしたところ、最近の御研究の成果を踏まえた、力の籠った論評を御寄稿下さり、本書の巻頭を飾ることが出来た。長年の願いが適えられたことへの感謝と共に、ここに、両准教授の御厚意、御協力に対し、心からお礼を申し上げる次第である。

本書の出版に際しては、信山社の袖山貴氏、稲葉文子氏、今井守氏から、格別の御配慮、御尽力をいただいた。ここに篤く御礼を申し上げたい。

二〇一二年一〇月二三日

〈著者略歴〉

鈴木　隆夫（すずき・たかお）

明治37(1904)年２月27日　宮城県伊具郡角田町に生まれる
大正11(1922)年３月　宮城県立白石中学校卒業
大正15(1926)年３月　弘前高等学校文科甲類卒業
昭和２(1927)年４月　東北帝国大学法文学部入学
昭和４(1929)年　高等文官試験司法科合格
昭和５(1930)年　高等文官試験行政科合格
昭和６(1931)年３月　東北帝国大学法文学部卒業
同年７月　内務省採用、警視庁巡査拝命
同年12月　衆議院に出向、守衛副長拝命
昭和12(1937)年６月　衆議院書記官となる　速記課長拝命
昭和13(1938)年４月　秘書課長拝命
同年６月～10月　欧米各国に出張
昭和15(1940)年４月　中華民国及び満洲国に出張
昭和20(1945)年10月　委員課長拝命、秘書課長兼務
昭和21(1946)年10月　議院法規調査委員会幹事となる
昭和22(1947)年５月　議院事務局法施行により参事となる
委員部長拝命
昭和28(1953)年３月　事務次長、議事部長事務取扱となる
昭和30(1955)年11月　衆議院事務総長に当選
昭和33(1958)年12月　議会制度七十年史編纂委員となる
昭和35(1960)年７月　衆議院事務総長を辞任
昭和36(1961)年４月　国立国会図書館長に就任
同年12月　法学博士の学位を受ける
昭和37(1962)年４月～６月　欧米各国に出張
昭和40(1965)年４月　国立国会図書館長を辞任
同年９月　衆議院の議員歳費等に関する調査会の委員を委嘱される
同年11月　味の素株式会社専務取締役となる
昭和48(1973)年12月　味の素株式会社専務取締役を辞任、同社常任顧問に就任
昭和49(1974)年４月　勲一等瑞宝章を授与される
昭和55(1980)年12月16日　死去（76歳）正三位に叙せられる

〈主要著書〉

『国会運営の理論』（聯合出版社、1953年）

〈初出一覧〉

I　国会法の制定と改正経緯

一　国会法解説……法律時報・昭和二二年五・六月号（一九四七年）
二　国会法の三大特色　法律新報・昭和二二年六・七月号（一九四七年）
三　自粛国会はどう運営されるか――国会法改正の主要点――……時の法令・昭和三〇年二月二三日号（一九五五年）
四　その後（第二十一回国会昭和三十年以後）における国会法改正の主要点……〔未発表稿（昭和三七年（推定））〕

II　国会運営における主要問題

五　内閣総理大臣の指名手続について……法律時報・昭和二三年九月号（一九四八年）
六　わが国の委員会制度と特別委員会の性格……法律時報・昭和二五年九月号（一九五〇年）
七　国会の予算修正に関する論争点について――昭和二十八年度予算案をめぐる――……昭和二八年・講演記録（一九五三年）
八　会期中の議員逮捕の許諾に関する諸問題……〔未発表稿（昭和三〇年）〕
九　国会における条約の承認件をめぐる諸問題について……〔未発表稿（昭和三五年）〕

Ⅲ　会議録について

十　国会の会議録について……………………………ジュリスト・昭和三〇年六月一日号（一九五五年）

十一　秘密会議の会議録の公開問題について……………………………〔未発表稿（昭和三二年）〕

Ⅳ　国立国会図書館長として

十二　欧米の図書館をめぐって……………………国立国会図書館月報・昭和三七年八、一〇、一一月号（一九六二年）

〈事 項 索 引〉

◈あ 行◈

浅沼稲次郎……122
芦田均……118, 122
新しい委員会制度……127
有田二郎……199, 204, 207
委員会政治……129
委員会中心主義……12, 59, 128
委員会の審査手続の特別形態……163
委員会の報告書……6, 19, 35, 57, 148-150
委員会の法律案提出権……134
委員長の権限……34
委員長の更迭……137
委員長の報告……57, 149
委員の解任権……134
異議の申立……16, 18, 118, 119
石田博英……64
一事不再議の原則……4, 27, 162
イルバート，コートネイ……193

◈か 行◈

会 期……9, 47, 87, 90
——の延長……9, 47, 65, 87, 88, 91, 123, 124
会期延長の制限……87, 95
会期中の議員逮捕の許諾……196
会期中不逮捕の特権……11, 96, 197, 207
会期不継続主義……21
会期不継続の原則……76, 136, 160, 244
会期前に逮捕した議員の勾留期間延長の通知……96
会期末の懲罰事犯……99
会議録……16, 239
——の記載事項……241
——の公表、頒布……248
——の署名と保存……247
——の訂正……244
——の編集……242
会議録掲載要求権……42
回付案……6, 44, 75, 231, 232
各院自律主義……9
各院の休会……9
金森徳次郎……181
金子堅太郎……268, 269, 274
可否同数……93, 94, 117
仮議長……10, 33, 156, 247
議案の趣旨の説明……130
議院警察権……31, 80, 95
議院内閣制……4, 51, 52, 56, 58, 60, 109
議院の規則制定権……145, 146, 155, 159
議員兼職禁止……10, 67
議員尊重主義……8, 37, 39
議員の主なる権利……11
議員の釈放の要求……67, 96, 206, 216
議員の逮捕許諾要求権……197
議員の発議権……71
議員立法の自粛……61
期間の計算……29, 122
期限付許諾……96, 196, 198, 203, 213, 215
期限付の釈放要求……214
期限と期間……200
議事協議会……97, 98
議事速記録……240-242, 244-246
議事録……240-242, 244, 245
議事を決裁する権……31, 93
議 長……10, 66, 86, 90, 97, 240, 242, 246-249
——の権限……30, 98
——の辞任……94
——の職務代行機関……33
議長裁定……98
記名投票による選挙……119, 120
キャンピオン，ギルバート……52
休 憩……32, 93
行政監督権……7, 41
記録公開主義……16
緊急上程……58
クラップ，ヴァーナー・W……267, 274

継続審査……………………………………76, 77
決議による規則の効力の一時停止……143, 157
決議録………………………………………240
決算の審査権…………………………………7
決選投票……………………………………115
原案保持主義…………………………………75, 76
憲法改正案の発議……………………………4, 5
憲法調査会………………253, 256, 259, 262
考査特別委員会…………139, 151, 158, 159, 162
公職追放……………………………………90
公聴会……………14, 15, 49, 131, 157, 164
合同審査会………………………14, 134, 166
勾留期間の延長の通知………………………102
国政調査…………128, 130, 141–145, 149
国政調査権の委員会への委譲
……………………132, 142, 145, 146, 162
国政調査権の本質……………………………150
——事実収集説………………………………150
——批判可能説………………………………150
国民の代表機関………………………………4
互　選………………………………………137
国会自律主義…………………………………9, 47
国会中心主義………………3, 28, 37, 39, 47, 49
国会図書館……………49, 168, 265, 270–272
国会の開閉……………………………………9
国会の休会……9, 46, 47, 94, 122, 123, 176, 203
国会の召集……………………………………8, 85
国会の条約承認権……………………………217
国会予算独立主義……………………………19, 48

さ　行

再議決……………………………………75, 76, 176
財政上の権限…………………………………6
最年長議員……………………………………92
裁判官訴追委員会……………………………27, 80
裁判官弾劾裁判所……………………26, 80, 81
歳費を受ける権利……………………………11, 42
再付託………………………………………160
佐々木惣一……………………………62, 179
佐藤達夫……………………88, 174, 186, 187, 191
参議院の緊急集会………8, 79, 80, 102, 121, 223
賛成者………………………………16, 71, 72, 81
三読会制度……………………4, 41, 56, 59, 60
資格審査……………………………………161, 167
資格争訟……………………………………10, 131
指示権…………………………………130, 133, 134
指定参事………………………………………33
事務総長……………10, 33, 92–95, 242, 247, 248
——の職務権限………………………………92
衆議院公報……………………………………247
衆議院優越主義…………4, 21, 37, 39, 43, 74, 121
自由質問……………………………………18, 40
修正の動議…………………………17, 40, 72, 73
修正の範囲……………………………………223
自由討議……………………………………17, 40
——の廃止……………………………………74
自由発議……………………………………16, 40
小委員会……………………………………164
常会の召集……………………………………65
召集日における会期決定……………………88
少数意見者の発言擁護………………………18, 41
少数意見の報告書……………………18, 42, 81
上奏権…………………………………………7
常任委員会…………13, 54, 127–129, 132–134
——の整理統合………………………………67
常任委員長……………………………………10, 156
常任委員の兼務………………………………69
証人喚問……………………………………29, 49
条約
——の修正承認……………223, 228, 230, 232
——の条件附承認……………………226, 235
——の承認権………………5, 217, 222, 233
——の承認権行使の態様……………222, 224
——(の)承認権の対象………………………220
——の審議過程………………………………229
——の締結権……………………………218, 233
——の留保附承認……………………227, 235
将来に残された問題点………………………82
職務代行権…………………………………87, 92–94
鈴木平八郎…………………………………265, 276
請　願……………………………9, 14, 41, 131
政府委員………………………………………60
全院委員会……………………………………4
先議、後議の問題……………………25, 44, 45

選挙に関する疑義……94
専門員……69, 195
曾禰荒助……268
奏　上……74
速記法……241

◈た 行◈

第一次的審査機関……127, 154
退職金を受ける権利……12, 43
逮捕期間の延長……204, 205
逮捕許諾権……209, 214, 216
逮捕された議員の釈放手続……66
ダウンズ，ロバート・B……275
高柳賢三……253, 274
単なる立法の協賛機関……3
中間報告……130, 149, 160
弔慰金……12, 43
調査員……69
調査特別委員会と審査特別委員会……138
懲罰事犯の継続審査……101
懲罰に関する規定の整備……99
懲罰の動議……81, 100, 101
陳情書……14, 41, 68
停　会……87
定足数の問題……61, 167
天皇の裁可……3
天皇の翼賛機関……3
同一内容の議案……72
登院停止……134
当日起算主義……29, 30, 123
当選の辞退……117
討　論……17
特殊な特別委員会……139
特別委員会
……13, 127, 129, 134–140, 152, 159–162, 167
——の活用……70
——の種類……138
——の消滅及び廃止……159
——の性格……134
——の存続期間……136
読会制度の復活論……59

◈な 行◈

内閣従属主義……28, 47
内閣総辞職……110, 111
内閣総理大臣の指名
……25, 46, 48, 53, 85, 91, 109–111, 115–124
内閣総理大臣の指名の三要件……112
資格要件……112
議決要件……115
先議要件……123
内閣の意見聴取……73
内閣の存続条件……4, 109

◈は 行◈

廃　案……41
発言表決不問責の特権……11
ハンサード……246
批　准……219, 224, 225, 233–235
秘密会議……163
——の会議録……253
表決と議決……200
不穏当な言辞……257, 258
副議長……10, 33, 66, 86, 247
部属制度……4
附帯決議……229, 235
不当財産取引調査特別委員会
……139, 158, 159, 161, 162
ブラウン，チャールズ・H……267, 274
プレスコード……258
ブローガン，デニス・W……54, 71, 82
分科会……164
閉会中の懲罰事犯……99, 100
返　付……75
傍　聴……35, 71
法の擬制……119, 120
法の不備……114
法律と規則と決議との効力関係……155
本会議中心主義……126
本会議の原則……16

◈ま 行◈

マムフォード，ローレンス・Q……265, 273, 274

美濃部達吉
…………147, 157, 171, 174, 179-181, 183, 235
未発表意見の会議録掲載………………18, 34, 42
宮澤俊義……………………………116, 120, 235
無名投票……………………………………119
メイ，アースキン……………………………158

◈や 行◈

役 員……………………………………10, 86
——の兼職…………………………………66
——の任期…………………………………10
——の範囲…………………………………10
横田喜三郎…………………………………219
予算修正権…7, 173, 174, 178, 179, 186, 187, 224
予算の議決権…………………………6, 171
予算の増額修正………………7, 61, 73, 179-184
予算を伴う法律案……………………………72
吉田茂………………………118, 122, 186, 188
予備審査…………………………20, 59, 72, 167
予備的審査機関…………………126, 127, 154
予備費支出の事後承諾権………………………6

◈ら 行◈

立法上の権限…………………………………5
リディック，フロイド・M…………………241
両院協議会…………6, 21-25, 43-46, 53, 75, 77,
91, 122, 156, 176, 230-232
協議委員…………………………………77
両院法規委員会………………14, 27, 41, 79, 156
——の廃止…………………………………78
両議院不平等主義………………………………4
臨時会及び特別会の会期…9, 46, 65, 88, 89, 124
連合審査会…………………………134, 166
ロー，ウィリアム……………………………246
ロックフェラー財団…………………265, 273

〈「解題」執筆者紹介〉

赤 坂 幸 一（あかさか・こういち）

1975年　京都府長岡京市に生まれる
1998年　京都大学法学部卒業
2003年　金沢大学法学部助教授。広島大学大学院法務研究科准教授を経て、
2010年　九州大学大学院法学研究院准教授

〈主要著作〉

「憲法習律論とフランス憲法学」『憲法改革の理念と展開〔上巻〕大石眞先生還暦記念』（信山社、2012年）724頁以下
「統治システムの運用の記憶――議会先例の形成」『レヴァイアサン』48号（2011年）
「解散の原理とその運用」『各国憲法の差異と接点 初宿正典先生還暦記念論文集』（成文堂、2010年）141頁以下
コンラート・ヘッセ『ドイツ憲法の基本的特質』（成文堂、2006年（初宿正典と共訳））ほか

〈「解説」執筆者紹介〉

今 野 彧 男（こんの・しげお）

1928年　中国東北部（旧満州）公主嶺市に生まれる。
1945年　海軍兵学校１学年修業。
1950年から衆議院事務局勤務。事務総長秘書、憲政記念館企画調査主幹、同資料管理課長、議事部副部長となり、1989年退職。
1997年から2003年まで、議会政治研究会理事を委嘱される。

〈主要著作〉

『国会運営の法理――衆議院事務局の視点から』（信山社、2010年）
『国会運営の裏方たち――衆議院事務局の戦後史0（今野彧男オーラル・ヒストリー）』（信山社、2011年）

〈著者紹介〉
鈴木隆夫（すずき・たかお）
元衆議院事務総長
〔詳細は、巻末「著者略歴」参照〕

学術選書プラス
12
議事法

国会法の理念と運用
──鈴木隆夫論文集──

2012（平成24）年11月10日　第1版第1刷発行
1262-4:P336　¥9800E-012-050-015

著　者　鈴　木　隆　夫
編　者　今　野　彧　男
発行者　今井　貴　今井　守
発行所　株式会社　信山社
〒113-0033　東京都文京区本郷6-2-9-102
Tel 03-3818-1019　Fax 03-3818-0344
info@shinzansha.co.jp
笠間才木支店　〒309-1600　茨城県笠間市才木515-3
笠間来栖支店　〒309-1625　茨城県笠間市来栖2345-1
Tel 0296-71-0215　Fax 0296-72-5410
出版契約 2012-1262-01010　Printed in Japan

印刷・製本／亜細亜印刷・渋谷文泉閣
ISBN978-4-7972-1262-4 C3332 分類323.341-a034憲法・政治学
1262-0101:012-050-015

議事解説

〔翻刻版〕

昭和17年4月帝国議会衆議院事務局 編集

解題：原田一明

（衆議院ノ）議事解説

〔復刻版〕

昭和17年4月帝国議会衆議院事務局 編集

判例プラクティスシリーズ

判例プラクティス憲法

憲法判例研究会 編

淺野博宣・尾形健・小島慎司・宍戸常寿・曽我部真裕・中林暁生・山本龍彦

信山社